LA ADICCIÓN DE MI HIJO

DOLOR

TRANSFORMACIÓN

Y

SANACIÓN

La obra La Adicción de mi Hijo, Dolor, Transformación y Sanación

fué editada por Mónica Fernández Cantú

y se terminó de imprimir en febrero del 2018 en los talleres

Impresos Galvan, S.A.

Av. Manuel M. Ponce # 1751 Col. Maestros,

Ensenada, B.C. México - C.P. 22840

ISBN 978-0-692-99136-7

Índice

Prólogo

Empecé escribiendo este diario, para ir evaluando los cambios, crecimiento y sanación dbido al consumo de marihuana de mi hijo Ricardo. Está le ocasionó un brote psicótico severo y la adicción a la droga. Nosotros al vernos incapaces de ayudarlo en su brote psicótico decidimos internarlo en una clínica especializada en drogadicción y alcoholismo en donde estuvo internado 35 días, para luego seguir con un tratamiento de 10 meses en una casa de cuidados extensivos.

Durante todo estos meses descubrí que la adicción es una enfermedad incurable, pero que con ayuda de especialistas es tratable. También aprendí que es una enfermedad familiar, ya que de una u otra forma nos llega a afectar a todos emocionalmente. Así que toda la familia del adicto por lo general necesitamos algún grado de ayuda. Los grupos de Alanon, el programa de los 12 pasos de AA, el ir con psicólogo y aprovechar talleres de ayuda personal, conferencias y encuentros familiares que el Instituto Nuevo Ser e instituciones similares ofrecen a las familias de los residentes, son clave para una recuperación del afectado principal así como para su la familia.

Conforme iba pasando el tiempo y al ir viendo los cambios en mi hijo terminé dándome cuenta que también yo, junto con mi marido y mis adoradas hijas, tuvimos una recuperación, crecimiento y sanación, gracias a nuestro gran maestro: nuestro hijo Ricardo.

El día que mi hijo tuvo su alta terapéutica, le comenté si estaba interesado de que publicáramos el diario. Que si tenía problemas de que yo utilizara mi nombre o si prefería que usara un pseudónimo. Me contestó que él no estaba avergonzado de lo que vivió. Que si es algo en donde muchas familias pueden econtrar consuelo, no había necesidad de utilizar otros nombres. Al mismo tiempo quiero constatar, todas las personas que se mencionan en el diario se les pidió permiso vía telefónica en publicar sus nombres. La mayoría autorizaron su mención y al resto se respetó su anonimato, por lo que se utilizaron otros nombres

Agradecimientos

A mi gran maestro mi hijo Ricardo

A mi marido Ricardo, por su amor incondicional

A mis amadas hijas Jessica, y Marcela, por sus abrazos y su amor de hermanas

A Clínica Nuevo Ser

Casa de Cuidados Extensivos e

Instituto Familias Nuevo Ser

A Alan, por su gran profesionalismo y entrega

A Doris, por haber retomado a mi hijo y guiarlo

A todas aquellas personas que me acompañaron, me abrazaron y me escucharon en todo este proceso de dolor

Oración de la Serenidad

Dios, concédeme:

La serenidad para aceptar las cosas que no puedo cambiar,

Valor para cambiar aquellas que sí puedo,

Y sabiduría para reconocer la diferencia.

"Brote Psicótico"

Viernes 20 de noviembre del 2015

Estamos en casa mi hija Marcela y yo, es viernes por la tarde y ya son las 7:00 p.m. Están empezando a llegar a la casa de sus trabajos Ricardo mi marido, Jessica mi hija, y al final llegó Ricardo mi hijo. Esto me extrañó porque llegó casi una hora más tarde de lo que comúnmente hacía del trabajo a la casa. Además se veía muy acelerado, comportamiento que me llamó la atención ya que por lo general llegaba muy tranquilo a la casa.

Estábamos mi marido y yo en la cocina, para ver que preparábamos de cenar. Entonces se acerca Ricardo y nos cuenta que en el camino se le acercó una patrulla de motocicleta y estuvo muy cerca de su coche. Que al llegar a un entronque había una patrulla detenida. Que entonces se hizo a un lado y las dos patrullas desaparecieron. Estaba muy extrañado, por lo ocurrido. Nosotros le dijimos que lo olvidara que ya estaba en casa y que descansara.

Durante la semana nos había comentado que le habían pedido que apoyara en otras oficinas de la misma empresa. Su jefe lo eligió a él y a otro compañero dado a su buen desempeño en el trabajo. De estar manejando cuentas pequeñas de seguros, iba a dar apoyo a las oficinas que tienen cuentas de empresas grandes. Eso lo tenía muy motivado, ya que no era una promoción, pero lo estaban considerando para algo mejor.

Para amanecer el sábado, me fue a despertar muy molesto, ya que la dirección que le habían dado no existía en el mapa de su celular. Me levanté, fui con él a su habitación, le comenté que por la mañana del sábado iba a tener que llevar a Marcela a un entrenamiento de básquet bol y la dirección que él tenía estaba muy cerca de la escuela. Por lo que le dije duérmete tranquilo, descansa, y mañana vienes conmigo y buscamos la dirección.

Ya eran las 7:30 a.m. del sábado 21 y fui a su habitación para ver si estaba despierto, y si, ya estaba listo para ir con nosotras. Fue algo que me llamó la atención, me dio la sensación que no había dormido en toda la noche.

Al llegar a la calle que buscábamos, nos percatamos que la numeración que él tenía no existía, algo que a él le ocasiono mucho enojo. Sentía que lo habían engañado por parte de la empresa. Yo le dije que no viera las cosas de esa manera, "trata de ponerte en contacto con tu jefe o con la persona que te pidieron que te presentaras el lunes y solo asegúrate bien de la dirección".

Al llegar a casa, estaba mi marido esperándonos para desayunar con él. Ricardo, le comentó que se sentía frustrado de una forma que yo consideraba algo inusual. El sentía que no le habían dado bien la dirección de las nuevas oficinas y estaba francamente molesto de que le pudieran estar haciendo una broma pesada en la empresa. Entonces mi marido, en su computadora se puso a buscar oficinas de la empresa en San Diego, y encontró las oficinas con el nombre de la calle que Ricardo ya tenía pero con otra numeración. Ricardo había anotado mal uno de los números. Eso lo tranquilizó bastante, desayunamos y ya que estábamos nosotros tres solos en casa nos fuimos a caminar un rato, la mañana estaba hermosa y el clima muy templado.

Por la noche, estábamos viendo un documental de un joven americano, que se fue a filmar con su cámara GoPro la guerra de rebelión árabe en Argelia. El relato mismo de su historia, así como las imágenes que estábamos viendo en el documental, me hacían sentir muy incómoda. Había escenas muy fuertes y crudas de guerra y decidí mejor ir a la cocina a preparar la cena. Entonces Ricardo le dice a su papá que tampoco se sentía a gusto viendo el documental y que prefería mejor estar juntos en la cocina para estar juntos y platicar.

Ya en la cocina, Ricardo fue a su habitación por unas cosas, y al regresar a la cocina le entrego a su papá una caja con una pipa, marihuana, un aparato para triturarla y unas limpia pipas. En ese momento nos confesó que estaba consumiendo marihuana, que había conseguido una tarjeta de identificación emitido por uno de los estados de la Unión Americana donde él había estudiado su carrera la cual lo autorizaba a comprar y a consumir la marihuana para uso médico. Así eso lo ayudaba a no tener problemas de consumo y de transportarla.

Nos comentó que ya tenía más de dos semanas de no consumirla, y que nos pedía que por favor nos deshiciéramos de todo eso y nos suplicó que lo ayudáramos a que no la vuelva a consumir. Le agradecimos la confianza que nos había tenido, le dijimos que contaba con todo nuestro apoyo, que iba a tener que manejar mucho la fuerza de voluntad, pero que si él quería lo conseguiría.

Nos platicó como fue su inicio con el consumo. Él tenía un año viviendo en USA, y era el cumpleaños de uno de sus compañeros de dormitorio de la universidad y le pidió que como regalo le acompañara a consumir marihuana ese día. Ricardo dice que en un principio dijo que no, pero que su amigo le insistió y al final de cuentas termino accediendo.

Terminamos de cenar y nos fuimos a descansar, ya era tarde y habíamos planeado ir a la playa temprano por la mañana.

En la madrugada para amanecer domingo, Ricardo nos fue a despertar a nuestra habitación. Cosa que nunca había hecho. Pidió que bajáramos a la cocina y nos quedamos helados. El no estaba en sus cinco sentidos. Hablaba de una forma irracional, alterado y cambiando constantemente de ideas. Estaba lleno de libros, cds de música, películas, posters, y otras cosas que él tenía y de las cuales nos pedía y autorizaba para tirarlas a la basura, todo esto me está haciendo mucho daño y ya no lo quiero tener conmigo.

Pero, ¿qué está sucediendo? Me preguntaba. ¿Por qué no lo hace por si mismo? ¿Qué le pasa? No esta congruente y es de madrugada. Los escalofríos nos inundaban. ¿Qué le esta pasando a mi hijo? ¿Qué tiene y como lo normalizo? El ímpetu de madre salía a curar aquello que lo hacía actuar tan extraño aunque pro-positivo.

Luego nos llevó a su habitación, nos pidió sentarnos en el suelo, y sacó una libreta donde tenía unas anotaciones y nos empezó a leer algo que había escrito durante la noche. Ahí me percaté que mi hijo ya llevaba más de 48 horas sin dormir, en eso se levanta y nos pidió ir a la cocina de nuevo, seguía teniendo un comportamiento muy extraño en el sentido que no había congruencia en lo que hacía, y decía. Ya su conversación no tenía sentido, sus movimientos corporales estaban muy extraños, y preguntaba por la hora cada dos minutos. Mi marido y yo nos veíamos a los ojos sin mencionar cosa alguna, pero estábamos muy asustados. Mi hijo estaba en las nubes y no podíamos hacerlo regresar al mundo real.

Tratamos de convencerlo de que se fuera a descansar, y nos pidió si se podía ir a dormir con nosotros. Le dijimos que sí, se acostó en medio de los dos, como si fuera un niño de 5 años buscando confort después de una pesadilla de terror. Pero la pesadilla apenas se empezaba a desencadenar. Le subí un vaso de agua, ya que me dijo que se sentía totalmente deshidratado. Se lo bebió rapidísimo y me pidió más. Parecía un niño sin voluntad que le pedía a su mamá que hiciera hasta la más minúscula acción. No tenía capacidad de tomar decisión y acción en esos momentos. Yo empecé a darle un poco de masaje en la cara para que se relajara y en momentos se quedaba dormido, nosotros no pudimos dormir nada, estábamos muy desconcertados, asustados y rogándole a Dios que se le bajara el alucine tan intenso que lo tenía fuera de sí.

Conforme iba pasando el tiempo, su comportamiento empeoraba. Con el paso de las horas se percibía que iba perdiendo lucidez de sus ideas y la claridad de sus palabras. Nosotros sentíamos que cada minuto era eterno y que con cada despliegue de incongruencia se retorcían nuestras mentes y nuestras mismas entrañas con un dolor angustiante y sofocador.

En el momento que amaneció se levantó, para meterse a bañar para irnos a la playa como habíamos acordado. Ese fue un muy breve momento de lucidez que tuvo ese día, pues de forma seguida se desvistió en frente de mi y de su papá, se metió a la regadera y yo baje por su toalla y ropa, mientras mi marido lo atendía.

Mientras se bañaba, se empezó a golpear las manos con el suelo de la regadera y a pegar de gritos.

Yo le dije a mi marido que las cosas no mejoraban y que había que solicitar ayuda. Pero, ¿quién?. Voy a llamarle a Lizette, que es mi amiga psicóloga y preguntarle si ha tratado con pacientes farmacodependientes, para ver que me recomienda hacer.

Ya eran las 8:00 a.m. del domingo 22 de noviembre del 2015, por lo que me atreví a llamarle a Liz, en un momento lo pensé, pero dejé la vergüenza a un lado, necesitábamos ayuda. Me contestó ella inmediatamente, y le comenté todo lo que habíamos vivido durante el fin de semana, me dijo que ese era un brote psicótico, se le hacía raro que sea de solo consumir marihuana. Me dijo asegúrate bien que no haya ingerido alguna otra sustancia, y quedó en llamarme para darme los datos de una clínica muy buena para la rehabilitación de adicciones y alcoholismo.

Colgando el teléfono, bajaron mi marido y Ricardo a la cocina, para ver que desayunaban y yo fui a despertar a Jessica y a Marcela, para comentarles lo que estaba sucediendo con su hermano. Las dos se asustaron mucho, Jessy dijo que iba a hacer unas llamadas a sus amigos de la universidad para ver si sabían que se podía hacer con un brote psicótico como el de Ricardo.

Aproveché en bañarme, ponerme algo cómodo y ver como se desarrollaba el comportamiento de Ricardo.

Nos seguía para todos lados, se quitaba y ponía la ropa, en ocasiones gritaba y se agarraba la cara, decía que sentía mucho dolor.

Recibo un mensaje de Liz con todos los datos de la clínica y me dijo ya ustedes decidirán qué hacer. Me la recomendó una amiga que un conocido estuvo ahí internado y se expresaron muy bien del tratamiento.

A Jessica una de sus amigas le recomendó que comiera plátano y bebiera muchos líquidos, porque iba a tener indicios de deshidratación. Por lo que me fui al súper a comprar jugos y plátanos.

A las chicas les pedimos que estuvieran en sus habitaciones, para que no vieran a su hermano y se asustaran.

Al regresar del súper, le dije a Ricardo que se comiera un plátano, y no sabía ni como pelarlo, se lo iba a comer con todo y cáscara, hasta que le fui indicando cómo comérselo.

Ya dentro de mi, salió el amor que le tengo y fuera de burlarme o enojarme, con paciencia y mucha tranquilidad, lo estuve acompañando en todo momento.

En varias ocasiones, Ricardo, olvidaba que estaba en la casa y le daba mucho gusto volvernos a ver, nos abrazaba, decía que nos amaba, nos pedía perdón. Luego nos desconocía, al grado de que a su papá le dio un golpe en el abdomen, le tuve que decir es tu papá no le pegues, entonces lo abrazó y pidió disculpas.

En un momento del día, bajó Marcela, y empezó a tocar la guitarra, Ricardo se sentó a lado de ella, y la música lo relajó al grado de que se quedó dormido, durmió un par de horas.   Eso nos relajó y pensamos que quizá el brote estaba cediendo, cuando despierta pegando de gritos y llorando, yo me acerqué lo abracé, le dije soy tu mamá, te amo, todo está bien, dime que sientes, y como si no escuchara.

Sentada a su lado y abrazándolo, le dije a mi marido, en la mesa de la cocina están los datos de una clínica que me recomendaron, llámales por favor, esto ya se nos fue de nuestras manos. Cada vez está peor, y puede estar más peligroso para todos nosotros el que esté así en la casa.

Subió a nuestra habitación, bajó a los 15 minutos y me dice vámonos, nos van a estar esperando en la dirección que ya tenías.

Entonces con voz tranquila le dije a Ricardo, quieres ir a playas de Tijuana, y me contestó si quiero.

Nos subimos a la camioneta, yo iba atrás con él, le abroché el cinturón y le estuve agarrando la mano.

Su comportamiento en el trayecto de la casa en San Diego a la Clínica que se localiza en playas de Tijuana, fue de estar observando el camino, y de estar pidiéndonos perdón a nosotros y a sus hermanas.

Al llegar a la Clínica, nos abrieron el garaje, ya nos estaban esperando para recibirnos.

Ingreso a
Clínica Nuevo Ser.

Domingo 22 de noviembre del 2015

A las 3:00 p.m., hora del pacifico tomamos la decisión de llevar a nuestro amado hijo Ricardo a la Clínica Nuevo Ser, recomendada por mi amiga Lizette. Ricardo tiene ya más de dos días con un comportamiento de Psicosis, el cual es debido a su adicción a la Marihuana.

Al llegar a la clínica, nos recibieron Antonio M., Carlos D., y el Dr. Ramírez.

Bajamos de la camioneta y en ese momento le hicieron las siguientes preguntas: ¿Ricardo, quieres ayuda? ¿Te quieres recuperar? Y él contesto que sí a las dos preguntas.

Le pidieron que se despidiera de nosotros, nos abrazó y se lo llevaron a enfermería. Mientras que a nosotros nos pasaron a las oficinas de admisiones. Les compartimos todo el proceso del comienzo de la psicosis de Ricardo de todo el fin de semana, así como también, parte de nuestra historia familiar.

Una vez que tomaron nota de nuestra información, ellos nos compartieron el tratamiento que nuestro hijo iba a recibir en la clínica.

Es una Clínica pequeña, para solo 18 personas, el trato es muy personalizado y el paciente ingresa voluntariamente, es por eso que le hicieron las preguntas nada más al bajarse del coche.

El tratamiento es de por lo menos 35 días, todo un tratamiento psicológico, psiquiátrico y de desintoxicación de la droga.

Algo que me removió las entrañas, fue el que me dijeran que mi hijo es un adicto. No lo podía creer, esa palabra no estaba en mi vocabulario, y si estaba era para juzgarla y condenarla.

La negación, entró en mi mente en ese instante. Dicen que siempre buscamos algo para protegernos y ese fue mi mecanismo de defensa, después de haber escuchado el diagnóstico.

Una vez que entré en razón, recordé algo importante que aprendí en mis diplomados de Desarrollo Humano, la mejor manera de salir adelante ante cualquier adversidad es estar abierto a todo lo que se me presente. Que estoy habilitada para salir adelante, a desaprender lo aprendido para poder soltar los paradigmas y lo mejor de todo, que Dios me ama.

En ese momento Antonio nos explicó lo que es la adicción:

Acerca de la Adicción

Aprendimos que la adicción es una enfermedad, no es una cuestión de moral. Una enfermedad que puede arrestarse pero no curarse, en esto es similar a la diabetes. La total abstinencia de drogas o alcohol, en cualquiera de sus formas, incluyendo las medicinas, es la forma de arrestarla. No podemos evitar que el adicto use drogas, así como tampoco que el tuberculoso tosa. Nadie, ni el doctor, el clérigo, ni la familia puede hacer esto por él o ella.

Encontramos que el uso compulsivo de drogas no significa falta de afecto por la familia. No es cuestión de amor, sino de enfermedad. El adicto ha perdido el poder de selección en cuanto a drogas se refiere. Aun sabiendo lo que el primer trago, píldora, pase o cantazo le causará, lo hará. Esta es la "locura" de la que hablamos acerca de la enfermedad.

Al entender y aceptar totalmente que la adicción es una enfermedad mental, emocional y física y que somos impotentes ante ella, estamos listos para aprender una mejor forma de vida.

Cuando escuché que era una enfermedad, la palabra negación, la expulsé de mis pensamientos. Fue cuando me dije a mi misma: Las enfermedades se tratan, se curan, en especial cuando estas en buenas manos y más aún si nos abrimos a la recuperación.

Aquí sentí un rayo de luz... una ventanita que se abría hacia un proceso largo de recuperación.

Esta palabra fue el detonante para que de aquí en adelante, la enfrente con dignidad, con respeto y comprensión. El haberla aceptado me llevó al camino de la sanación.

Estoy agradecida con Dios, porque Ricardo mi marido con todo su amor escuchó a Ricardo. Con las herramientas que tenemos tomamos esta dura decisión la cual nos tiene convencidos que es lo mejor para él y la familia.

Estamos conscientes de que no somos responsables de la decisión que tomó para consumir la marihuana. Nuestra responsabilidad ahora es ayudarlo a salir adelante. Aquí no hay culpables, fueron las circunstancias de la vida y ahora lo que vamos a hacer es acompañarlo en todo este proceso, y lo más importante amarlo y abrazarlo mucho.

Llegamos a casa como a las 7:30 p.m., y nos sentamos para hablar con Jessica y Marcela. Vamos a estar acompañándonos mucho. Que se sientan amadas y comprendidas para poder juntos salir adelante en este proceso. Ellas aman a su hermano y sienten mucho dolor por todo lo que él está viviendo.

Puerto Rico Addiction Research Foundation. (2013). Acerca de la adicción. 2015, de Facebook Sitio web: https://www.facebook.com/lamentiraestamuerta/posts/456841374403246

Lunes 23 de noviembre del 2015

De regreso de dejar a Marcela en el colegio, lloré mucho en la casa. Acomodé la ropa de Ricardo, la cual se lavó la noche anterior. En su habitación hago una oración en voz alta, para que le llegue hasta su profundo ser y le mando todo mi amor.

Necesitaba hablar con alguien de mi confianza por lo que llamé a mi querida amiga Mercedes, la cual con su amor y cariño que nos tenemos, me escucho. Sus palabras de aliento me ayudaron a que yo me pudiera desahogar fácilmente, lloré mucho con ella y sé que cuento con su apoyo y oraciones en este momento tan duro que estamos pasando.

Llamada a la Clínica Nuevo Ser. 9:02 a.m.

Me atendió una de las enfermeras , y me informó que Ricardo, todavía está con lapsus de psicosis en momentos y otros lúcido.

También me comentó que durmió toda la noche. Lo tienen con suero para hidratarlo, le sacaron sangre y orina para hacerle estudios generales de salud. Los resultados los tienen hasta mañana. Pedí que me comunicaran con el doctor que lo está atendiendo pero me comentaron que a las 10:30 a.m. va a estar disponible.

10:30 a.m. llamada con el Dr. Ramírez. El doctor me comenta que Ricardo está estable, puede ya hablar y dar la información que coincide con lo que hablamos nosotros ayer al ingresarlo. El comportamiento psicótico está cediendo, está más lúcido y más congruente en comparación al día anterior. Le están dando medicamento para la ansiedad, y eso le ayudó a dormir.

En la conversación que tuvo con él, Ricardo le dijo que sabe que está ahí para cambio de estilo de vida y mejorar su problema de adicción. Lo tienen en observación y están muy pendientes. Mañana en la tarde lo van a estar integrando a los demas pacientes.

Mi amiga Cecilia, mamá de la Alicia se enteró, porque Marcela habló con su amiga en el colegio y viene a estar conmigo, de verdad que no hay como tener amigos cerca. Yo les llamo mis ángeles de la guarda.

Cecilia estuvo conmigo, me escuchó, me abrazo, me dijo palabras de aliento. Su amistad no la cambio por nada, ha sido uno de mis grandes Ángeles aquí en San Diego. Sobre todo porque su hija Alicia es una gran amiga de Marcela.

Ahora estoy sola en casa, estoy preparando la comida y me siento con un poco de ansiedad, más tarde haré algo de ejercicio para poder descargar la ansiedad que tengo.

2:30 p.m., llamada con Javier Conde S.J.

Como siempre dispuesto a escuchar y de dar los mejores consejos. Estas fueron sus palabras: "la familia unida, la familia que ama son las mejores manos para salir adelante. La unión y la comunicación ayudan a sanar. Estar muy pendientes de todo el medicamento que le están introduciendo a Ricardo, y que cuando estemos con él sepa que estamos agradecidos por haberse abierto a nosotros y habernos confesado de lo que estaba haciendo, y siempre decirle "que podemos hacer por ti hoy". Ricardo fue un chico muy valiente, que seguramente sabía muy bien que lo que estaba haciendo no era lo correcto, al estar en casa y sentirse amado y en confianza ayudo a decidir querer sanarse."

Me recomendó, que en lugar de verlo como un infierno, lo viera como una bendición: "...si haces ese cambio en tu sentir, veras que les ayudará a crecer más como familia, poder seguir adelante amándonos más."

Mando un abrazo sincero, sus oraciones y pensamientos para nosotros y estará muy al pendiente de todo el proceso. Javier eres un gran amigo. Gracias!

Después de haber hablado con Javier, me siento mucho más tranquila, sus palabras fueron muy sanadoras.

6:00 p.m. Llamada a la Clínica Me atendió otra de las enfermeras.

Sigue con el proceso de desintoxicación. Lo están medicando por medio de un suero el cual ya se lo van a retirar. La enfermera, que comenzó su turno a las 2:30 p.m., lo ha visto más tranquilo y a diferencia de lo que le comentaron del comportamiento psicótico que tuvo durante el día de ayer. Lo ha visto más lúcido.

Aproveché la recomendación de Javier y pregunté que medicamentos le estaban dando. La enfermera me dijo que le han estado administrando ansiolíticos para calmar la ansiedad y multivitamínicos.

Más o menos a las 7:00 p.m., mi marido fue a la clínica para llevar la maleta con ropa y artículos de aseo personal a Ricardo. Debido a la enfermedad de la adicción, nos pidieron que tanto el desodorante como el enjuague bucal no tuvieran alcohol, y así lo hicimos. Estando ahí lo recibió un guardia y no le dio ninguna información sobre Ricardo. Pero yo ya había llamado por lo que le pude decir que Ricardo estaba mejorando poco a poco.

Son las 8:30 p.m., estamos ya todos en casa y nos juntamos Ricardo, Jessica, Marcela y yo en nuestra habitación. Un momento familiar e íntimo y así poder crear un espacio de amor y comunicación y así poder hablar de cómo nos sentimos.

Cada uno expresó como estamos experimentando este dolor tan grande y darnos cuenta de cómo estaba sufriendo Ricardo para haber tomado la decisión de consumir marihuana.

A la que más le cuesta trabajo hablar es a Marcela, pero lloró. La abrazamos, espero que poco a poco se vaya abriendo para que ella también pueda ir soltando su dolor. El día de hoy, no quiso quedarse a entrenar básquet en el colegio, y durante la mañana me escribió para decirme que le estaba costando trabajo concentrarse en clase, que se sentía muy triste y que quería estar en casa. Cuando llegó la estaba esperando en la calle y la recibí con un fuerte abrazo. Los abrazos son sanadores y ayudan mucho a ambas personas.

Jessica se siente impotente de poder ayudar más. Pero, esto nos está dando la oportunidad en unirnos más como familia, amándonos y respetándonos, esto definitivamente va a ayudar a la sanación de todos.

Mi marido nos compartió, que durante la mañana se sentía con mucha ansiedad. Que conforme fue pasando el tiempo en la oficina y al involucrarse más en su actividad, logró mantener controlados sus pensamientos hacia su trabajo.

Mis sentimientos hacia mi marido son de un gran respeto y admiración. La manera en cómo está demostrando como me ama y ama a nuestros hijos. Como ha comprendido y entendido toda la situación de la adicción y el dolor de Ricardo. En este momento tan difícil para la familia, esta siendo un gran apoyo para todos. Con sus palabras, con su fortaleza y con su ejemplo para poder así, salir adelante como familia.

Me di cuenta que cuando mostramos a nuestros hijos que a parte de tener fortaleza, también tenemos debilidades y miedos, terminan acercándose más a nosotros. Desde hace mucho dejaron de vernos como súper héroes. Que mejor que el que nos vean como personas iguales a ellos, así, será más fácil para todos encontrar un camino de sanación.

Hablamos más o menos una hora, y quedamos en hacerlo todos los días. Nos sentimos muy bien haciéndolo y sobre todo abrirá un canal más grande de comunicación entre nosotros.

Martes 24 de noviembre 2015

Hoy amanecí un poco más descansada, dormí mejor y la sesión de charla de anoche me ayudó mucho.

Voy a la habitación de Ricardo, y vuelvo a hacer oración y le envío todo mi amor.

Mientras preparaba el desayuno de las chicas, oré en voz alta. Sintiendo a Dios amándome, amando a mi marido, amando a Ricardo, amando a Jessica y amando a Marcela.

Desde mi corazón hasta el corazón de mi hijo, le hice ver que lo amo con todo mi ser, que por parte de mí sus acciones han sido perdonadas. Que no me siento herida por él sino todo lo contrario, ahora me siento más amada.

Él está empezando a liberarse de todo lo que estaba viviendo. A darse cuenta que la decisión que tomó en ese momento no fue la correcta. Que el que nos pidiera ayuda para poder sanar, fue una buena decisión. Ahora el tiene la oportunidad de volver a nacer y de ahora sí tener una mejor calidad de vida. Que se dé cuenta de lo valioso que es y del amor tan grande que lo rodea.

Acabo de regresar de haber andado en bicicleta 90 minutos. Que sensación tan maravillosa de libertad, disfrutar enormemente del cielo azul, las montañas, los lagos, el campo. Saludar por supuesto a los que en ese momento me topé corriendo o caminando. A los jardineros de la comunidad, sentir el aire fresco en mi cara, concentrarme en mi respiración, vengo totalmente liberada. Con muchos pensamientos positivos, totalmente consciente que yo y mi salud son primero, porque así puedo estar y ayudar a mi familia.

Dentro de mis pensamientos estaba el escribirle una carta a Peter, el compañero de dormitorio de mi hijo, quién fue el que lo introdujo a la marihuana. Carta que por supuesto no le enviaré, pero lo que más quiero que sepa, es que no le guardo rencor. La responsabilidad fue toda de Ricardo quien tuvo dos caminos: el de decir si o no. Se decidió por un sí. Compartieron 6 años juntos, 4 años de universidad, más dos años ya como profesionista en USA y solo por eso le estoy agradecida.

Llamada a la clínica 10:40 a.m. Me están comunicando al área médica.

Llamada con el Dr. Ramírez, me comenta que Ricardo está tranquilo, el brote psicótico ha cedido totalmente. Ya se bañó y desayunó, en este momento está en la terraza, tomando el aire, disfrutando de la vista del mar, y charlando con el doctor, está totalmente en sus 5 sentidos.

Me comenta el doctor de que puede suceder que tenga un brote de nuevo, pero al estar medicado con ansiolíticos y un anti psicótico, la crisis estará más controlada, mañana lo integran en las actividades del grupo.

Esperan la visita del psiquiatra el jueves o viernes para que le haga una evaluación y así determinar la dosis que pudiera necesitar.

Terminando con esta llamada, he hecho una respiración profunda, la he retenido y me siento mucho más tranquila, gracias Dios por esta gran bendición.

Son las 12:45 y recibí una llamada de la clínica, era la terapeuta Mayra D, habló para presentarse. Ella será la que estará viendo en forma individual a Ricardo. Hoy lo vio en la terraza y la fue a saludar y poco a poco se irá integrando.

Me informó que después de la segunda semana del ingreso a la clínica podremos hacer llamadas los viernes en cierto horario por solo 5 minutos, y podremos ir a visitarlo los miércoles.

Dios siempre nos manda ángeles, para que en todo momento no te sientas sola y si puedo decir del gran apoyo de Mercedes, Javier C S.J., Lizette, la Familia Rodríguez y todas mis amigas, me hacen sentir acompañada y apoyada.

Mi querida amiga Mercedes me compartió lo siguiente, lo cual me quedó como anillo al dedo. El leerlo me reconfortó muchísimo:

En la INDIA se enseñan las "Cuatro Leyes de la Espiritualidad"

La primera dice: "La persona que llega es la persona correcta", es decir que nadie llega a nuestras vidas por casualidad, todas las personas que nos rodean, que interactúan con nosotros, están allí por algo, para hacernos aprender y avanzar en cada situación.

La segunda ley dice: "Lo que sucede es la única cosa que podía haber sucedido". Nada, pero nada, absolutamente nada de lo que nos sucede en nuestras vidas podría haber sido de otra manera. Ni siquiera el detalle más insignificante. No existe el: "si hubiera hecho tal cosa hubiera sucedido tal otra...". No. Lo que pasó fue lo único que pudo haber pasado, y tuvo que haber sido así para que aprendamos esa lección y sigamos adelante. Todas y cada una de las situaciones que nos suceden en nuestras vidas son perfectas, aunque nuestra mente y nuestro ego se resistan y no quieran aceptarlo.

La tercera dice: "En cualquier momento que comience es el momento correcto". Todo comienza en el momento indicado, ni antes, ni después. Cuando estamos preparados para que algo nuevo empiece en nuestras vidas, es allí cuando comenzará.

Y la cuarta y última: "Cuando algo termina, termina". Simplemente así. Si algo terminó en nuestras vidas, es para nuestra evolución, por lo tanto es mejor dejarlo, seguir adelante y avanzar ya enriquecidos con esa experiencia.

Creo que no es casual que estén leyendo esto, si este texto llegó a nuestras vidas hoy; es porque estamos preparados para entender que ninguna gota de lluvia cae alguna vez en el lugar equivocado".

"Llega un momento en tu vida, cuando te alejas de todo el drama y de las personas que lo crean. Te rodeas de gente que te hace reír.

Olvidas lo malo y te centras en lo bueno. Ámas a gente que te trata bien y oras por los que no lo hacen.

La vida es demasiado corta para ser otra cosa que feliz.

Caer es parte de la vida, ponerse de pie nuevamente es vivir."

Cita:

"Que haya paz en tu interior. Que confíes en que eres exactamente aquello que estás destinada a ser.

Que no te olvides las infinitas posibilidades que nacen de la fe en ti misma y los demás.

Que puedas usar los dones que has recibido y pasar el amor que has recibido.

Que puedas estar contenta contigo misma del modo en que eres. Que este conocimiento se asiente en tus huesos, y permita a tu alma la libertad de cantar, bailar, rezar y amar. Estas ahí para todos y cada uno de nosotros.

"Sai Baba. (2011). Las 4 Leyes de la Espiritualidad en la India. 2015, de Desfaziendo Entuertos Sitio web: https://adolcros.com/2011/07/01/las-4-leyes-de-la-espiritualidad/

Miércoles 25 de noviembre 2015

Son las 6:59 a.m., y el día de hoy me siento más relajada. Solo con saber que Ricardo está en buenas manos estoy más tranquila. Dormí toda la noche y hoy es un nuevo día. Viviéndolo con amor y teniendo a Dios dentro de mi amándome profundamente, será un gran día.

Voy a la habitación de Ricardo, hago oración y le mando todo mi amor.

Desde hace 9 años, el P. Jesús María del Monasterio de Zenarruza, me ha ayudado con su gran espiritualidad, con sus oraciones y contemplaciones, comparto algo que me llegó en especial el día de hoy:

Me llega el susurro

y el grito de tu palabra.

Me llega la fuerza de tu vida

que me ofrece vida.

Me llega tu vida

y se me hace vida.

Llamada a la clínica 10:03 a.m. Me atendió el Dr. Ramírez, me informa que Ricardo durmió tranquilo. Que ya está integrado a las actividades, que está algo tímido, anda conociendo el entorno, y a sus compañeros. Todo esto es una evolución natural de los pacientes.

De los análisis clínicos que le hicieron, tiene anemia leve, no es nada alarmante y le están dando multivitamínicos. Todo lo demás está en parámetros normales.

Chateando con Jessica, tenemos una preocupación muy grande, el consumo de marihuana en ocasiones te despierta en el cerebro la esquizofrenia y/o la bipolaridad, la verdad ya no quiero leer nada en el internet, porque no todo es al 100% seguro, prefiero estar hablando a la clínica las veces necesarias para pedir información de mis dudas sobre Ricardo específicamente. No quiero llenar mi cabeza de cosas que podrían ser probables, mejor esperar a que a Ricardo le hagan los estudios y ver su evolución. De una u otra manera, será atendido y cuidado y eso me tiene muy tranquila.

P. Jesús Ma.. (2011). Espiritualidad. 2015, de Monasterio de Zenarruza Sitio web: http://www.monasteriozenarruza.net/category/oraciones/

Acabo de hablar por teléfono con mi hermana del alma, Tessie, desde España, me escucho, y me hizo comentarios muy amorosos, los cuales me ayudaron a sentirme mucho mejor. Que bendición es, de verdad, poder contar con personas que no te van a juzgar, con personas que te respetan, con personas que te quieren sinceramente, con personas que te escuchan, que te dan el mejor comentario para hacerte sentir bien. Esta llamada telefónica ha sido de gran ayuda. Tessie, te quiero con toda el alma. ¡Gracias!

Hay momentos de ansiedad que me dan durante el día. Quiero gritar, salir corriendo, las paredes y el techo de la casa me aplastan… pero me concentro en mi respiración, pienso en que Ricardo está bien y me tranquilizo. Sin embargo, sigo con los sentimientos que se me atoran, el estómago que se me cierra y dejo de respirar.

¡¡¡Dios ayúdame!!!

Jueves 26 de noviembre del 2015

Hoy se celebra Thanksgiving Day, y voy aprovechar el momento para dar gracias a Dios, por la vida, por la familia, por los amigos, por las personas que me rodean, por la naturaleza. Por la fortaleza que me da para salir adelante, al sentirlo dentro de mí y que me ayuda a expresar su amor a los demás, y porque sé que todo lo que me sucede es una bendición más por parte de su Amor. ¡GRACIAS!

Llamada a la clínica 10:15 a.m., con Maritza, terapeuta familiar todo está bien y muy tranquilo. Me recomendó no hablar a la clínica todos los días. Dice que Ricardo no tendrá un cambio significativo de un día para otro y que si algo fuerte sucedía, la misma clínica se comunicaría con nosotros. Que estuviera tranquila porque él está bien.

Fuimos a cenar a casa de la Fam. Rodríguez, y celebrar con ellos el día de acción de gracias, vaya terapia de distracción que tuvimos, reunidos en familia, charlando, riendo, y comiendo delicioso.

Viernes 27 de noviembre del 2015

Famoso Black Friday, hoy llevé a mis chicas de compras y a comer fuera, tiempo importante para también dedicárselo a ellas, necesitamos estar juntas, estar unidas, ser amigas. Sabemos que el que más nos necesita ahora es Ricardo, pero lo que menos voy a hacer es despreocuparme de ellas, también están sufriendo, nos necesitan y yo a ellas.

Fuimos a cenar a casa de nuestros amigos los Rodríguez, vaya que si nos están ayudando en este proceso, solo con distraernos y hacernos reír están siendo una gran terapia, mi agradecimiento total a toda la familia.

Sábado 28 de noviembre del 2015

Mi dolor interior, va cediendo, ya cada día me siento más tranquila con saber que Ricardo está mejor. Sabemos que en cuestión de salud está bien, solo estamos a la espera de la revisión psiquiátrica. Estamos conscientes de lo que pueda suceder y estamos preparándonos para apoyarlo.

Ya va a ser una semana de estar internado, por lo que el próximo miércoles tendremos nuestra 1er. Terapia familiar, de grupo y poder estar con él.

Ahora si, a contar los días para el miércoles. Para hacerle ver que lo amamos, que lo perdonamos, que es una parte importante para la familia y queremos que sane.

Lo que más tengo que practicar ahora es la paciencia, y llevar mi vida lo más normal posible. Lo que más me ayuda es estar con mi familia, poder hablar con mis amigas, el ejercicio y dejar que el tiempo pase. El tiempo, a fin de cuentas es lo que más ayuda a sanar heridas.

En un par de días comienza el mes de diciembre, y creo que algo que nos puede ayudar mucho a sobre llevar esto es arreglar la casa de navidad, y lo más importante estar conscientes de que Jesús habita en nosotros. No tanto de que vuelve a nacer, sino que ya está dentro de mi

Hoy fuimos a comprar el árbol de navidad, luces y noche buenas.

La tarde la pasamos tranquilos viendo películas y las chicas de compras, tratando de llevar la vida normal nos está ayudando mucho.

Domingo 29 de noviembre del 2015

El día de hoy nos levantamos temprano y arreglamos la casa de navidad, los 4 pasamos la mañana juntos fue una verdadera terapia familiar, reímos, charlamos, y la casa quedó bella.

Platicando con Jessica y Marcela, les compartí que me estaba convenciendo yo misma de tener una mascota en casa.

Les comenté que en la visita a Ricardo en la clínica, estando en la terraza, me había percatado de que tienen muchos perros alrededor de los pacientes. Están con ellos, los acarician, y los acompañan mientras están ahí. Yo estoy consciente de que no soy una amante de las mascotas, y nunca quise tener perro en la casa, pero creo que tener un perrito en casa, pudiera ayudarnos a todos en este proceso de dolor que estamos viviendo en este momento. Esto les causó una gran emoción. Jessica, dijo que vería la manera de hablar con su papá y convencerlo.

Hoy, es una semana que Ricardo está en la clínica, ha sido duro para nosotros pero hemos tratado de manejarlo lo mejor posible, nos hemos unido más, hablamos mucho y el desahogo ha sido sanador. Esto, estoy segura, ayudará a Ricardo también. Cuando una familia se ama, se une en el proceso de recuperación. En nuestro caso nos acompañamos en el procedimiento de cada uno de nosotros, y esto terminará siendo una sanación integral .

El perdón existe definitivamente y es toda una sanación.

Todavía falta mucho para que Ricardo salga de la clínica, pero no importa. Sé que saldrá totalmente renovado y el que llegue a casa será una alivio para él. Ya solo cuento los días para ir a verlo.

Lunes 30 de noviembre del 2015

Segunda semana de desintoxicación.

Comenzamos una segunda semana de desintoxicación.

Llamada a la clínica: Dr. Ramírez, el día de hoy he recibido muy buenas noticias, Ricardo va muy bien, ya está fuera del proceso de desintoxicación, totalmente integrado al grupo, y no ha habido indicios de que vuelva a tener un brote psicótico como el que tuvo en casa.

El Psiquiatra, le hizo una revisión general y ya le quitó el medicamento antipsicótico. Durante las siguientes semanas lo van a estar evaluando para ver si no hay secuelas.

Feliz y agradecida con Dios.

Martes 1º. De diciembre 2015

No cabe duda que cuando realmente experimentas a Dios dentro de ti, eres agradecida. Te das cuenta que todo lo que sucede a tu alrededor es una bendición. Dios es un Dios de amor y no de castigo. Que te acompaña en todo momento, que muestra su amor a todos los que te rodean.

Al sentirte amada y acompañada por Él, analizas mejor las cosas. Tienes capacidad de enfrentar todo sin miedo y con sabiduría.

No hay necesidad de perdonar porque no te sientes herido.

Al estar hechos a su imagen y semejanza tienes las herramientas necesarias para tener la fuerza y poder enfrentarte a todo lo que la vida depara.

Hasta ahora no me he sentido sola, me encuentro rodeada de buenas personas que me están apoyando, me siento abrazada por ellas, están pendientes con llamadas o mensajes, y solo escucho palabras de aliento.

En cuestión de la relación de pareja, nos hemos unido muchísimo, que gran bendición, cuando veo el gran apoyo de mi marido como esposo y como padre. Su preocupación por la salud de Ricardo, apoyarlo incondicionalmente y no sentir enojo, sino compasión. Sus abrazos me reconfortan enormemente, es un gran ser humano con errores, así como yo los tengo también, pero ahora tan unidos como siempre y amándonos para salir adelante de este tropiezo.

Miércoles 2 de diciembre 2015

A las 10:30 a.m., Jessica y yo salimos de casa para ir a Playas de Tijuana.

Aprovechamos en llevar el coche a lavar, y mientras lo lavaban, nos fuimos caminando a la playa. Estuvimos 1 hora disfrutando de la maravilla del mar. Escuchando el golpeteo de las olas, el cielo azul y las gaviotas volar sobre nosotros.

Después fuimos a comer a un restaurante, unos tacos muy buenos de mariscos y al terminar nos dirigimos a la Clínica.

En la clínica nos registramos, dejamos nuestras bolsas en la recepción y esperamos a que todas las familias de los pacientes llegaran para la cesión con la psicóloga. Nos indicaron que ya podíamos pasar, de lejos vimos a Ricardo. Cuando nos vio se levantó y vino inmediatamente a saludarnos y nos dio un fuerte abrazo. Comenzó preguntando de cómo vamos a estar viendo todos sus pagos, yo le comenté "...en una hoja hazme una lista de todo lo que hay que estar pagando y las claves para tener acceso...", eso lo tranquilizó.

Luego pasamos a un salón grande. Los pacientes y familias, nos sentamos todos en diferentes lugares, no podemos estar sentados juntos, y comenzamos a presentarnos. Algo que me causó controversia fue mencionar mi nombre y a continuación decir, "mamá de un adicto." Esa palabra es muy fuerte, pero es algo que tenemos que hacer consciente. Ricardo todavía no acepta que es un adicto, espero que poco a poco salga de la negación y se empiece a percatar de su realidad.

Comenzó la sesión, nos pidieron absoluta discreción y que lo que se hablara ahí se quedaba ahí.

No voy a hablar de lo que se compartió en ese momento, pero si voy a expresar de los sentimientos que viví, mi primer sentimiento fue de mucha tristeza, de ver a los pacientes con tanto dolor en su ser, el haber encontrado en la droga y/o el alcohol una salida y de que a pesar de ya estar en una clínica, todavía no se han dado cuenta de las consecuencias que les llevó en haberse inclinado por el consumo de sustancias. Muchos de ellos por lo que vi lo heredan de sus propios padres, eso todavía me dio más tristeza, también vi muchos padres enojados, tristes, otros ni siquiera se presentaron.

A Ricardo en toda la terapia familiar, lo vi muy tranquilo. Terminando la sesión, tuvimos oportunidad de estar con él y charlar. Tanto Jessica como Ricardo se abrazaron y se pidieron perdón mutuamente.

Ricardo, me preguntó mucho por Marcela. Está muy preocupado por su hermana. Tenía mucho temor que ella se diera cuenta de su situación. Al tener el brote psicótico no hubo manera de esconder su comportamiento y tenerle que decir que la causa fue el consumo de marihuana. El recordó muchas cosas de lo que vivimos ese fin de semana, y otras no.

Ricardo si está abierto a que en la clínica lo están ayudando a tener herramientas para salir adelante, y creo que poco a poco se va a dar cuenta de que es un adicto.

Jessica habló con él, le dijo que sentía mucho dolor de verlo tan lastimado. Toda la soledad que vivió desde que nos cambiamos a Monterrey e inclusive en Phoenix, lo llevó a fumar marihuana y encontrar un escape de todos sus sentimientos que tenía sin trabajar.

Además, Ricardo se enteró en la clínica que es muy probable que haya comprado una marihuana sintética y/o adulterada por otros químicos. Eso lo hace estar muy molesto, no puede creer que las personas hagan daño y adulteren más las drogas. A fin de cuentas, es un negocio en donde muchos se hacen millonarios, y tienen que asegurarse que la gente se haga adicta para asegurar el consumo.

Se presentó también Mayra, su terapeuta personal, y bueno ahí confesamos que yo estaba hablando diario y hasta dos veces al día, Ricardo lo ignoraba y él le comentó, "¡Ves yo te dije mis padres me aman!"

Cada vez, estoy más convencida de que lo mejor que nos pudo haber pasado, es de que Ricardo tomara la decisión de regresar a vivir con nosotros, que vuelva a sentir lo que es el amor fraterno , que vuelva a tener tranquilidad y seguridad en su vida.

A las 5 de la tarde, nos pidieron que nos retiráramos, le di un abrazo apretado y nos despedimos de él.

Salimos con muchas cosas en la cabeza, estuvo fuerte lo que vivimos ahí en la clínica. Traté de hacer comentarios al respecto en el coche, pero Jessica me pidió que habláramos mejor de otro tema. Fuimos por Marcela a su colegio, ya que tuvo un partido de básquet bol, y de regreso mientras conducía rumbo a casa, hablamos por teléfono con mi marido y le contamos lo que vivimos esa tarde.

Ya en casa, eran las 9:30 p.m., yo realmente me sentía muy agotada y me fui a descansar.

Jueves 3 de diciembre del 2015

Hoy por la mañana, hablando con mi marido de cómo me sentí el día ayer en la sesión familiar, que tuvimos en la clínica, me di cuenta de que él todavía no ha logrado desahogar muchos sentimientos. Creo y espero que en su momento los va a sacar. Me voy a preparar para lo que pueda llegar a decir. Siento que tiene un sentimiento de enojo y tiene razón, pero al mismo tiempo tenemos que estar en los zapatos de Ricardo y tener algo de empatía por todo lo que le ha tocado vivir.

No todas las personas somos iguales, unas son más fuertes que otras, hay quienes tenemos amigos verdaderos y logramos poder desahogar nuestros problemas. Pero hay ocasiones en donde nos topamos con gente que nos va a hacer daño y si no estamos fuertes y conscientes de nuestras emociones, esas personas van a lograr su objetivo.

Es por eso que Ricardo dejó de confiar en las personas y bajo su depresión, tomó una decisión de la cual ahora está viviendo las consecuencias. Yo como madre que lo ama entrañablemente, lo estoy acompañando en este proceso, sin culpas, pero si haciéndole ver la responsabilidad de sus actos.

Me doy cuenta que es muy difícil buscar y encontrar respuestas, pero lo que sí puedo hacer es acompañarlo en este tropiezo y ayudarlo a tener la fuerza necesaria para salir adelante.

Ya él tomó una decisión importante y fue su cambio de residencia. Ya está comenzando un camino nuevo, conocer gente nueva y acompañado por nosotros. Estamos apenas en todo el proceso de desintoxicación, falta mucho, pero el amor, la paciencia, la voluntad y el tiempo saldremos adelante.

Viernes 4 de diciembre de 2015

Hoy pude hablar con Ricardo en la Clínica, solo fueron 5 minutos, pero tratamos de aprovecharlos lo más posible. Por lo que me dice nos extraña mucho y nos necesita, está pendiente de que no fallemos a las visitas de los miércoles y estuvo agradecido por mi llamada.

Yo todavía ando un poco inconforme con el título de adicto, pero supongo que esa será la manera de que Ricardo se dé cuenta de que se hizo daño a él y a nosotros. Algo que aprendí en el desarrollo humano es no etiquetar a las personas por sus acciones, y me cuesta trabajo etiquetar a mi hijo con esa palabra.

Jessica se fue a México a visitar a sus amigas, y la extraño enormemente, con ella me puedo desahogar bien y hablar de muchas cosas, logro distraerme y nos ayudamos mutuamente. Marcela está chica y lo que menos quiero es lastimarla y confundirla con todo este problema que tenemos en casa.

Sábado 5 de diciembre del 2015.

Nos levantamos temprano y fuimos mi marido y yo a andar en bicicleta, de verdad que es toda una terapia, me atreví a hacer una vuelta más grande de la que común mente hago y lo logré, cada vez que me pongo un reto lo logro y eso me da mucha satisfacción, esa sensación de libertad que te da el andar en bici, el disfrute de la naturaleza, el control de la respiración, sentir los latidos de tu corazón, poner fuerza en las piernas en cada pedaleo, ir bebiendo agua, todo es un conjunto de cuerpo, mente, alma y espíritu, es una gran sensación de felicidad.

Esto está siendo para mí una gran terapia.

Por la tarde, estuve pensando en Ricardo, ¿cómo estará? ¿Qué estará haciendo? Espero se esté dando cuenta de muchas cosas. Deseo que de verdad salga adelante. Son tantas y tantas preguntas y deseos de que mi hijo se encuentre mejor. Y al mismo tiempo, tengo mucho miedo. Tengo miedo de que tenga una recaída. Así que aquí nos prepararemos con literatura, yendo a grupo, asistiendo a terapias, para así poder ayudarlo.

Domingo 6 de diciembre de 2015

Volvimos a salir a andar en bici, en esta ocasión hicimos un plan para acompañarnos, mi marido va muy rápido en las bajadas y yo voy muy rápido en las subidas, por lo que en las bajadas yo iba enfrente y en las subidas él iba enfrente, por lo que todo el recorrido estuvimos acompañados, hubo un momento que grite: "¡¡¡Libertad!!! ¡¡¡Siiiiii!! ¡Wow! Qué manera de sacar todo lo que uno trae dentro.

Al llegar a casa, mi marido habló conmigo sobre Ricardo, está enojado, está triste, está decepcionado, muy molesto de que se hallan roto las reglas de casa, de que hubiese introducido droga en la casa. Dice que cuando tuvo el brote psicótico nos puso en peligro a todos, ya que están fuera de sí y pueden cometer alguna imprudencia. "Como padre de familia mi obligación es la de protegerte a ti ya mis hijas."

Yo le di mi punto de vista, sobre todo porque en estos últimos 3 meses, cuando se vino a vivir a California con nosotros, conviví mucho con Ricardo y tuve la oportunidad de hablar con mayor profundidad, de escucharlo y de ver todo lo que había sufrido en el pasado. y en la manera de cómo ya quiere sanar todas esas heridas.

Le comenté que ahora es cuando más nos necesita, si no confía en nadie más que a nosotros, no podemos pedirle que se vaya de casa, si hablar y poner reglas y límites con él, hacerle ver cómo están las cosas, y si vuelve a romperlas entonces si tomar cartas sobre el asunto. No creo que le pueda ayudar en nada que le pidamos que se vaya de la casa, todo lo contrario. Esa es mi manera de pensar, claro que yo le dije que tenía razón, que la verdad dolía, pero que al mismo tiempo somos sus padres y si podemos ayudarlo por qué no?

Nos abrazamos, yo lloré, y bueno me dijo que todavía no había tomado una decisión. Espero que la decisión que tomemos sea lo mejor para él y toda la familia.

En todo el día he pensado de lo que hablamos por la mañana. Debo de tranquilizarme y no pensar en cosas hasta que tomemos una decisión final. Me duele mucho todo esto que estamos pasando. No lo esperábamos y menos de él, no quiero juzgarlo, no quiero culparme, pero una decisión firme tendremos que tomar. Hemos de hacerlo responsable de sus actos. No puede seguir como un niño inmaduro y no darse cuenta de las cosas. Ya es un adulto y tiene que saber discernir y empezar a tomar un buen camino.

Miércoles 9 de diciembre del 2015

Tercer semana de desintoxicación

Toda la mañana muy emocionada, porque los miércoles son días de visita y hoy veré a Ricardo.

En la sesión de este día, Maritza, la terapeuta familiar nos leyó la siguiente carta:

Carta abierta a mi familia:

Soy un adicto(a), necesito ayuda...

No me resuelvan los problemas. Esto sólo hace que les pierda el respeto.

No me censuren, no me sermoneen, no me regañen, no me culpen ni me discutan, ya sea cuando esté endrogado(a) o cuando no lo esté. Si lo hacen puede que se sientan bien, pero harán que las cosas empeoren.

No crean en mis promesas. La naturaleza de mi enfermedad no me permite cumplirlas, aunque en ese momento tenga la intención de hacerlo. Las promesas son la única forma de aliviar mi dolor.

No me permitan que haya cambios en los acuerdos que tomemos. Si llegamos a un acuerdo, manténganse firmes.

No pierdan la paciencia conmigo. Si lo hacen se destruirán y destruirán cualquier posibilidad de ayudarme.

No permitan que la ansiedad que sienten por mí los lleve a hacer lo que yo debería hacer por mí mismo(a).

No me encubran ni traten de relevarme de las consecuencias de mis actos provocados por mi uso de drogas. Esto puede disminuir la crisis, pero hará que la enfermedad empeore. Sobre todo, no huyan de la realidad como yo lo hago. La dependencia a las drogas, mi enfermedad, se empeorará cuando persisto en usarlas.

Empiecen ahora a aprender, a comprender y a hacer planes para su recuperación. Busquen los Grupos de Familia Nar-Anon que existen, para ayudar a las familias de aquellos que abusan del uso de drogas.

Necesito ayuda: de un médico, un psicólogo, un consejero, y de un adicto en recuperación que encontró la sobriedad en Narcóticos Anónimos; y principalmente necesito la ayuda de Dios. No puedo ayudarme yo mismo

Su adicto(a).

Anónimo. (2007). Carta abierta a mi familia. 2015, de Families Anonymous Sitio web: http://www.familiesanonymous.org/index.php?route=product/product&product_id=137

Maritza preguntó cuántos padres se sentían identificados con la carta, varios levantaron la mano.

Mientras, yo en mi pensamiento la analizaba, y trataba de entenderla y de reflexionar. El comportamiento de Ricardo estos 3 meses que ya estuvo en casa, la verdad que no lo identifico con esta carta. Quizás deba de analizar más la situación y empezar a darme cuenta.

Hubieron muchos comentarios de los padres de familia, y de algunos de los pacientes. Muchos ya llevan meses ahí. Me di cuenta de que las familias han batallado con ellos por años. Nosotros al estar Ricardo viviendo en Phoenix y nosotros en Monterrey, realmente ignorábamos en el problemón en el que Ricardo estaba metido. No fue hasta ahora que se vino a vivir con nosotros y que nos pidió ayuda.

En esta ocasión lo vi mucho mejor, y sobre todo porque Ricardo mi marido fue a la visita, lo cual era algo que se esperaba.

Cuando ya estuvimos hablando con él, ya más en privado, disfrutando de un bello atardecer, Ricardo ahora sí ya se dio cuenta de que es un adicto, ya se está dejando ayudar más.

Ya se convenció que la Marihuana no tiene nada de medicinal y que si puede ser muy dañina.

Quizás ahí en la clínica, al estar conviviendo con otras personas con la misma enfermedad de la adicción/alcoholismo, está saliendo de la negación y aceptando más su situación.

Nos comenta que se siente como encarcelado, pero que no la está pasando mal, y que cada uno de sus compañeros tiene su propia historia y hay que respetarla.

Su papá le comentó, que la promesa que me hizo hacerle a mi como mamá de no contarle a su papá que estaba fumando marihuana estuvo mal. Le hicimos ver que me hizo romper un código de honor de pareja, de no mentir y de no tener secretos. Él en ese momento dijo que tenía miedo a la reacción que su papá pudiera tener y se dio cuenta todavía más de que lo que estaba haciendo no estaba bien. Yo agregué que le había guardado el secreto pero que en verdad yo esperaba que él, le confesara a su papá que estaba consumiendo marihuana, como adulto responsable que es, y lo hizo.

Lo animamos a hablar, que se desahogue y suelte todo ese sentimiento de dolor que tiene. Le dijimos que se vale pedir que te respeten y que te escuchen.

Nosotros, con todo nuestro corazón abierto, le confesamos que nosotros no podíamos ayudarlo, por nuestra ignorancia hacia las drogas, por nuestro miedo de que se hiciera daño o le hiciera daño a alguno de nosotros. Definitivamente algo muy importante, es reconocernos como papás inhabilitados en situaciones como estas. Es necesario soltar

Yo le compartí, lo que hice en una ocasión con mi cuerpo gordo y grande un día antes de la cirugía de bypass dije has tú lo mismo, desnuda tu alma, y háblate de lo bueno que eres, y perdónate del daño que te has hecho.

Cada vez que lo voy a visitar me siento más tranquila y confiada, de que mi hijo está en buenas manos. Además, nosotros en casa estamos preparándonos para su regreso.

En el camino de regreso, recibí la llamada de la esposa del jefe de mi marido, pidiéndome que le regresara a su hija del partido de Básquet, tanto Marcela como Sonia están en el mismo equipo o le comenté que no habíamos ido al partido porque tuve que ir a Tijuana, que tuve que llevar a Ricardo al doctor.

Ya en casa, le comenté a mi marido de la llamada y se molestó, ya que el día siguiente su jefe era seguro que le iba a preguntar ¿qué problemas tiene Ricardo de salud? Yo me sentí regañada, trate de mentir y quizás salió mal. No quiero contar el problema que estamos viviendo a cualquier persona, menos cuando no sabes como lo van a tomar.

Acordamos en decir que lo estamos llevando al dermatólogo para que le quemen unas verrugas en la planta del pié. Es triste, estar en una situación donde hay que mentir. Lo que realmente estamos viviendo no es algo en la que muchas personas lo puedan tomar bien. Todavía hay muchos prejuicios y podríamos ser juzgados. Yo estaba con mucho sentimiento... quizás ya desde la tarde con la visita a Ricardo. Lloré con mucho sollozo. Terminamos abrazados y tranquilos.

Ahora estoy mejor... pero que dolor tan grande es el que además de que tu hijo no está bien del todo, tengas que mentirle a la gente. En ocasiones y debido a muchos perjuicios, no estamos abiertos a las adversidades de la vida. En la mayoría de las veces, ni siquiera estás seguro de cómo las personas van a reaccionar cuando les confías tu situación. Mejor hacer uso de tu mejor aliado que puede ser el silencio, no hay necesidad de estar contando tu vida a todo el mundo, además que puede ser una protección a la integridad familiar.

Viernes 11 de diciembre 2015

Llamada con Ricardo. No hay como escuchar la voz, y saber cómo está la persona del otro lado del teléfono. Percibí a Ricardo mucho mejor, más contento, y más consciente de lo que está viviendo.

Me dijo que le dio mucha alegría que su papá haya ido a la visita del miércoles. Sintió que fue toda una terapia además de lo que la clínica le está dando.

"Mi papá en lugar de demostrarme que está enojado conmigo, me quiere ayudar. Sentí por completo su amor y comprensión hacía mi y eso me tiene más tranquilo. Estoy poniendo todo de mi parte para salir adelante"

Con esas palabras me quedé de la llamada telefónica. Es gratificante escuchar por su propia voz que nos necesita y que requiere de nuestra ayuda y compañía. Por mucho tiempo se mantuvo en silencio, ignoraba que podía contar con nosotros y ahora él lo sabe y se siente feliz de saberlo.

Le dije que su decisión en venirse a California a vivir con nosotros y desde su llegada comenzar a abrirse y a pedir ayuda, ha sido un gran comienzo para él, para su recuperación. Pudo haberse quedado a vivir en Phoenix y nosotros haber ignorado completamente lo que estaba viviendo. Por lo que él solo, comenzó a darse cuenta que en casa con la familia iba a salir adelante.

Sigue muy preocupado por Marcela, él desea de verdad que ella esté bien. Le dije que ella está muy tranquila, que no ha expresado mucho de cómo se ha sentido, que veo que sus actividades la tienen distraída. Está dibujando, esta en su entrenamiento de básquet, yendo a partidos, tocando la guitarra y el estar en el colegio con sus amigas, le ayuda a distraerse y desahogarse.

También esta contento de que sus abuelos maternos vengan a San Diego a pasar la navidad con nosotros, aunque al mismo tiempo está preocupado por que se van a enterar de que él está en un centro de rehabilitación. Yo le dije que no se preocupara. "Yo hablaré con ellos y trataré de manejar las cosas lo mejor posible."

Esta entusiasmado en pedirle a su abuelo que le enseñe a manejar bien una cámara. Quiere tener como hobby la fotografía y que mejor que su abuelo para que lo enseñe.

A mi marido, le mande un mensaje de texto para que supiera como está Ricardo y me contesto lo siguiente:

"Me da gusto que lo vea así. Porque es cierto. Pero también me frustra como ha desperdiciado las oportunidades para ser " lo mejor que puede llegar a ser", como ha tirado a la basura tantos esfuerzos y sacrificios de sus padres y como no se da cuenta de que esta en una encrucijada en su vida delicadísima que determinara su futuro. El trabajo de un padre nunca termina, pero no es la responsabilidad u obligación el sacar al hijo de sus propios atolladeros, porque haría a mi hijo un "papi dependiente". Me veo a su edad y no lo entiendo. No veo ni la fuerza, ni la convicción, ni el arrojo. No lo veo con la voluntad de jugarse el pellejo, el todo por el todo. El de luchar y partirse el cuerpo y alma por el, por su familia o los demás.   Claro... porque al final de cuenta, no importa el resultado porque "no pasa nada" no hay consecuencias" o lo que es peor, "me preocupare cuando este ahí." No encuentro la forma de hacerlo entender esto y que reaccione en consecuencia."

Mi marido tiene toda la razón, de estar enojado y molesto. Uno como padre ve las cosas de diferente manera. Realmente nuestra vida se vuelca hacia los hijos, y luego ya ellos deciden que hacer con su vida. Yo siento que a los hijos hay que amarlos, apoyarlos y ayudarlos cuando nos piden ayuda. Lo importante aquí no es sacarlo adelante nosotros, él tiene que darse cuenta de la gravedad de su situación y tendrá que trabajar toda su vida para poder salir adelante. Lo que si podemos hacer es amarlo en todo este proceso de crecimiento. Si se sabe amado, estoy segura que tendrá seguridad y aumentará su autoestima, para que no se autodestruya.

Hoy cené con mi amiga Liz, ella fue la que me recomendó la clínica y al mismo tiempo es psicóloga. La cena fue toda una terapia para mi. A pesar de que ella no está especializada en adicciones, lleva tratamientos a personas que ya salieron de la rehabilitación y las sigue ayudando.

Me pidió que le contara todo… como estuvo el brote psicótico de Ricardo y desde cuando sabíamos de su adicción a la Marihuana. Como nunca empecé a hablar. Ella me escucho todo lo que le conté. Me di cuenta de que ya hubo muchas cosas que mi mente, por mantenerse sana, olvidó. Pero en grandes rasgos le conté todo. Después ella empezó a darme consejos. Me dio mucho ánimo, sobre todo en un plan muy positivo, ya que me dijo que Ricardo, fuera de curarse de la adicción, va a salir adelante.

Algo que le sorprendió muchísimo fue la actitud de Ricardo. Por lo general los adictos (droga, alcohol etc.,) suelen ser muy agresivos. Suelen irse de casa, tener una actitud, además de agresiva, de huir, de no querer ayuda. De alejarse de la familia, de mentir y ese no fue el caso. La actitud de nuestro hijo ante todo esto ha sido más bien de acercamiento a nosotros, de hablar con la verdad y de pedir ayuda.

¡Gracias Dios por esta bendición!

Me dijo que lo más importante de cómo ayudar a un adicto, es que él se dé cuenta de ¿por qué utilizó la droga?, ¿qué lo hizo buscar una huida?. ¿Qué sentimientos, qué emociones lo llevaron a olvidar en solo momentos su situación?. Que tiene que hablarlo para que empiece a enfrentarlo en lugar de esconderse. Si esto no se logra con el paciente, vuelven a caer. Los pacientes cuyos padres no pueden controlar o no los quieren en casa suelen tener recaídas. Y llámese adicción a la droga, alcohol, juego, etc., siempre van a buscar una salida a lo que están sintiendo por dentro y no logran controlar. No por ser personas débiles, sino porque no encuentran las herramientas necesarias para hacerlo. Son personas con el autoestima muy bajo y se sienten rechazadas por la sociedad.

Es por eso que no debemos de juzgarlos. No conocemos su propia historia ni la razón por la cual no han logrado hacer las paces con ella. Otras personas se dicen no adictas y que logran salir adelante. Hay mucho comprador compulsivo, gente que come compulsivamente, el no querer comer, etc. Son muchas formas en que el ser humano trata de huir de su realidad. La más delicada es cuando se meten químicos porque lo que queda más afectado aquí es el cerebro del paciente.

Le dije que nadie de mi familia estaba enterada aún. Que no podía confiar en una de mis hermanas, no quería preocupar a la otra y que a mis padres, por su edad y los padecimientos que ya tienen, no quería mortificarlos

Sábado 12 de diciembre del 2015

Hoy por la mañana en la página de Facebook de Fernanda Familiar, una periodista muy famosa de México, subió una noticia, de un famoso periodista de Televisa que tiene un programa de noticias mañanero. Lo habían corrido de la empresa por una recaída a las drogas y terminó internándose en una institución de rehabilitación. ¡Madre mía! ¡Las críticas de las personas! Hay muchas con conocimientos y vivencias de tener un adicto en casa e hicieron unos comentarios muy buenos, pero hay otros que juzgan a los adictos de una manera impresionante. Hasta culpan a los padres por ello, y no es así, aquí no hay responsables. La adicción no solo ataca a cierto grupo de personas, está latente y cualquiera puede caer. Que dolor tan grande me da el ver como los seres humanos, por ignorancia, podemos destrozarle la vida a alguien. Sobretodo que no sabemos ponernos en sus zapatos. Las palabras dichas sin ningún filtro y sin pensar, solo porque uno cree que está diciendo "Su Verdad." Las palabras pueden destruir y no construir. Mientras no respetemos, seguirán habiendo familias destrozadas, y países en guerra poniendo como pretextos diferencias en pensamientos políticos, religiosos, sociales.

En mis diplomados de Desarrollo Humano, aprendí de que, hay muchas personas que su nivel de consciencia se queda en un nivel básico. Se quejan de todo, son muy egoístas, y son de los que se ríen de la persona que se cae, en lugar de ver por ella y brindarle ayuda. De esos hay muchos, y cuando no logramos tener una empatía con los que nos rodean, no podremos respetarlos.

Domingo 13 de diciembre del 2015

En el internet hay mucha información. Hay que estar conscientes de lo que leemos y realmente tener la sabiduría de poder seleccionar y elegir bien los artículos que se leen. Ahora hay mucha información sobre las drogas, sobre todo de la Marihuana dice que es medicinal, que no hace daño y no causa adicción. Los jóvenes de ahora que tienen todo eso a su alcance de un simple teléfono celular, lo lee y se lo cree, porque todavía no hacen consciencia de la verdad de las cosas. Están creyendo como un niño pequeño en Santa Claus. Defienden a capa y espada que la marihuana no hace daño. Te tratan hasta de convencer, cuando uno como adulto sabe que es una droga y que sí hace daño. Ahora que la están legalizando en países como México, Estados Unidos y muchos otros, la situación va a estar muy peligrosa.

También es cierto que puede que a muchos no les cause adicción o no les haga daño. Así como el cigarro y el alcohol, dependen muchos factores: el nivel emocional, físico y mental de la persona, entre otros, es ahí donde tenemos que estar muy alertas, y decir a mí si me puede pasar.

Cada vez que me meto a buscar información en la computadora, siento como el estómago se sube y baja. Me pongo a pensar en la situación tan peligrosa en la que mi hijo está en cuestión de salud mental, en su futuro como persona y muchas otras cosas ya a nivel familiar. Deseo que de verdad haga consciencia y logre salir adelante. No es algo fácil de decir y causa un dolor hasta las entrañas. No quiero pensar en el pasado y el hubiera. Tengo que estar totalmente en el presente y hacer consciencia todo el tiempo y ver la mejor manera de ayudarlo y al mismo tiempo proteger a mi familia. Quiero confiar en sus palabras. Quiero creerle que de verdad está consciente de su situación, porque el peligro de una recaída esta a la orden del día.

Se que estos pensamientos negativos me hacen daño y pueden hacerle daño a él también. La cruda realidad es y está. Ahora tenemos que hacerle frente a una enfermedad tan fuerte como es la adicción, algo que ignoraba totalmente. Puedes atacar una gripa, un dolor de estómago, y otras enfermedades, te curas y ya no tienes que pensar en ellas, pero la adicción estará ahí toda su vida. Tengo un nudo en la garganta y cuesta tanto trabajo decirlo y reconocerlo. Es impresionante como la ignorancia nos puede destruir. La gran bendición es que hay lugares con gente experimentada y con toda la voluntad de ayudar en estos casos. Mientras Ricardo está en esta clínica de rehabilitación, nosotros aquí en casa estamos tratando de rehabilitarnos a esta nueva situación familiar.

Miércoles 16 de diciembre de 2015

Cuarta semana de desintoxicación

Día de la visita tan esperada. Jessica y yo llegamos temprano a la clínica y la Psicóloga nos dio un momento para hablar de Ricardo. Nos comentó que cada día lo ve mejor. Sobre todo en el aspecto de darse cuenta de por qué está ahí, y de todo el daño que se estaba haciendo al consumir la marihuana. Dice que lo ve ya más participativo. Que sienten que él necesita de verdad en confiar en la gente para poderse abrir y ya lo está logrando. Por último nos dijo que ya por fin se esta abriendo y está sacando todo el dolor que tiene dentro.

Pudimos hablar con el Dr. Ramírez y nos dio la gran noticia de que no hay daño permanente; sin embargo, el sistema nervioso ya está dañado por lo que en el momento en que vuelva a probar la droga, puede volver a tener un brote psicótico. Nos comentó que el cuerpo suele tener recuerdos de las sensaciones que la droga causa y puede volver a sentirlas, pero que conforme pasa el tiempo lograran desaparecer. Nos dijo que Ricardo reconoció no haberla ingerido solo por cuestión médica sino que ya lo estaba haciendo en forma recreativa. Eso está ayudándolo a darse cuenta de que si es un adicto. Ahora debe de tener el cuidado y la fuerza suficiente para no volver a caer en la droga.

Comenzamos con la terapia de grupo me gustó la actividad que utilizó Maritza de rompe hielo. Había que saludar a las personas que teníamos sentadas a nuestro alrededor y conocer sus nombres. Nos dimos cuenta que no pusimos atención a los nombres ya que preguntó si alguien podría mencionar los nombres de las personas que estaban a nuestro alrededor y nadie pudo hacerlo. Lo volvimos hacer y esta vez logramos ya recordar los nombres. Los que estamos ahí presentes, somos el resultado de las circunstancias de lo que nos tocó vivir, y estoy totalmente consciente de que son buenas personas. Me doy cuenta de que solemos echarle la culpa a los padres por los comportamientos de los hijos. Los juzgamos en forma negativa. Ahora en todo este proceso, he aprendido que nosotros los padres no tenemos la culpa de las acciones de nuestros hijos, aunque si tenemos responsabilidades de educarlos y de acompañarlos en todo momento.

Comenzamos con la terapia de grupo y el tema fue la gratitud. ¿De qué están los pacientes agradecidos? Una vez que ya se dieran cuenta de qué estaban agradecidos, pidió que pasaran al frente a compartir con todos. Ricardo por primera vez se animó a hacerlo. Yo sé que eso a él le cuesta mucho trabajo y lo hizo. Eso me dio mucha alegría. Lo que dijo fue muy importante también ya que dijo que está muy agradecido con todos nosotros por todo el apoyo que le hemos dado. Que durante su infancia y adolescencia se cerró en hablar y compartir el dolor que en esos momentos estaba viviendo y que cometió el error de haberlo hecho con nosotros también. Confesó que estando en la universidad, en muchas ocasiones no quería contestar nuestras llamadas.

Nos dieron oportunidad de que si algún familiar quería hablar lo hiciera. Me paré para agradecerle a Ricardo los 3 meses que compartimos juntos. Agradecerle lo que hablamos mucho, que me acompañó a hacer muchas cosas, también el que él quisiera sanarse. A la clínica por toda la ayuda que le estaba dando. Agradecí haber tenido la fortaleza y la humildad de sentirme sin la fuerza y conocimientos necesarios para ayudarlo. Aceptar el tener que pedir ayuda.

Eso es algo que a mi me cuesta mucho trabajo. Siempre me he sentido autosuficiente y no me gusta pedir ayuda. En esta ocasión no lo pude hacer. Como madre no pude ayudar a mi hijo. Me di cuenta que si hay quien le puede ayudar, gente profesional en el campo de la drogadicción y en especial gente que ha vivido esta problemática.

Ya estando con él, se desahogó mucho. Nos compartió que ahora que ya se está animando a hablar, siente que el estómago se le revuelve. Eso es muy normal ya que al hablar lo vuelve a vivir pero que al mismo tiempo es necesario para sanar todo lo que trae dentro. Le seguimos contando como estuvo su comportamiento cuando le dio el brote psicótico. Cada vez se da más cuenta del daño que se estaba haciendo. Le dije que algunos de los síntomas que él ya tenía y que no se había dado cuenta eran, la molestia de las luces en la noche en sus ojos, el ruido de las campanas o de la música en los bares, el querer estar bebiendo agua todo el tiempo. Estas son de las primeras reacciones que el cuerpo tiene al estar consumiendo droga. Entonces se dio cuenta que cuando trabajaba el ruido de las campanas cuando alguien conseguía un pago o un cliente, le molestaba mucho. El beber tanta agua también me dijo:" …ya no tomo tanta, ya siento que no necesito beber todo el día."

También se está dando cuenta de la situación de todos sus compañeros. Esta agradecido de no estar tan dañado como todos los demás. Sabe que a muchos los han tenido que internar en otras clínicas, que su recuperación es mucho más lenta y que tienen más daño físico y mental. También se da cuenta que la situación familiar es muy diferente. Creo que eso le va a ayudar mucho.

Hay una chica que compartió que estando con los efectos de la droga fue violada, fue maltratada, estuvo hasta en peligro de morir, se sintió ser toda una basura humana. Son de esas veces que dices: "Gracias Dios, por todo lo que me has dado". No nos damos cuenta en las situaciones en las que muchas familias y jóvenes están metidos. Pensamos que están todos están en una burbuja de cristal protegidos y no es así. No quiero imaginarme lo que viven todos aquellos países están en guerra, que pierdan a sus padres, que vean que violen a sus madres y hermanas, y otras muchas cosas más.

Al llegar a casa, Marcela llegó de haber estado en un partido. Le comenté que su hermano le daba las gracias por su apoyo y que sigue muy preocupado por ella. "Soy su hermano mayor, el que da el ejemplo y con esto Marcela va a pensar muchas cosas de mí." Que yo le había dicho que todo esto estaba siendo todo un aprendizaje para todos. Marcela entonces me dijo: "Mamá, estoy aprendiendo y dándome cuenta de muchas cosas con todo esto que estamos viviendo." Marcela es una artista y todo lo está desahogando en sus pinturas, en la música y lo más probable esté escribiendo. Me quedé ya muy tranquila con lo que me dijo.

El que me sigue preocupando es mi marido. Quisiera que soltara todo lo que trae, que dejara de exigirse así mismo y a los demás, que se diera cuenta que no todos somos iguales, que no reaccionamos igual ante situaciones de la vida y que para unos es muy fácil defenderse y para otros no lo es. Es algo que él va a tener que trabajar mucho, para que pueda ayudar mejor a la sanación de Ricardo, verlo como un ser humano que comete errores como todos.

Entiendo que estamos viviendo una situación que de verdad no esperábamos y que ignorábamos. Nos ha tomado por sorpresa y es algo que no se puede digerir de la noche a la mañana, pero que si se puede trabajar desde el amor, la entrega y la empatía.

Al salir de la terapia, recibimos por parte de la clínica una invitación, para ir el sábado 19 de diciembre de 1:00 a 5:00 p.m., a un festejo navideño con todos los pacientes y las familias. A nosotros nos tocó compartir un postre y los pacientes nos van a dar una sorpresa, por lo que iremos a participar en este convivio.

Jueves 17 de diciembre 2015

Llamé a Mercedes, mi gran amiga de Monterrey, para que supiera cómo vamos en este proceso. Le conté todo lo que hemos aprendido con respecto a las drogas. El peligro que uno corre al consumirlas, la maldad que hay por parte de la gente que las siembra, cosecha y prepara, en fin, de la ignorancia que hay en general. La gente las consume sin saber realmente el verdadero daño que se hacen. Y lo más importante la venda tan grande que tienen en sus ojos para no ver los peligros a los que se enfrentan además de no tomar la decisión de pedir ayuda. Le comenté que Ricardo no tiene daño permanente. Que mucho es cuestión de él tener la fortaleza de no caer en el consumo para siempre.

Fue una llamada como siempre muy gratificante. No hay nada como que te escuchen y que te den palabras de aliento. Estoy muy agradecida de la amistad verdadera que Mercedes siempre me ha brindado desde que la conocí.

Sábado 19 de diciembre del 2015

No he podido dormir, estoy muy emocionada, ya que por ser fechas de festejos navideños, el día de hoy vamos a ir a la Clínica para estar con Ricardo. Vamos a llevar un pay de manzana y una bolsa de dulces, para compartir. Cada vez me siento mejor solo con saber que él está recuperándose. No hay como saber tomar buenas decisiones y saber pedir ayuda cuando se necesita. Nosotros en casa, llevando una vida normal. Pensando en él y en nosotros, todos somos importantes, todos nos necesitamos, un trabajo en equipo, toda una unión familiar.

La fiesta estuvo hermosa, Ricardo nos recibió con mucha alegría y muy emocionado.

Además de un pay de manzana que llevamos para compartir, llevamos un regalo para que se lo dieran el 24.

En esta ocasión estaban los residentes y sus familias de la Casa de Medio Camino, por lo que había mucha gente en la fiesta. Nos sirvieron ponche, había tamales, lasaña, pavo, relleno, ensaladas de muchos tipos, arroz, frijoles, muchísima comida para compartir. Después los residentes de ambas clínicas nos dieron una sorpresa ya que nos presentaron un show organizado por ellos, que disfrute de verdad. Luego hubo quienes compartieron algunas palabras. Estoy muy sorprendida de la cantidad de jóvenes que se inclinan por el alcohol y las drogas, nunca me imaginé. ¡Que suerte tienen los que están en esta clínica de recuperación! Ojalá y todos los que consumen sustancias tuvieran esta gran oportunidad. Espero y deseo que todos ellos, junto con Ricardo, realmente aprovechen esta oportunidad y logren tomar un camino diferente al que ya habían tomado.

Domingo 20 de diciembre 2015

Estamos listos para ir por mis papás y Lucio al aeropuerto. Aunque estoy muy emocionada, no sé como voy a decirles lo que sucedió con Ricardo.

Hemos llegado a casa, les hicimos un tour y les ha gustado mucho. la comida ya estaba lista así que nos sentamos a comer. Fue entonces que notaron la ausencia de Ricardo. Empecé a contarles que él está en una clínica de recuperación debido a su consumo de marihuana medicinal, la cual le causó adicción. Les dije que le causó un brote psicótico y que tuvimos que internarlo. Debo de confesar que me sorprendió como lo tomaron. Y aunque se quedaron tranquilos, se quedaron también muy preocupados por su salud y recuperación de Ricardo.

Martes 22 de diciembre 2015

Hablé con la Psicóloga de la clínica y me confirmó que teníamos el 24 a las 11:00 la terapia familiar. Ricardo mi marido ese día no va a ir a trabajar por lo que podrá asistir. Entonces fue cuando me di cuenta que de verdad las personas que trabajan ahí, hacen lo posible por la recuperación de las familias y los internos. El 24 de diciembre nunca habían tenido sesión con familias y ahora hicieron una excepción. Me comuniqué con Antonio para darle las gracias por todo lo que ya estaban haciendo por nosotros. Él me dijo que ese día tenían su cena navideña como empresa, y me pidió si les escribía una carta y así lo hice.

Comparto la carta:

MI QUERIDA FAMILIA CLÍNICA NUEVO SER:

Sé que el día de hoy tienen su festejo de Navidad, quiero dedicarles unas palabras a TO-DOS, conozco a algunos pero no quiero mencionarlos para no dejar de mencionar a al-guien.

Para mí estas fechas decembrinas son muy importantes. Para empezar la familia se reúne y hay intercambio de muchas emociones. Yo por ejemplo tengo por primera vez a mis pa-dres y hermano, quienes vienen desde la Cd. De México, en casa para celebrar estas fechas.

Jesús es para mí es un gran ejemplo de "Amor" "Perdón" "Inclusión" y "Sanación", yo no ce-lebro su nacimiento como tal. Yo celebro el que siempre esté en mí, para poder seguir y vivir su ejemplo.

Lo que he logrado vivir ahora con mi hijo Ricardo siendo paciente de la Clínica Nuevo Ser es precisamente todo lo que Jesús vino a enseñarnos. Porque veo que todos ustedes, que trabajan ahí, siguen ese gran ejemplo. Se nota que todos son buscadores de lo bueno y lu-chan por eso, sacan lo mejor de ustedes para dárselo a sus pacientes.

Con lágrimas en los ojos, nudo en la garganta y moquitos en la nariz, les digo que estoy muy agradecida por todo lo que han hecho hasta ahora por mi hijo y por los demás pacien-tes. Ahora los veo como una gran familia. A casi a todos los conozco y sé sus nombres. En cada sesión con todas las familias, percibo todo el gran dolor que han vivido y lo que les orilló para caer en las drogas y/o en el alcohol. Quisiera que todos supieran que son verdaderamente amados, ya que son hijos de Dios, pero uno nunca sabe realmente el su-frimiento que ellos viven hasta que lo logran expresar.

Lo más importante, es ver que el trabajo que cada uno de ustedes hace en la clínica se percibe que se hace con amor y cariño a sus pacientes. Se nota que su prioridad es que realmente salgan adelante y que los tratan como personas y no como un paciente o un número más.

Sigan haciéndolo, todo lo bueno que hacen se verá reflejado en cada uno de todos sus pa-cientes. Y no saben la gratitud que yo como madre ya les tengo por todo lo que están haci-endo.

La fiesta navideña que se hizo para todas las familias, el sábado pasado, fue verdadera-mente espectacular. El que todos compartiéramos los alimentos, así como Jesús lo hacía con sus amigos, el ver a los pacientes que se preocuparon por darnos una sorpresa a to-dos; como, bailar, cantar, hacer una declamación, fue maravilloso.

Escuchar a los padres de familia fue enriquecedor. Todos vivimos algo diferente con nues-tro familiar, sin embargo el gran dolor y sufrimiento se hacen presentes. Lo que más quere-mos es de que se den cuenta, pongan los pies en la tierra, tengan las herramientas nece-sarias para salir adelante y lo más importante es, que sepan que no están solos y se sien-tan amados.

A cada uno de ustedes les doy las GRACIAS por lo que ya se están haciendo por mi hijo y les deseo que todas las bendiciones que ya tienen se llenen con creces con cada paciente que les llegue pidiendo AYUDA.

Con mucho cariño,

Marycarmen

Miércoles 23 de diciembre 2015

Quinta semana de desintoxicación

Día de visita a la clínica, Jessica y yo ya estamos listas para ir a Playas, deje a Marcela con mis papás y a disfrutar a Ricardo, ya que no podrá estar con nosotros en navidad.

Ahora nosotros somos los que más tiempo llevamos ahí, ya las familias que conocimos desde un principio ya no están, y hay menos residentes. Ricardo en esta semana es el decano (encargado de las oraciones, de que todos lleguen a tiempo a sus sesiones etc.) Por lo visto les dan sus propias responsabilidades.

La terapia con las familias estuvo muy interesante. Hicimos una dinámica de ponernos en parejas, familia con residente, y escuchar al residente por unos minutos y luego que él/ella nos escuchara. A mí me tocó una señora ya mayor con problema de alcoholismo. Acababa de entrar y estaba muy enojada por que el marido la había llevado a la clínica. Me sorprende muchísimo como algunos pacientes se enojan y molestan porque los familiares los llevan a rehabilitación. Si supieran el dolor que causa verlos destrozar su vida de esa manera; que lo que más queremos en el mundo es de que estén bien... antes de enojarse deberían de estar agradecidos.

Luego como es época navideña les regalamos un valor, para que lo vivieran.

Maritza, quién es la psicóloga familiar de la clínica, me pidió que les dijera algunas palabras a todos de feliz navidad y la sesión se dio por terminada.

Luego tuvimos oportunidad de estar con Ricardo. Estuvo muy juguetón con Jessica, creo que ahora si nos extraña, no quería que nos fuéramos y ya estaba contando los días para venir a casa.

Jueves 24 de diciembre 2015

Es temprano por la mañana, y estamos listos para ir a la sesión familiar con Ricardo. Estoy muy nerviosa, tengo miedo de lo que nos vayan a decir ahí. Yo he visto mucho mejor a Ricardo, pero estoy consciente de que necesita más tiempo de terapia aunque su estancia en la clínica ya termina el domingo 27.

Llegamos a la clínica y nos recibió Mayra la terapeuta personal de Ricardo. Nos dijo muchas cosas de lo que Ricardo ya está logrando trabajar, pero al mismo tiempo todavía le falta muchísimo. No es solo ver el problema de la adicción, sino que, él tiene que descubrir que es lo que lo llevó al consumo de drogas. Nos pidió que habláramos y compartiéramos cómo cada uno de nosotros habíamos estado viviendo todo este proceso. Casi todos coincidimos en la mejoría de Ricardo, en el dolor tan grande que tenemos como familia por lo sucedido, el enterarnos que no solo la estaba consumiendo como algo medicinal sino también en plan recreativo y saber que la estaba fumando a diario. En ese momento les compartí que, me estaba sintiendo fatal, porque me dejé llevar por sus palabras, quise creerle y confiar en él, y me engaño, me va a costar mucho trabajo volver a tenerle confianza.

Luego vino Maritza y entre las dos nos dijeron que los miembros del consejo de la clínica había llegado a la conclusión que Ricardo iba a necesitar ir a la casa de medio camino ya que todavía no estaba listo para venir a casa. En lo personal me quedé tranquila, la verdad no lo sentía totalmente listo para traerlo a casa. Mi marido y yo, teníamos miedo de que volviera a caer y ahí si la reacción de mi marido hubiera sido muy drástica.

Nos pidieron que lo habláramos como familia para tomar una decisión. Se habló de dejarle el peso de la responsabilidad a Ricardo y yo tomé la palabra. Dije que no estaba de acuerdo, que el peso de la responsabilidad de tomar la decisión de que continúe con el tratamiento lo debíamos tener nosotros. Nosotros somos ahora los adultos, congruentes y conscientes de que Ricardo debe continuar. Yo sabía que él quería ir a casa y que de ninguna manera se iba a querer quedar en la clínica. Mi marido me apoyo diciendo que era una excelente decisión, que estaba orgulloso de mí. La verdad no sé qué esperaba. Pero bueno, todos hablamos y participamos de manera muy congruente. ¡Chispas!, como duele el cuerpo, el alma y el espíritu, pero cuando sabes que estás tomando la mejor decisión te quedas tranquilo.

Antes de que llegara Ricardo a la sesión Maritza nos dijo que ella nos iba a estar haciendo preguntas y que al contestarlas nos dirigiéramos a él.

Cuando llegó Ricardo, se sentó en una silla enfrente de nosotros y comenzó Maritza con sus preguntas.

¡Que fuerte estuvo todo! Pidió disculpas, en especial a mí porque me engañó y se salió con la suya; de haber perdido la relación con sus hermanas, de no haber querido hablar con nosotros en varias ocasiones cuando él vivía en Phoenix. Se dio cuenta que no pudo con la ingeniería, precisamente por su ingesta de mariguana y que al mismo tiempo tenía dolor por habernos decepcionado. También nos dijo que él mismo alejó a sus amigos de él; que no confiaba en las personas por el daño que había recibido desde pequeño. Todos los cambios de residencia a él le afectaron muchísimo, y lo hizo hacerse introvertido para no sufrir en las despedidas. También nos confesó no saberse defender de las personas, que para él no era fácil.

Luego Jessica habló y le compartió como vivió ella los momentos en los que él estaba con el brote psicótico y cómo nos vio a nosotros como papás manejar la situación. Estaba verdaderamente sorprendida de nuestra actitud de amor, de calma, de consciencia de la situación y de reconocernos incapaces en ayudar a nuestro hijo en esa situación.

Ricardo mi marido también habló y le confesó lo enojado que estaba por el error tan grande que había cometido. Pidió disculpas también por la cantidad de cambios de residencia que tuvimos y de no haberse percatado del daño a Ricardo. Se confesó ser una persona hábil para leer a las gentes y que se sintió decepcionado de él mismo, al no saber leer a Ricardo nuestro hijo. Nunca nos dimos cuenta de todo lo que él estaba pasando y no hicimos nada. Se le hizo un nudo en la garganta y los ojos rojos. No me había tocado ver a mi marido en esa situación.

Yo lloré mucho y Jessica también que manera de trabajar las emociones, pero el llorar es sano y es un excelente desahogo.

Ahora me tocó a mí hablar, de decirle lo duro que fue para mí como madre, reconocerme incapaz de ayudarlo. Reconocerme ignorante a las drogas. Con lo difícil que es pedir ayuda externa; de hacer a un lado la vergüenza y solicitar que nos recomendaran que hacer.

Y luego llegó el momento de decirle a Ricardo de que iba a tener que seguir en Medio Camino. Se quedó sin voz. Luego pidió si se podía recostar porque le estaba costando trabajo procesar lo que le estábamos diciendo. Parecía como si le hubiésemos echado un balde de agua helada. Maritza le dijo que estaba bien, pero que más bien tenía que estar sentado y viéndonos. Pero Ricardo dijo que le había empezado a doler la cabeza, por lo que se recostó tantito. Después de unos minutos volvió a la silla.

Mi marido le preguntó que cómo se sentía él con esa decisión por lo que nos juró y prometió trabajar 110% para salir adelante. Sin embargo, en esta ocasión sabemos que si lo puede trabajar pero no estamos con la certeza de que no vuelva a caer. Además el doctor nos dijo que una recaída podría ser muy peligrosa. Entonces mi marido le dijo: "Necesito que en esta ocasión vuelvas a confiar en nuestra decisión…" que continuara con su tratamiento. Ricardo accedió, no muy contento, pero lo aceptó y eso es muy importante.

Luego nos presentaron al fundador de la clínica, Isaac. Me encantó la oportunidad de hablar con él unos minutos. Él nos compartió que tenía treinta y tantos años ya sobrio. También nos dijo que agradecía muchísimo haber tenido la oportunidad de haber estado en una clínica de rehabilitación para lograr salir adelante. Animó a Ricardo a ir a Medio Camino. Le dijo que no se iba a arrepentir y que a fin de cuentas era para su bien.

Me impacta como somos los seres humanos. Como con el lenguaje corporal demostramos como nos sentimos en ese momento; incluso hasta para chantajear, pero no doblamos las manos. Ricardo se queda un mes más. A ver cómo logra trabajar. Si en un mes está listo para venir a casa, y si no, que se quede el tiempo necesario. Yo lo amo con toda mi alma, pero también amo a Jessica, a Marcela y a mi marido. Creo que nos merecemos que Ricardo realmente se recupere y no traerlo a medias para que nos vuelva a hacer daño. Los adictos suelen mentir para engañar a sus seres queridos y no aceptan que están con problemas de adicción.

Fue una mañana intensa, de muchísimas emociones, de mucho dolor, de toma de decisiones fuertes, pero que están valiendo la pena. Cada vez que me pongo a pensar en su consumo de marihuana diario y ya en plan social se me revuelve el estómago. Me está costando mucho creer que de verdad es un adicto. Siendo una persona tan inteligente, que haya caído en esto. Tendré que trabajar mucho para poder entender esa parte débil que él tiene. Para poder ayudarlo a entender que toda su vida tendrá que trabajar en ello para que no vuelva a caer.

Viernes 25 de diciembre del 2015

Hoy hablé con él, y lo sentí bien, pensé que iba a estar enojado y que nos iba a reclamar. No fue así, me pidió que le llevara más ropa para cuando se fuera a medio camino y quería que le llevara el celular para escuchar música. Le dije que no podía llevárselo, ya que como parte de las reglas de la casa de Medio Camino, no pueden tener sus teléfonos celulares y ningún aparato electrónico en donde se puedan conectar al internet.

Ingreso a la
Casa de Medio Camino

Lunes 28 de diciembre del 2015

Hemos recibido por correo electrónico el reglamento y horarios de visita para la casa de Medio Camino. En dos semanas no podremos ni verlo ni hablarle por teléfono, ya que está en proceso de transición y se encuentra en su fase 1. Una vez que ya esté en su fase 2 podremos hablarle todos los días por 5 minutos, y visitarlo los domingos de 10:30 a.m. a 4:45 p.m. Aquí los pacientes tienen un poco de más libertad, pueden salir a la calle, trabajar en plan voluntario y tener contacto con otras personas. Esto les ayudará a empezar a socializar y a tener contacto con la vida real después de haber estado internados 35 días en la clínica.

Comparto los objetivos del programa

OBJETIVOS DEL PROGRAMA

• Empezar y practicar los principios de los Doce Pasos de la recuperación alcohólicos anónimos (A.A), narcóticos anónimos (N.A), jugadores anónimos (J.A), familias anónimas (AL-ANON), neuróticos anónimos (N.A)

• Desarrollar la auto-disciplina y la responsabilidad.

• Mejorar las relaciones interpersonales.

• Conocer y practicar los principios espirituales que el programa maneja, como la honestidad, humildad y receptividad.

• Aprender a enfrentar la vida sin adicciones de ningún tipo y a disfrutar la sobriedad.

• Recuperar el amor a sí mismo, a la vida y encontrarle sentido a esta.

• Reintegrarlos de manera funcional a la familia, actividades laborales y/o escolares y a la sociedad.

• Proporcionar herramientas y técnicas necesarias para el manejo del estrés, frustración, ansiedad, resentimientos y comunicación asertiva familiar.

• Fortalecimiento emocional a través de la convivencia diaria.

• Incrementar su autoestima.

• Revisar e incrementar su sistema de límites.

• Hacer conciencia de su realidad e imperfección.

- Lograr atender sus asuntos como ser humano adulto.

- Darle la libertad de expresar su realidad moderadamente.

- Identificar mecanismos de control y manipulación de su realidad.

- Eliminar resentimientos y deseos de venganza.

- Lograr descubrir y desarrollar su espiritualidad (no religión) y encontrar un poder superior a sí mismos.

- Darse cuenta que sus adicciones secundarias le ayudan a evadir su realidad.

- Identificar sus cualidades, habilidades e intereses personales.

- Comunicar verbal y corporalmente sus pensamientos y sentimientos de manera abierta y certera con honestidad.

- Elegir comportamientos que vayan de acuerdo a sus valores.

- Reconocer sus emociones y el impacto que tienen en su estado de ánimo, sus actitudes y su comportamiento.

- Correr riesgos que promuevan el comportamiento saludable y reducir el comportamiento destructivo.

- Reconocer el impacto que su comportamiento tiene en los demás.

- Reconocer que no se puede dar lo que no se tiene.

- Aprenderá a disfrutar y divertirse sin necesidad de alguna sustancia que altere su estado emocional.

- Conocerá nuevas amistades, gente que no consume y que ha encontrado una nueva forma de vivir.

OBJETIVO DEL PROGRAMA FAMILIAR

- Promoción para la asistencia a reuniones de Al-Anon.

- Promoción y práctica de una comunicación asertiva paciente-familia a través de sesiones psicológicas familiares.

- Aprender a poner reglas y límites.

- Conocer la enfermedad de las adicciones y de la Codependencia.

- Conocer las señales de alerta de recaída de su familiar.

- Brindar técnicas para responder a una crisis con su familiar de manera pacífica y asertiva.

- Restablecer y fortalecer los vínculos familiares sanos.

- Estudiar y practicar el programa de prevención de recaídas en Codependencia.

- Brindar apoyo hacia la adaptación de los cambios que dan inicio a la recuperación.

REGLAS DE CASA

- Prohibido consumir sustancias psicoactivas.

- Prohibido las apuestas o juegos de azar.

- Prohibido hacer uso de violencia física o verbal.

- Prohibido tener relaciones sexuales y/o de noviazgo ni relaciones de tipo exclusivo.

- No material pornográfico.

- Prohibido el robo.

- Prohibido el uso de café, bebidas energéticas y medicamentos que no sean autorizados por el médico.

No cabe duda que las reglas, limitaciones terminan ayudándonos a todos, porque a fin de cuentas aprendemos a respetarnos entre si.

Miércoles 30 de diciembre del 2015

Hoy hablé a la casa de medio camino, para asegurarme de que Ricardo haya recibido la maleta que le mande con su papá con todo lo extra que nos pidió. Me dieron la grata noticia que este viernes 1º de enero podremos pasar la tarde con él.

Viernes 1º de enero del 2016.

Estamos listos y emocionados para ir a ver a Ricardo. Vamos a Tijuana, compraremos carnitas para comer con él en la casa. Mis papás siguen de visita en nuestra casa y se quedarán acompañando a Marcela. Ella todavía no puede salir del país por estar en proceso migratorio.

Llegamos a la casa de cuidados extensivos. Ricardo se encontraba con otros compañeros viendo la televisión. Cuando nos vio, realmente se sorprendió. No pensó que nos iba a ver, se levantó y nos dio un fuerte abrazo. Luego nos fuimos a la casa de las chicas la cual es el lugar de la visita. Ahí vimos que ya habían muchas familias visitando a su familiar.

Clínica Nuevo Ser. (2014). Objetivos del Programa. Tijuana, BC: Casa de Medio Camino.

Nos sentamos en unas sillas en el patio a que nos diera el sol y poder platicar con Ricardo. Lo vimos muy bien, está entusiasmado con todas las actividades que ha estado haciendo durante la semana. El todavía no puede ir a trabajar ya que sigue con terapias en AA, NA, y en la Clínica Nuevo Ser. Nos dijo que a él y a otro compañero los llevaron a la clínica para ayudar a un señor de 60 años que estaba en brote psicótico muy fuerte y por eso necesitaban jóvenes fuertes para cargarlo. Creo que ahora si se va a dar cuenta de lo peligrosas que son las drogas, inclusive la marihuana.

En algún momento nos confesó haberse sentido muy triste. Pensó que nuestra decisión de que se trasladara a la casa de medio camino, era porque no lo queríamos en la casa. Le dijimos que fue todo lo contrario lo que nos llevó a tomar esa decisión. Que nosotros pensábamos que era para su bien y que era una continuación a su terapia. Sin embargo, Ricardo mi marido le confesó que él si había pensado en no tenerlo en casa. El brote psicótico y no saber que reacción puedan tomar es un gran peligro tanto para la persona como para los familiares. Además, en nuestro caso en casa todavía tenemos a una menor de edad. Mi marido se siente con la obligación de protegernos y tiene razón. Sabemos que Ricardo necesita de nuestro apoyo, pero gracias a Dios está este programa muy completo. Es por eso, que nosotros al estar bien conscientes de la verdadera situación de nuestro hijo y de las posibilidades de una recaída decidimos mejor que siguiera con el tratamiento.

Jueves 14 de enero 2016

No he escrito nada en días, mis sentimientos cada vez están mejor. En todo este proceso, algo que me ha ayudado mucho a poder soltar mis sentimientos ha sido escribir en este diario. Aquí he plasmado todo lo que he estado sintiendo desde que internamos a Ricardo en la clínica. Además no he dejado de hacer ejercicio, el cual también ha sido de gran ayuda

Me siento confiada en todo lo que estamos haciendo para nuestro hijo. Mañana viernes hablaré a la casa y espero nos digan que ha subido a la fase 2 y que podremos ir a verlo este domingo…ya poder hablar con él. Tengo tantas ganas de saber cómo se ha sentido, de lo que ha reflexionado, de lo que ha vivido ahí con sus compañeros.

Mañana es mi cumpleaños, cumplo 51 años, y uno de mis mayores deseos es poder ir a visitarlo y escuchar su voz.

En ocasiones pienso en lo que vivió, y el estómago se me sube y se me baja. Pensar en que estuvo tanto tiempo consumiendo marihuana… todavía me cuesta trabajo creerlo, pero es nuestra realidad, la estamos aceptando, con dolor y con enojo. Es cuando te das cuenta que los padres estamos de verdad para acompañar a nuestros hijos. No solo en sus éxitos, sino también en sus errores; ayudarlos a levantarse y hacerlos sentirse seguros y amados.

Cuando crees que tienes una familia perfecta eso es imposible de creer. Ahora me veo con una familia perfectible, pero con mucho amor alrededor. Luchando con todo para salir adelante, aprendiendo de los errores de todos, y acompañándonos en todos nuestros procesos.

En estas dos semanas mi gran aprendizaje con mis padres y la bendición que hayan venido a visitarnos y pasar la navidad con nosotros, fue el saber que los hijos crecen. Se hacen adultos merecen mucho respeto. Aprendí que todos los hijos por diferentes que sean deben de recibir el mismo cariño por parte de los padres. Que cuando yo tenga la edad de mis padres debo de darme cuenta de todo eso, sentirme orgullosa de todo lo que nuestros hijos hayan logrado hacer y ser, sin esperar algo en especifico de ellos.

Esta vida está llena de obstáculos pero también de metas, y uno tiene que salir adelante. Sobre todo en plan positivo, ver que todo lo que la vida te ofrece es una bendición. La vida no es un castigo, uno nunca debe de cargar una cruz. No estamos para eso. Estamos para enfrentar la vida con amor y salir lo mejor posible de todo lo que tengamos que vivir.

Viernes 15 de enero 2016

Hablé temprano a la casa de medio camino y me dieron la grata noticia de que Ricardo ya está en Fase 2. Eso significa que ya vamos a poder hablar con él todos los días, excepto los jueves, e ir a visitarlo los domingos.

Hoy hablamos con él a las 2 de la tarde. En el momento que tomó el teléfono lo primero que hizo fue felicitarme. Me sentí muy feliz que se haya acordado de mi cumpleaños. Me pidió algunas cosas para llevarle el domingo. Estoy feliz de haber hablado con él.

En la noche le comenté a mi marido que el domingo ya podríamos ir a visitar a Ricardo. Él me dijo que lo podíamos traer a San Diego, lo cual me dio una felicidad enorme ya que Marcela iba a poder ver a su hermano. Yo no lo había pensado, tenemos el tiempo suficiente para poder traerlo a casa y no quedarnos en Tijuana dando vueltas.

Sábado 16 enero 2016

Preparando el desayuno baja Marcela recién levantada. Le doy la noticia de que el domingo vamos a traer a San Diego a Ricardo y que ella lo va a poder ver. Inmediatamente me abraza y se pone a llorar. Que tranquilidad me da saber que pudo desahogar un sentimiento que traía con ella. Me abrazó por mucho tiempo y lloró con mucho sollozo. Estamos felices y planeando el día para que Ricardo esté feliz de poder estar en otra fase de su tratamiento.

Ahora necesitamos empezar a confiar en él otra vez. Ya es un adulto. Es momento de ver y agradecer la gran oportunidad que tiene ahora gracias a el apoyo profesional que ha recibido; y agradecer también el que nosotros podamos acompañarlo en todo esto.

Domingo 17 de enero del 2016

Son las 9:00 a.m. Ya estamos listos para ir a Playas de Tijuana a recoger a Ricardo. ¡No lo puedo creer!, por fin podremos estar con él y traerlo a casa.

Hay dos casas de medio camino, una es para las mujeres y la otra es para los hombres; los tienen separados, para mayor control. Los domingos, cuando ya es hora de salir con los familiares juntan a todos en la casa de las mujeres, por lo que es ahí donde vamos a recoger a nuestro hijo. Tocamos la puerta y nos abrió uno de los consultores. Entramos a la casa y vimos que estaban todos sentados en la sala esperando a sus familias.

Cuando Ricardo nos vio, puso una cara de felicidad, que a mi me llenó el alma de amor. Saludamos a todos los chicos, nos presentamos con ellos como los papás de Ricardo. Ellos son ahora la nueva familia de nuestro hijo. Ellos también están en un proceso de recuperación, y se ayudarán mutuamente y convivirán hasta el día que les den el alta terapéutica. Parte del proceso, es la integración de la familia del paciente y que mejor que nos consideren también ellos como su familia. Un abrazo, unas palabras de aliento, un saludo fraterno, les ayudará a sentirse como en casa.

Bueno ya listos nos subimos al coche y le damos la noticia de que lo vamos a llevar a San Diego para que Marcela lo pudiera ver. "Me dio felicidad verlos a ustedes. Ahora más de saber que también voy a estar con mis hermanas y que voy a ir a San Diego. He estado mucho tiempo encerrado y la idea ¡me encanta!"

Le entregué el IPod Shuffle que me encargó con música que Marcela le grabó y estaba muy contento, dice que no le gusta escuchar la música de sus compañeros, que risa, no se que tipo de música escucharán pero él ya estaba desesperado por escuchar su ROCK.

Durante el trayecto estuvimos platicando mucho con él. Le preguntamos cómo se ha sentido? Lo que ha aprendido todo este tiempo? y nosotros compartimos como nos hemos sentido también en todo este proceso. Nos comentó que estaba bien, que confiaba mucho en su terapeuta. Nos conto que durante la semana lo revisó el psiquiatra y parece ser que le cambiaron el medicamento. Hace dos semanas me avisó Alan, el terapeuta de Ricardo, que durante esta semana iba a tener consulta con el psiquiatra. Esto se hace mensualmente, y dependiendo de cómo va evolucionando con respecto a la ansiedad y depresión, le va a estar haciendo cambios en su medicamento. Eso me tiene muy tranquila porque sé que está en constante revisión médica. También nos comentó que ahora tiene un consultor. Que no se siente muy confiado ya que es una persona de 40 tantos años, que tiene un comportamiento de niño. Que a veces se desespera con él, pero le dijimos que son de las cosas que como seres humanos tenemos que aprender… el tener paciencia y respetar a las demás personas.

Llegamos a casa por las chicas. Marcela cuando lo vio, lo abrazó por mucho tiempo y lloró mucho. Estaba verdaderamente emocionada de ver a su hermano. No es lo mismo que te digan que todo está bien, cuando no lo ves, hay un cierto punto de incredibilidad y ella se quedó con la imagen de su hermano con el brote psicótico.

A Jessica la vi contenta pero al mismo tiempo un poco apartada de él. Quizás quiso darle espacio y tiempo a Marcela, ya que ella si había tenido oportunidad de verlo todo este tiempo.

Nos fuimos a comer a un restaurante Tailandés en la zona de Point Loma, comimos muy rico. Después de casi 2 meses la familia se volvió a reunir, pasamos una velada deliciosa, charlando todos e intercambiando ideas.

Observándolos tan contentos, quisiera detener el tiempo. Esto ha sido como un verdadero regalo. Es como un volver a la normalidad, pero momentáneo. En unas horas lo vamos a regresar a la casa de medio camino, por lo que confieso que sentí algo de ansiedad. Al darme cuenta de mi sentimiento, en ese momento cerré los ojos, hice una respiración profunda para así vivir y disfrutar el momento.

Después aprovechamos en dar una vuelta en los Tide Pools, "son piscinas de agua que queda en un arrecife, plataforma de orilla o playa después de que la marea ha retrocedido". Hacía mucho viento y el mar estaba muy agitado, fue un verdadero espectáculo. Tomamos muchas fotos y videos, fue de verdad una tarde increíble todos juntos. Marcela no se despegó de Ricardo, estuvieron abrazados, platicando, disfrutándose mutuamente, y es que los dos son muy parecidos.

Se llegó la hora de regresarlo a Playas, como todo el tiempo pasa y comienzan las despedidas. A Marcela la vi más tranquila, creo que necesitaba pasar un tiempo con su hermano.

Lo dejamos bien y muy contento. Creo que ya necesitábamos un tiempo familiar, y fue de verdad de mucha calidad.

Miércoles 20 de enero del 2016.

Por parte de la clínica nos mandaron una lista de libros y películas para ver en familia, para ayudarnos y poder ayudar a nuestro familiar. El día de hoy hice la compra de todos los libros. Me gusta saber que ya tengo material para poderme dar una idea de todo el proceso que un adicto vive y yo como madre saber la mejor manera de ayudar a mi hijo.

Agrego aquí la lista de libros y películas:

BIBLIOGRAFIA RECOMENDADA PARA FAMILIARES

- TERENCE T. GORSKI. (1989). EL VIAJE HACIA LA RECUPERACION. USA: HAZELDEN.

- MELODY BEATTIE. (1991). YA NO SEAS CODEPENDIENTE. MEXICO: PROMEXA.

- MARTHA ALICIA CHAVEZ. (2004). TE VOY A CONTAR UNA HISTORIA. MEXICO: GRIJALBO.

- MARTHA ALICIA CHAVEZ. (2008). EN HONOR A LA VERDAD. MEXICO: GRIJALBO

- LAURO ESTRADA INDA. (2014). EL CICLO VITAL DE LA FAMILIA. MEXICO: DEBOLSILLO CLAVE.

- MELODY BEATTIE. (1998). GUÍA DE LOS DOCE PASOS PARA CODEPENDIENTES. MEXICO: NUEVA IMAGEN.

- MARTHA ALICIA CHAVEZ. (2008). EN HONOR A LA VERDAD. MEXICO: GRIJALBO

- SUSAN FORWARD. (2013). CHANTAJE EMOCIONAL. MEXICO: GRIJALBO.

- DR. MIGUEL RUIZ. (1997). LOS CUATRO ACUERDOS. ESPAÑA: URANO.

Literatura básica de Al-Anon y Nar-Anon

- UN DÍA A LA VEZ EN AL-ANON

- VALOR PARA CAMBIAR

- ESPERANZA PARA HOY

- EN TODAS NUESTRAS ACCIONES: SACANDO PROVECHO DE LAS CRISIS

- CÓMO AYUDA AL-ANON A LOS FAMILIARES Y AMIGOS DE LOS ALCOHOLICOS.

PELICULAS RECOMENDADAS PARA FAMILIARES

- 28 Días

- Cuando un hombre ama a una mujer

- Construyendo una vida

- Atrapado sin salida

- El Aviador

- El Maquinista

- The Rose

- De la calle

- La ciudad de Dios

- Los tuyos, los míos y los nuestros

- Un Soltero en casa

Domingo 24 de enero del 2016

Emocionada de ir por Ricardo. En esta ocasión mi marido está de viaje en Monterrey, por lo que voy yo sola por él y me veré con las chicas en casa una vez que lo recoja.

Lo que percibo en el momento que voy por él, es de mucha emoción, me da unos abrazos que me está diciendo gracias por venir y por estar conmigo en todo esto.

Nada más se sube al coche, y empieza a compartir todo lo que vivió durante la semana, cosa que nunca hizo ni desde niño.

De la casa de medio camino al cruce de Otay y mientras hacíamos fila en la "All Traffic Lane" para cruzar a San Diego, aprovechamos muchísimo en platicar. Se abrió totalmente y me compartió muchas cosas que vivió durante la semana y de su pasado.

Me dice que le está costando mucho trabajo hacer sus escritos, porque le mueven muchas cosas por dentro, recuerdos que tenía borrados y vivencias que no quería recordar.

Una de las cosas que vivió durante la semana, es que a todos los cambiaron de habitación. Ahora la está compartiendo con otros dos chicos, yo supongo que lo hacen para que se conozcan todos y convivan entre sí.

También me dijo que el día de ayer sábado fueron a un centro comercial que se llama "Galerías". Me contó que se sintió engentado, que había muchísima gente y que se empezó a sentir mal. Que acompañó a alguno de sus compañeros a unos juegos de maquinitas, y que el lugar estaba encerrado, obscuro, con mucho ruido, y las luces que había eran de las maquinitas. Que se empezó a sentir muy mal, que empezó a sentir mucho estrés y ansiedad. Que se salió de ahí, y se fue a McDonald's en donde se comió una hamburguesa. Que trató de calmar la ansiedad comiendo pero que no logró nada. Luego se fumó un cigarro y que mientras se lo fumaba se tranquilizó un poco pero que tampoco le ayudó mucho. Todo esto me lo contó con mucha angustia. Al verlo angustiado, me preocupé en el sentido de que quizás no quisiera él recibir la ayuda que se le está dando en la casa de cuidados extensivos. Por lo que, antes de reaccionar ante mi preocupación, pensé mucho en lo que me estaba diciendo y de qué manera pudiera yo ayudarlo. Yo le dije que lo más importante de todo esto es de que se está dando cuenta que en ese momento estaba sintiendo ansiedad al estar en un lugar donde había mucha gente y que ya le está poniendo nombre a sus sentimientos. Le dije que eso es muy importante, y que conforme haga ese proceso va a encontrar la manera para poder trabajar la ansiedad y el estrés que le causa el estar con tanta gente.

Hablamos de lo mucho que le afecto todos nuestros cambios de residencia. El haber dejado a sus amigos de España fue a él al que más le afecto, y de ahí se cerró en sí mismo. Le comenté que yo me había dado cuenta. Que su comportamiento cambió radicalmente cuando vivimos en Corea. "Yo trate de hablar contigo, de ver cómo te sentías, pero siempre te alejaste. Nunca quisiste hablar de tus sentimientos y por más que tratábamos tu papá y yo, de hablar, tú pusiste una barrera, a pesar de que te comentábamos que todos nos sentíamos igual, y estábamos viendo la manera de que estuviéramos bien.

Me preguntó que hacía en Monterrey, yo le dije: casi siempre estabas jugando PlayStation, no querías ir a fiestas e ibas poco a casa de tus amigos. Algo que si te ayudó mucho, fue cuando nos hicimos socios del Club Deportivo, ahí empezaste a socializar con los chicos del equipo de natación; a partir de ahí, te animaste a salir más a fiestas y reuniones. Daniel, que era parte del equipo, se convirtió en uno de tus mejores amigos en Monterrey y te ayudo mucho a empezar a conocer gente nueva y a divertirte.

También me dijo como se sintió en una ocasión que habló con su papá en el Paso, con respecto a cambiarse de carrera, Ricardo ya llevaba año y medio estudiando Ingeniería Eléctrica, y en el 3er semestre la materia de física la llevaba reprobada, por lo que mi marido le aconsejó en cambiarse a Ingeniería Mecánica, pero Ricardo le dijo que a él no le estaba gustando la ingeniería que quería estudiar Psicología. Se sorprendió mucho cuando su papá le dijo "De ninguna manera eso no vas a estudiar, sigue con la ingeniería." Eso le dolió mucho, no se sintió apoyado por su papá, se sintió obligado en estudiar algo que no quería. Al final hizo todo lo que su papá le dijo. Estudió un semestre más y definitivamente no pudo por lo que se cambió a Economía. Esta carrera tiene mucho del tronco común de la ingeniería por las matemáticas, lo cual iba a hacer que no perdiera ya los dos años que llevaba estudiando en al universidad. Ricardo estaba dudoso de los tiempos. Ricardo creía que llevaba estudiando solo un semestre. Le dije que no, que ya llevaba año y medio. Le comenté "Lo más seguro fue que tu papá te dijo que no estudiaras psicología ya que ibas a perder muchos años de estudio."

Siguiendo con este tema, me dijo: "…pues bueno no hice más que estar siguiendo los pasos de otras personas. Estudié economía, siguiendo los pasos de Daniel, ¿y que saqué con eso? Que tampoco me gustara, pero la terminé y saqué mi diploma, el papel que tanto ansiaban ustedes."

Respondiéndole a todo esto, le dije: "Bueno, ¿que sí quieres hacer ahora? Me dijo: "Sigo muy interesado en la psicología." "Ok. Tienes un diploma de economía ¿verdad? Bueno, trabaja, ahorra dinero y estudia una maestría en psicología si eso es realmente lo que quieres. Nada te impide hacerlo. Estas joven y con mucho tiempo por delante y cuentas con nuestro apoyo. Pero primero tienes que trabajar en todos los problemas que tienes ahora con la adicción y el manejo de tus sentimientos."

También hablamos de otro tema muy fuerte. La lujuria su adicción al sexo, que veía mucha pornografía en todos lados y se masturbaba mucho. Le dije que eso tenía que controlarlo mentalmente hablando. Que dejara de ver programas como "Californication" y muchos otros; que dejara también de estar viendo videos de pornografía, que eso lo excitaba sin controlarse y eso hacía que se estuviera masturbando. Le dije que tiene que aprender a controlar eso, porque cuando estuviera con una mujer podría hacer que ella no logre satisfacerse y el ser un egoísta. Él me dijo que viendo esos videos y la serie que no pasaba nada. "Si pasa. Al verlo estoy segura que te excitabas y te masturbabas." Lo reconoció. La masturbación en sí no es mala, lo malo es cuando ya no tienes control sobre tu cuerpo y tu mente, ya que puede estar teniendo la eyaculación precoz y hacer que el acto sexual se estropee para la pareja.

Llegamos a casa y mientras las chicas se terminaban de arreglar aprovechamos y nos fuimos a dar la vuelta por la colonia. Estuvo muy rico, ya que la mañana estaba muy agradable. Seguimos platicando de sus dudas, del manejo de sus sentimientos… ahí en la clínica les recomiendan mucho hablar y etiquetarse de sus acciones, cosa que yo aprendí todo lo contrario en el desarrollo humano, pero la verdad que no quiero estropear el trabajo de los terapeutas de la clínica. De lo que yo aprendí, en cuestión de etiquetar a las personas, es que las calificamos por sus acciones y no por quienes son realmente. Aunque puedo entender, que la adicción al ser una enfermedad diagnosticada, por lo que mi hijo es un adicto y así podrá aceptar y poder trabajar en su recuperación toda la vida.

Después de caminar como media hora, llegamos a casa. Ricardo se sentó a relajarse y a reflexionar de todo lo que logramos hablar, de lo que él ha estado trabajando, de mis comentarios y cerró los ojos. Hablamos por más de 3 horas. Intercambiamos muchos sentimientos. En ocasiones es desgastante hablar de lo que realmente sentimos. Me siento tranquila al verlo así, sin adivinar lo que está pensando. Supongo que está acomodando todo lo que trae en su mente, para cuando ya esté en la casa de cuidados extensivos los pueda trabajar mejor con su terapeuta.

Ya las chicas listas, lo vieron lo abrazaron y contentos nos fuimos todos a Otay Ranch Mall. Marcela quería comprar unos zapatos e íbamos a comer ahí. Comimos en un restaurante de alitas, y vimos el juego de futbol americano. Había 4 pantallas enfrente de nosotros, con futbol americano, basquetbol, hockey sobre hielo y futbol soccer, ahora si que había para todos los gustos. Ricardo después de que comió se acurrucó con Marcela mientras terminábamos de comer los demás y pedíamos la cuenta. Por mucho tiempo, Ricardo, se alejó de sus hermanas. Ahora él es el que se está acercando a ellas. Me siento con mucha satisfacción al verlo sanar sus propias heridas. Esta haciendo a un lado sus resentimientos.

Regresamos a las chicas a casa y nos encaminamos a Tijuana. En Playas nos dimos cuenta que teníamos tiempo para un helado. En la terracita de la heladería, Ricardo me preguntó sobre el Ser Superior. Yo le dije que el Ser Superior para mí era igual a Dios. Yo supongo que lo utilizan ya que puede haber pacientes de diferentes creencias y me dijo que no porque si tratan de manejarlo como el Dios de los Católicos. Yo le dije que para mi Dios es Amor, un padre-madre amoroso que perdona que no juzga, y me dijo yo también así lo veo.

Hablamos de la hipocresía de muchas personas con respecto al ir a misa y su comportamiento tan negativo que tiene hacia la sociedad. ¡Cero congruencia! Yo le dije "…así hay muchas personas y no vale la pena preocuparse por eso. Lo importante es de que nosotros si seamos ejemplo de lo que Jesús vino a enseñarnos."

Me comentó que si yo estaba de acuerdo de que la vida no es de color de rosa. Le dije: " estoy contigo, la vida no es fácil." "Bueno, entonces porque la gente muestra que es feliz, que todo es muy bonito y que todo va bien."

Ahí yo lo detuve y le dije: "Te voy a poner un ejemplo. Nuestro caso familiar con tu adicción… "(Se lo actué con todo y tonos de voz fuertes). Imagínate que yo, me la pase llorando y gritando de que mi vida es una tragedia, dejo de hacer mis actividades, la casa es un desastre, dejo de atender a tu papá, a Jessica, a Marcela, a ti te traigo a la clínica y te abandono, y no hago más que lamentarme de todo lo que estoy viviendo, me comporto agresiva con todo el mundo y además exijo que me respeten porque estoy viviendo un infierno." Todo muy actuado, exagerado y con mucho drama.

Luego cambio de voz. Se lo manejo como lo hemos estado haciendo: con amor, perdón y paciencia todo lo que estamos viviendo. Acompañándolo en su proceso, asistiendo con animo a las terapias, saludándolo con mucho cariño, yo siguiendo con mis actividades, atendiendo todas las necesidades de la familia, mi vida sigue normal, con altos y bajos, pero aprendiendo y construyendo una vida mejor para todos, "...y sobre todo," le digo, "ayudarte a salir adelante." Lo sentí receptivo, mientras yo le exponía cómo podríamos estar viviendo nuestra situación, se quedó callado, me miraba detenidamente, y me comenta "entonces ante todo lo que vives hay que sacar lo positivo de todo y ver la manera de salir adelante lo mejor posible." Creo que esto lo dejó muy pensativo.

De camino a la casa de medio camino, me dijo: "Esto esta muy duro mamá... pero estoy trabajándolo y quiero salir de esta. Ya me quiero ir a casa con ustedes y comenzar de nuevo." También me dijo que compartiera todo esto con su papá, ya que quiere que su papá esté al tanto de todo. Esto me puso muy contenta, de verdad que estoy impresionada con los cambios que está teniendo. Estoy muy contenta y con ganas de salir adelante con todo esto.

De ahí me fui a lavar el coche. Mientras lo lavaban yo tuve tiempo de pensar mucho en todo lo que Ricardo y yo compartimos, madre e hijo. Hablamos hasta de intimidades, de creencias, de miedos, de emociones, ¡vaya que si fue un día muy bien aprovechado!

Por la noche me habló Ricardo mi marido y le comenté todo lo que conviví con Ricardo. Mi marido está también muy contento con todo el progreso que Ricardo está viviendo. Sobre todo porque Ricardo ya está reconociendo su enfermedad y se está dando cuenta de todo lo que le sucede. Además en la clínica le están dando herramientas para poder salir adelante sin la necesidad de drogarse.

¡Chispas! De verdad que no hay un manual para ser padres. No hay una manera de que te digan como entender bien a tu hijo cuando está encerrado en si mismo. No hay nada que nos diga que hacer, pero si puedo decir que en mi experiencia el amor y el perdón te ayudan a que puedas acompañar a tus hijos en todos sus procesos.

Martes 26 de enero del 2016

9:00 a.m., llamada a Ricardo. Necesito saber como se siente después de todo lo que hablamos el domingo. Me da la impresión que se quedó con muchas cosas en la cabeza, y con todo lo que ha pasado estaba algo preocupada. Me dijo que se sentía mucho mejor, que le ayudo que nos viéramos el domingo, que le ayudo desahogarse, estar con sus hermanas, caminar, ver el partido de futbol, todo eso lo distrajo, el apapacho de Marcela. Se está dando cuenta que le gusta estar en casa y con nosotros y eso me alegra mucho. Estoy agradecida de que por fin está hablando.

Viernes 29 de enero 2016

Voy a recoger a Ricardo para llevarlo a una entrevista y mientras lo llaman, me recibe Alan su terapeuta. Me comenta que Ricardo va muy bien, que está trabajando mucho y que se percibe que es un muchacho que utilizó la droga para ser aceptado por sus amigos, no por necesidad de estar drogado. Dice que es una gran ventaja que solo haya consumido marihuana y no otros tipos de drogas, eso va a ayudar mucho más a su recuperación.

También me comentó que hubo un suceso en la casa con 4 pacientes por lo que todos estaban en Fase 0. Eso significa que no podrán salir, ni hacerles llamadas telefónicas, y no va haber visitas los domingos. A la semana suben según su comportamiento a Fase 1 que siguen teniendo las mismas reglas anteriores aunque creo que si podrán salir al gimnasio. Hasta dentro de dos semanas estará en fase 2 y ahí si podremos hablar con él y visitarlo.

Al subirnos al coche, ya como es costumbre Ricardo empieza a hablar y no hay quién lo pare, eso me alegra tanto.

Me contó lo que había sucedido: dos parejitas tuvieron relaciones sexuales y es por eso que los tienen a todos en fase 0. Estaba verdaderamente enojado. Yo le expliqué que la vida está llena de justicia/injusticias e injusticias/justicia, y de eso tenemos que aprender mucho y saber manejar de la mejor manera la situación. Le recordé cuando su papá se quedó sin trabajo, cuando estaba en International, le expliqué que una mala decisión por el Presidente de la compañía hizo que casi se fuera a la quiebra y a muchas personas las tuvieron que liquidar incluyendo su papá y ninguna de esas personas tuvo nada que ver con esa decisión. Le dije: "Sí vas a hacer con esto, aprovecha todo lo que puedas para aprender". Se quedó muy pensativo.

Luego le hice ver, que él estaba haciendo muy bien las cosas para que lo hayan dejado salir a su entrevista, si no le hubieran dicho que no podía salir y punto.

Logramos llegar a tiempo a la entrevista y todo salió muy bien y con muy buen tiempo lo regresé a su casa.

Taller
"Límites: Un Espacio para el Crecimiento"

Sábado 30 de enero del 2016

Todos los padres de familia de la casa de medio camino, fuimos invitados por los terapeutas a un taller. Solo voy a poder ir yo pero tomaré apuntes y se los compartiré a Ricardo cuando regrese a casa.

Empezamos a llegar todos los familiares a la casa de la chicas, donde será el taller. Nos empezamos a presentar, había café y galletas, todos se veían muy buenas personas. Nos pidieron que ya pasáramos al salón, que dejáramos nuestras bolsas y celulares en una oficina, y que no nos sentáramos junto a nuestro familiar. Iba a estar dividido en 4 sesiones con los 4 terapeutas de la casa. Comenzamos con Jazmín, nos presentamos, dijimos nuestro nombre y el nombre de nuestro familiar que está en recuperación.

Comenzamos con una dinámica en equipos. un papá/mamá se prestó para actuar como un niño de 5 años. El resto de nosotros, los cuidadores, tendríamos que manejar diferentes situaciones de comportamiento. Nos dijeron que el niño/niña no podría hacerse daño. Fue una dinámica muy difícil éramos 6 en el equipo y cada uno con su manera de percibir la situación. Cada quién daba diferentes instrucciones. El niño quedó totalmente confundido. No supimos cómo cuidarlo y terminó "quemándose la mano." Luego cada quién compartió como se sintió. Fue verdaderamente frustrante.

Nos compartieron unas hojas con las que estuvimos reflexionando y lo voy a compartir yo aquí:

A medida que nuestra sociedad ha ido evolucionando se generan cambios, los cuales nos llevan a buscar maneras de relacionarnos en la familia y tener un control en las conductas que permitan que nuestros hijos se desarrollen de una manera adecuada. Aprendizajes generados a través de generaciones que se contraponen a los enfoques de paternidad de los últimos años.

El establecimiento de normas y límites en el contexto familiar supone uno de los factores de protección más significativos para reducir la probabilidad de aparición de conductas de riesgo en todas las etapas de la vida.

El abanico de posibilidades a la hora de inculcar esas normas en nuestros hijos abarca desde la total permisividad hasta un control absoluto. Ente un extremo y otro existe un modelo que deja espacio para la libertad, y que supone educar a los hijos en la capacidad para tomar decisiones y para actuar de forma responsable ante los diferentes retos de la vida cotidiana.

Debe existir una jerarquía de poder en la que los padres y los hijos poseen niveles de autoridad diferentes. También debe existir una complementariedad de las funciones, en la que el marido y la esposa acepten la interdependencia y operen como un equipo.

Cuando uno es solamente estricto no hay flexibilidad, no hay placer, no hay amor, pero cuando uno es solamente permisivo no hay límites, por lo tanto no hay enseñanza y de nuevo no hay amor.

Reflexiones

• ¿Cómo me educaron mis padres en relación a el respeto a los límites y disciplina?

• ¿Las reglas en mi hogar son negociadas por todos los integrantes o son dispuestas por los padres?

• ¿Cómo me siento como padre cuando tengo que implementar una regla?

• ¿Las reglas en la casa son negociables, flexibles?

• ¿Quién las implementa?

• ¿Qué necesito para ser firme en cuanto los límites en la familia?

"Si te acostumbres a poner límites a lo que haces, físicamente o a cualquier otro nivel, se proyectará el resto de tu vida. Se propagará en tu trabajo, en tu moral, en tu ser en general"

"Acerca de los límites"

Los padres siempre buscan la felicidad de sus hijos y en esa búsqueda tratan de evitarle un sufrimiento que los haría madurar y crecer en todos los sentidos, y hoy día, en pleno siglo XXI, con toda la información a nuestro alcance, evitarles el dolor se ha vuelto una constante. Cualquier rigor, norma, regla o disciplina se descarta de inmediato, abogando por una libertad y un dejarlos ser, que sólo los lastimará y los volverá personas inconformes e inadaptadas en una sociedad que sí les exigirá rigor, normas , reglas y disciplina.

A los niños hay que ponerles límites porque serán los parámetros entre lo que podrán moverse, que les darán confianza y seguridad y que mientras más pronto se establezcan, más pronto los aprenderán y con mayor rapidez los interiorizarán, incorporándolos a su conducta de manera natural. Límites que se irán ampliando a medida que crecen, hasta llegar el momento en que algunos de ellos puedan ser negociados con los propios hijos, sobre todo en la adolescencia. Pero si además de todo, esos límites son congruentes y consistentes, con el manejo adecuado de las consecuencias en vez del castigo y la responsabilidad en vez de la culpa, el éxito de la educación estará asegurado.

Los límites no constituyen solamente exigencias saludables para los niños y los jóvenes, sino que también representan la medida de la moderación para los adultos. La libertad es la máxima aspiración para un ser humano, no así el libertinaje, que significa hacer lo que yo quiero, cuando quiero y como quiero, ignorando la existencia del otro, que tiene el mismo derecho de gozar de su propia libertad.

Los animales también tienen límites en sus vidas de relación en grupo y los líderes naturales son los que se encargan de hacerlos respetar, pero ellos viven en un mundo cerrado, atados a los instintos. El deseo humano de transgredir las reglas es necesario y natural, porque si no fuera así no habría cambios ni creatividad. Sin embargo, los cambios no son aceptados de inmediato por la sociedad, que necesita asegurarse de su eficacia para adoptarlos, por lo que es necesario tener suficiente tenacidad y perseverancia para lograrlos.

Una Vida Sin Límites, Lejos de ser Gratificante, Produce mucha frustración y termina siendo autodestructiva

La vida cotidiana nos exige el respeto de los límites en todos los ámbitos de nuestra actividad. No es bueno para nadie trabajar en exceso, descansar demasiado, comer de más, excederse en la práctica de deportes, o exigirle al cuerpo más de lo que puede hacer. El respeto a los límites es el arte de la moderación tan difícil de lograr y que no todos son capaces de practicar. El hombre que aprende el arte de la moderación puede permitirse ser más feliz y tener más alta la autoestima, porque se puede aceptar como es, no necesita exigirse ser quien no es, ni sufrir privaciones, ni hacer más de lo que puede sin respetar su cuerpo; y puede darse cuenta, que sólo aceptando sus límites los puede trascender.

Un invidente tiene que aceptar su ceguera para poder aprender a hacer todo sin ver, si no la acepta, además de invidente se convierte en un discapacitado total.

Se aprende a respetar los límites en la niñez; pero cuando la crianza ha sido permisiva sin esa oportunidad, se favorece la formación de un carácter orientado hacia la persecución del placer, con tendencia a transgredir reglas sociales y a no tener respeto por los demás.

Los límites nos permiten construir una estructura de personalidad firme, ser dueños de nosotros mismos y nuestros propios jueces, capaces de organizar nuestras vidas en función a un proyecto, y de tomar decisiones coherentes y responsables.

Respetar los límites nos hace más confiables, más seguros de nosotros mismos y más dignos de respeto. Lo único que no debe tener límites es la imaginación y la libertad de pensamiento.

La felicidad y seguridad la adquirirán con el amor y los límites en equilibrio, además de la congruencia y el buen ejemplo que los padres. "A los hijos hay que criarlos con un poco de hambre y un poco de frío" decía Confucio.

Acciones para el fortalecimiento familiar

Cada familia tiene expectativas de comportamientos determinadas por principios y normas que son los valores. A fin de aclarar los valores de su familia es importante que:

1. Los comuniquemos abiertamente para que nuestros hijos los conozcan. Hable acerca de por qué son importantes ciertos valores como la honestidad, la confianza en sí mismo y la responsabilidad, y la forma en que los valores ayudan a las personas a tomar decisiones acertadas. Enseñe a sus hijos que cada decisión se basa en decisiones anteriores y que una decisión acertada facilita la siguiente.

2. Reconozcamos que las acciones de los padres afectan al desarrollo de los valores de sus hijos, es decir, los chicos copian el comportamientos de sus padres. Por ejemplo:

cuando los padres fuman es más probable que los hijos sean fumadores. Evalúe su propio uso del tabaco, del alcohol, de los medicamentos recetados y aún las drogas de venta libre. Considere la forma que sus actos y sus actitudes pueden estar influyendo las decisiones de sus hijos, acerca del uso del alcohol y otras drogas.

3. Cuídese de que sus actos coincidan con sus palabras.

4. Reconozca cuando se equivoca.

Queda claro nuestra responsabilidad como padres para establecer normas para protegerlos y que remitan a su bienestar, aunque muchas veces ellos no entiendan el por qué. Sin embargo el establecimiento de normas es solo la mitad de la tarea. Debemos estar preparados también para imponer castigos cuando las normas no se cumplen. A estos fines recomendamos:

1. Sea específico. Dígale a su hijo cuales son las normas y que comportamiento se espera. Converse con el sobre las consecuencias de la falta de cumplimiento de las normas , cuáles serán los castigos, en qué forma se aplicarán, cuanto tiempo representan y cuál es el propósito del castigo.

2. Actúe coherentemente con su cónyuge. Ante todo póngase de acuerdo con respecto de las normas y castigos. Es muy negativo que un padre imponga un castigo y el otro no lo haga cumplir, o que el hijo se ampare en alguno de los padres para no cumplirlo.

3. Sea razonable. No agregue nuevas consecuencias que no hayan sido convenidas. Evite amenazas irreales como: "Tu padre te va a matar cuando vuelva a casa", en cambio reaccione con calma y aplique el castigo que su hijo espera recibir.

4. Sea firme, respete su palabra.

5. Recuerde que los castigos tienden el propósito de servir como aprendizaje. Siempre un límite debe tener un porque, que debe ser explicado a su hijo y este porque debe remitir a su propio bienestar. Los castigos no deben ser físicos sino perdidas de privilegios. Perderá privilegios más grandes cuanto mayor se la norma transgredida.

6. Ejerza la autoridad de padre con amor. No se pliegue al grupo de amigos "rejuveneciéndose" y siendo un amigote más.

7. Eduque a sus hijos ejercitando su autonomía. Jóvenes cuya autonomía ha sido desarrollada en el hogar a través del estímulo, el reconocimiento y el respeto de las buenas decisiones cotidianas, así como la reprobación de sus desaciertos, estarán mejor capacitados para enfrentar por si mismos la abstención acerca de las drogas No haga las cosas por su hijo, enséñele a hacerlas y que él las haga por sí mismo. Hay dos formas de criar hijos inútiles; decírselo permanentemente has que crea que es verdad o bien hacer las cosas por él.

8. Comuníquese con su hijo. Sepa escucharlo, dele tiempo para conversar, apague la TV en las comidas y cuando está conversando con él.

9. Sea siempre generoso con los elogios. Use la connotación positiva, si nuestro hijo tiene el pelo desprolijo y largo es mejor decirle "que bien te quedaba el pelo corto" antes que decirle "que mal que te queda el pelo largo".

10. Los jóvenes necesitan padres con firmes convicciones, que no sean despóticos ni injustos, que puedan reconocer sus errores y aprender de éstos.

COMUNICARSE CON SU HIJO

La comunicación es de vital importancia. Una familia que se comunica es una familia sana. He aquí algunas sugerencias básicas para comunicarse con su hijo:

1.   Aprenda a escuchar.

2.   Preste atención sin interrumpir hasta que él termine de hablar.

3.   Haga contacto visual con su hijo mirándolo a los ojos.

4.   Preste atención al lenguaje corporal

5.   No siempre se necesita una respuesta magistral. Puede que no la sepa. El solo hecho de escucharlo y que pueda expresar lo que siente es liberador.

No existen vacunas contra la droga ni soluciones mágicas, solo los valores y normas familiares opuestos al uso de drogas, en combinación con un fuerte vínculo entre padres e hijos y una comunicación abierta, promoverán el desarrollo saludable y reducirán las posibilidades de que nuestros jóvenes recurran a las drogas.

LOS MITOS ACERCA DE LOS LÍMITES

Los límites están en todas partes, presentes casi en cada rincón de nuestras vidas. Entendemos que estos parámetros son vitales para protegernos. Sin embargo, cuando se trata de establecer límites personales, los mitos abundan. Suponemos erróneamente, desde que imponer límites puede ser algo egoísta hasta que el amor verdadero es ajeno a los límites.

Un mito puede definirse con una ficción que parece verdad (Cloud y Townsend)

Los mitos que pueden enfrentar las personas que están poniendo límites

Mito 1

Si pongo limites, soy exigente.

Por supuesto que esto no es correcto, ya que los límites adecuados en realidad aumentan nuestra capacidad para dedicarnos a otros, las personas con límites bien desarrollados son las más solícitas.

Mito 2

Los límites son indicio de desobediencia.

Una carencia de límites suele ser indicio de desobediencia. Las personas con límites precarios suelen ser extremadamente complacientes, pero rebeldes y resentidas por dentro. Les gustaría decir que no, pero tienen miedo y ocultan su miedo con un sí poco entusiasta.

Mito 3

Si comienzo a poner límites, me lastimarán.

Poner límites implica decir la verdad, cuando la persona recibe nuestros límites, los acepta y escucha, es una persona recta, es justa. "Me alegra que no piense lo mismo, me hace sentir mejor" son personas que respetan nuestros límites y aceptan nuestra voluntad, opiniones e individualidad. Cuando la persona detesta los límites, resiente su diferencia, intentará manipular, no respetan los límites no aceptan y solo lo hacen cuando los complacen.

Mito 4

Si pongo límites, lastimaré a otros.

Se considera que los límites son un arma ofensiva. Sin embargo cuando los límites son apropiados no controlan, ni atacan ni lastiman a nadie.

Mito 5

Poner límites significa que estoy enojado.

Este mito es una interpretación equivocada de las emociones en general y de la ira en particular. Las emociones o los sentimientos, cumplen una función, nos dicen algo, son una señal. Ejemplo las emociones negativas nos dicen cosas; el temor nos advierte del peligro, la tristeza nos dice que perdimos algo. La ira nos advierte peligro

Mito 6

Cuando otros ponen límites, me lastiman.

No es nada agradable tener que aceptar los límites de los demás, a nadie le agrada escuchar la palabra NO. Por qué es tan difícil?

• Poner límites no apropiados puede ser lesivo, especialmente en la niñez.

• Proyectamos nuestras lesiones en los demás.

• Incapacidad para aceptar los límites ajenos puede reflejar una idolatría.

Mito 7

Los límites provocan sentimientos de culpa.

Muchas veces se resuelven dilemas evitando poner los límites a los demás con quienes sienten una obligación. De este modo se evitan sentimientos de culpa que conlleva a decirle NO a alguien que ha sido bueno.

Mito 8

Los límites son permanentes y tengo temor de quemar mis cartuchos.

Y si se cambia de parecer que pasa? Es importante que un límite o un NO le pertenece, eres el dueño de sus límites, los límites no son su dueño. Si se pone límites a alguien y la persona reacciona con madurez y comprensión, es posible negociar nuevamente el límite.

Como nos podemos dar cuenta alguno de estos mitos son evidentemente ideas falsas que se pudo haber aprendido a partir de enseñanzas erróneas, otros son simplemente temor a decidirse y decir que no a la responsabilidad. El poner límites no tiene que ver nada con la agresividad ni es un acto de violencia, sino que consiste en ser sinceros cuando se pide que se nos respete. Hay que ser diplomáticos para no herir a los demás en algunas circunstancias. Por lo tanto, toma acción en fortalecer tus límites de manera proactiva y evita continuar reaccionando a situaciones que quizá tú mismo pudieras estar fomentando al no ser claro. No necesitas dar demasiadas explicaciones al respecto. Solamente hacerlo de manera firme, clara y asertiva, con Amor.

Escucha a tus emociones y a tu intuición. Procura demarcar límites claros y firmes, más evita el construir muros que te asilarán de disfrutar y compartir. Tus emociones y tu intuición son la guía que te ayudará a encontrar el balance adecuado.

Recuerda tú pones tus límites, tú estableces el tipo de relación que deseas, tú das la pauta a otros para que ellos establezcan como tratarte

El amor genuino y verdadero no destruye.

El amor nutre y nos permite ser tal como somos.

Fue un día muy completo, de compartir muchas vivencias con todos los asistentes. A pesar de que estuvo agotador lo disfruté mucho. Charlé con muchas mamás que no conocía, me compartieron sus historias y yo la mía. Muchos se sorprendieron, no podían creer que Ricardo se haya confesado y que nos haya dado todos sus utensilios para el consumo de la marihuana y su autorización para tirarlas a la basura. Las historias de las familias ahí presentes fueron contadas con mucho dolor, pero muy luchadoras al mismo tiempo, tratando de tener fe para que el hijo de cada uno de nosotras salga adelante.

Psychologies. (2016). Limites un Espacio para el Crecimiento. Instituto Familias Nuevo Ser: Encuentro Familiar.

Al final del día, nos dieron la noticia de que nos iban a dar oportunidad de ver a nuestro familiar el día de mañana domingo, a pesar de que están en fase 0. Cuando los pacientes de la casa de cuidados extensivos están en fase 0 no pueden recibir llamadas ni visitas. Para el encuentro familiar del día de hoy, había padres de familia que venían de Guatemala, Colombia, Sonora, Sinaloa, Veracruz, California, Arizona, y aprovecharon en venir al encuentro y así aprovechar para poder ver a su familiar el domingo. Por lo que, los terapeutas y administrativos hicieron una excepción en esta ocasión. A pesar de las reglas que tienen y que las siguen porque son parte del proceso de recuperación, pueden ser flexibles en ocasiones.

Casa de Medio Camino. (Enero 30). Límites: Un Espacio para el Crecimiento. 2016, de Grupo de Psicólogos de Clínica Nuevo Ser Sitio web: www.clinicanuevoser.com

Domingo 31 de enero del 2016

Nos levantamos temprano, un día lluvioso, y con mucho viento, pero alegres de poder ir a ver a Ricardo. Nos llamaron los papás de un compañero de Ricardo, que están hospedados en casa de un familiar muy cerca de nuestra casa, para ver si se podían ir con nosotros, ya que el coche que tienen prestado no lo pueden manejar en Tijuana, por lo que les dijimos que si. Ya en camino y con nuestros nuevos amigos, íbamos felices de poder ver a nuestros hijos. Llegamos a la casa, tocamos la puerta y nos abrió Ricardo. Con grata sorpresa nos dice: "¿Que hacen aquí? Le dijimos que por haber asistido al taller nos dieron oportunidad de visitarlos.

Al ser nosotros los primeros en llegar, nos fuimos a la oficina del terapeuta. Ahí estuvimos hablando con Ricardo. Poco a poco se va abriendo más con nosotros y nos comparte todo lo que vive durante la semana en la casa.

Empezaron a llegar los demás familiares y se convirtió eso en una fiesta. Unos viendo el futbol español, otros jugando cartas, o billar, viendo que podríamos pedir de comer… una familia llegó con tortas para todos, ya habíamos pedido pizza pero los residentes están con tanta hambre que comieron de todo.

Aprovechamos en conocer a las familias de los residentes de la casa de cuidados extensivos, nos presentamos como los papás de Ricardo, compartimos con ellos de nuestros trabajos, profesiones y de dónde somos. Los residentes muy contentos de convivir con todos. Algunos no tuvieron la suerte de ver a sus papás pero todos hicimos que eso fuera un gran convivio familiar y todos con todos.

Uno de nuestros planes de visitar a Ricardo, era estar con él, pero al mismo tiempo, también queríamos pasar tiempo con nuestras hijas, por lo que nos despedimos de todos y nos regresamos a casa, temprano, para estar con ellas y así aprovechar para llevar a Jessica a comprar su regalo de cumpleaños.

Esta semana ha sido muy pesada, ya que Ricardo está en fase 0 y no he podido hablar con él.

Viernes 5 de febrero del 2016

Llamada a la clínica para saber en qué fase está Ricardo. Me dijeron que trabajó mucho, y que su comportamiento es excelente por lo que lo pasaron directamente a fase 2 .

¡Lo vamos a poder ver el domingo!

Hablé con él a las 9 de la noche. Con alegría le dije que lo íbamos a poder ver el domingo, que estuviera listo a las 10 a.m. para pasar por él. De verdad que me siento muy orgullosa de él. Esto lo está tomando muy enserio y está haciendo todo lo posible para recuperarse. No cabe duda que su adicción a la marihuana fue un gran tropiezo, pero lo importante es que se está dando cuenta y está trabajando.

Domingo 7 de febrero del 2026

¡Listos para ir por Ricardo! Llegamos por él, saludamos a algunos de los residentes y al terapeuta que estaba de guardia. Ricardo me pidió si podía llevar su ropa a lavar a la casa, ya que la secadora se descompuso, le dije que por supuesto.

Como siempre, se sube al coche y no para de hablar. Nos dijo que cada vez la ansiedad va bajando de nivel. Que si estuvo con frustración en toda la semana ya que estuvo encerrado 24/7 en la casa, pero eso le ayudo a trabajar en sus tareas y tuvo un gran avance. También platicó que cada vez se está llevando mejor con sus compañeros, ya no está tan selectivo.

Además, está leyendo muchos libros y artículos que dice que le están ayudando mucho. Le gusta mucho todo lo de las emociones. Dice que le gustaría estudiar psicología, o algo parecido y poder ayudar a jóvenes como él a salir adelante.

Llegamos a la casa y yo me bajé para lavar su ropa y él se fue con su papá al súper para comprar la comida. Vamos a hacer carne asada, el día está maravilloso y lo vamos a aprovechar.

Todos preparándonos para comer. Ricardo muy dispuesto a ayudar, a poner la mesa, a preparar la carne etc., con ganas de estar en casa y compartir muchas cosas. Que felicidad, que gran avance ha tenido.

Después de comer fuimos a caminar. Ahí me dijo que había leído el libro de los 4 acuerdos de Miguel Ruíz. "Ese libro yo te lo recomendé, hasta conseguí una copa en PDF y te la mandé." No recordaba esto, pero me encantó saber que no pudo parar de leerlo… lo leyó en dos días. Se dio cuenta que él no se defiende porque fue algo que aprendió de mí. ¡Chispas! qué responsabilidad tan grande me cayó en ese momento. Soy una persona que no me gusta el conflicto y no se responder ante una agresión, pero lo que sí hago es alejarme de la persona que me agrede. Esto al parecer es una actitud que él aprendió de mí.

Nos comentó que él estaba enojado con Dios. Que ahora gracias a todo lo que ha aprendido y evaluado en su vida, se ha dado cuenta que toda la responsabilidad de sus actos es de él y no de Dios. ¡Eso sí que es un gran avance!

Él siempre se había catalogado como una persona perfeccionista. Ahora comprende que se vale cometer errores y de los errores aprender. Se dio cuenta que antes no se atrevía a hacer muchas cosas para no errarle o que lo criticaran. Ya se percató que nadie es perfecto, que todos cometemos errores y lo importante es aprender de ellos. Que ahora se va a atrever a hacer más cosas y que si se equivoca que no pasa nada. Que aprenderá a tomar las decisiones y evaluará que es correcto y que no. Se dio cuenta del gran error de haberse hecho adicto a la marihuana y está aprendiendo mucho de eso.

Este fin de semana fue maravilloso. Solo con verlo percibo que cada vez está mejor, que es un gran chico, que como todos comete errores. Con el crecimiento que ha tenido después de esta experiencia estoy segura que logrará salir adelante y terminará ayudando a otros chicos.

Sábado 13 de febrero del 2016

Hoy fuimos a la casa de medio camino Ricardo y yo ya que teníamos terapia familiar a las 11 con Alan. Llegamos primero a la casa de los chicos y saludamos a Ricardo, y luego nos fuimos a la terapia a la casa de las Chicas.

Alan terapeuta de Ricardo, comenzó preguntando cómo hemos visto a Ricardo los fines de semana que hemos tenido oportunidad de verlo. Yo le contesté que cada vez lo vemos mejor en el sentido que esta más comunicativo. Nos comparte todas sus vivencias de la semana, sus logros, sus frustraciones, sus enojos y que no para de hablar, cosa que antes no hacia. Que en sus conversaciones me he dado cuenta de lo que ha logrado, sus potenciales para salir adelante y que todavía necesita seguir trabajando. Otra de las preguntas fue: "¿Cómo fueron como padres cuando sus hijos estaban chicos? Contesté que la verdad fuimos exigentes, con muchos límites y que si querían obtener algo había que trabajar para conseguirlo. Mi marido ha tratado de enfocarse en el ahora, de no ver el pasado, que eso ya pasó y que quiere trabajar en el momento aquí y ahora, y poder ayudar a Ricardo a salir de este tropiezo.

Alan, nos compartió que Ricardo ha estado trabajando mucho, que ha logrado superar muchas cosas pero que todavía le falta. Le falta darse cuenta del verdadero daño que se hizo y que nos hizo a nosotros como familia. El hecho de haber estado en un brote psicótico hace que él no recuerde mucho de lo que vivimos ese fin de semana, por lo que no se ha dado cuenta realmente del daño tan fuerte que ocasionó y del dolor tan grande .

También hablamos de cómo vivimos y nos sentimos ese día, en donde ignorábamos lo que realmente estaba pasando, pero que nos ayudó mucho el que nos hayan recomendado la clínica y que tomáramos la decisión de llevarlo ahí. Nos felicitó como familia. Alan dice que muy pocas se preocupan por su familiar y trabajan en equipo con ellos. Dice que en muchas ocasiones cuando hay un castigo hasta los mismos familiares se molestan. Nosotros, en cambio lo vemos como aprendizaje a la vida misma, que como lo dije antes es injusta y justa a la vez.

El nos dijo que como familia es importante que trabajemos juntos. Que no nos preocupemos tanto de Ricardo, que él está bien cuidado y atendido. Que está trabajando mucho en él así que nosotros a trabajar mucho en casa, para poder salir todos juntos adelante de esto.

Alan nos pidió estar en contacto con el una vez por semana. En especial que Marcela le escribiera un correo electrónico con todos sus sentimientos que tiene desde que Ricardo se puso mal. Además dijo que en ocasiones podría hacer con ella video conferencia. Va a tratar de ayudar a Marcela desde lejos.

Domingo 14 de febrero del 2016

Recogimos a Ricardo en la casa de medio camino. Como ya es costumbre, se sube al coche y nos comparte todas sus vivencias de la semana. Ha estado bien, y trabajando en él, dice que eso le cuesta mucho trabajo pero lo está haciendo.

Fuimos por Marcela, que regresaba de trabajar en un retiro y nos fuimos a casa.

Ricardo, conoció a la perrita que Jessica adoptó, estaban felices todos jugando con ella. En este día familiar, el día estuvo perfecto para comer carnita asada, puré de papá y unas paletas heladas.

Como de costumbre el tiempo pasa muy rápido y pues a playas a regresarlo. El día estuvo muy bien y tranquilo.

Martes 16 de febrero del 2016

Llamada con Ricardo. Le pregunté que cómo estaba y me dijo que no la estaba pasando bien. Que emocionalmente estaba mal, y si lo sentí en su tono de voz. Al mismo tiempo percibí que no quería hablar, por lo que le dije que lo amaba y que siguiera trabajando en él.

Como lo he estado viendo, no me preocupe mucho, ya me di cuenta que cuando no se siente bien lo trabaja. Además está en un lugar donde lo pueden ayudar.

Viernes 19 de febrero del 2016

Llamada con Ricardo. Sigue estando mal. No quiero moverle mucho. En 5 minutos no podrá contármelo, mejor me espero al domingo y ya veremos cómo lo trabajó en estos días.

Domingo 21 de febrero del 2016

Vamos por Ricardo a la casa de medio camino, nada más vernos y nos da unos mega abrazos. Que rico se siente que los hijos te abracen de esa manera.

Al subirnos al coche nos contó que dos de las chicas se fugaron de la casa. En ese momento recé por sus padres. Conozco a los papás de una de ellas y estoy segura que van a estar muy preocupados. Ojalá y las encuentren y logren ayudarlas.

Hicimos algunos comentarios con respecto a esos eventos. Dijimos que a fin de cuentas es mucho egoísmo y no piensan en el esfuerzo que los padres hacemos al tenerlos en un lugar así, a parte del costo, es muy fuerte el dolor que sentimos en dejarlos ahí.

Dos de sus compañeros y amigos se fueron con sus familias ya este fin de semana. Creo que esto le va a doler a Ricardo; uno de ellos si era su amigo y creo que lo va a echar de menos.

Yo le pregunté que había pasado con él en la semana, que en las dos veces que lo llamé no lo sentí bien y que me gustaría saber que sucedió.

Nos contó que el fin de semana pasado, bajó música a su iPod. Era música que él escuchaba mucho cuando vivía en Monterrey, por lo que le trajo muchos recuerdos y todos los sentimientos y emociones que sintió viviendo allá. Los volvió a vivir, por lo que le dio una depresión muy fuerte. No quería hablar con nadie. Se aisló. Si iba a las juntas y participaba, pero socialmente se alejó de sus compañeros. Logró expresarlo con su terapeuta, con su consultor y con el grupo. También en su cuaderno hizo escritos de todo lo que estaba sintiendo en ese momento, sacó mucho odio hacia todo lo que le rodeaba. Creo que logró desahogarse como debía y me confirmó que está en un lugar donde definitivamente lo están ayudando.

En esta ocasión fuimos a comer a un restaurante cerca de la casa de comida vietnamita. Sentados él me preguntó que cómo se sentían sus hermanas. Que si ellas me habían hecho algún comentario. Le dije: "¿por qué no les preguntas a ellas? Habla con ellas, comienza un diálogo.

A partir de ahí le preguntó a Marcela que cómo se sentía, lo cual ella contestó con un simple bien. Ricardo le dice:

-¿Bien cómo?

-"Bueno estoy contenta porque ya te puedo ver. Antes no sabía como estabas.

-"Marcela, ¿cómo te sentiste el día que me dio el brote psicótico?

-"Muy asustada." le contestó.

Entonces Ricardo empezó a hablar con todos. Nos explicó cómo la marihuana lo hacía sentirse como un hombre poderoso, sin temores, sin miedos. A atreverse a hacer cosas que nunca hubiera hecho antes, como fumarla en un lugar público sin importarle. Se alejó de Dios, se alejó de sus amigos, se alejó de nosotros su familia, y no le importó. Ahora sabe que en la casa de medio camino lo están ayudando a sanar todas las heridas que tiene. Que en el momento que se enfrente a algún problema sabrá como solucionarlo sin necesidad de la droga. Entonces se dirigió a sus hermanas. Les dijo: "No las consuman, por favor, no es nada agradable y como ya se dieron cuenta me hizo mucho daño." Y mencionó algo muy importante para mi, "He descubierto a un Ser Superior (Dios, Universo, etc.) que sin él no hay manera de que hagas consciencia para estar bien contigo mismo. Que Dios está dentro de uno y lo puedes ver en las demás personas."

También nos compartió que el siente que pudo haber nacido ya con ese problema de la depresión. Porque con todo lo que ha trabajado se está dando cuenta que desde chiquito se sentía así.

Mi marido en ese momento, le dijo: -"Ricardo estoy muy orgulloso de ti."

Luego Jessica le dijo, que ella no lo veía como un adicto. Que lo veía como una persona que se había tropezado, cometido un gran error en consumir la marihuana. Que ahora lo veía como alguien luchando para salir adelante.

Mi marido, dijo que era muy importante atreverse a hablar de los sentimientos, "...aunque lastimes al que está a lado, pero al expresarlos te conviertes en una persona que se merece respeto." La comunicación es la base de que todos sepamos lo que sucede en cada uno, Ricardo vivió en silencio por muchos años, y ahora está pagando las consecuencias de ese comportamiento.

Al salir del restaurante Ricardo abrazó a Marcela. Yo me acerqué a mi marido y con los ojos llorosos le dije: "En este momento acabo de experimentar a Dios. Dios estaba con nosotros en la mesa." La mesera no quería ni interrumpir al vernos a todos totalmente centrados en la conversación.

Al llegar a casa, jugaron con la perrita y mientras yo doble la ropa que dejé secando.

Nos fuimos a playas y tuvimos tiempo de tomar un helado. Ahí sentados Ricardo le dijo a su papá, que ya lo sentía muy receptivo; que ya no tenía miedo en hablar con él. Que ahora si podía hablar de sus sentimientos y de todas sus cosas, que antes no se atrevía.

A mi marido esto le dio mucho gusto. Le dijo: "Yo siempre quise acercarme a ti, y siempre te hacías a un lado. Tu actitud siempre fue exactamente la misma a la que tuviste cuando estábamos en la Clínica. Ese día te dijimos que te ibas a la casa de medio camino. Automáticamente te cerraste, te fuiste a tumbar al sofá y no querías escuchar. Esa actitud siempre la tuviste conmigo. No me podía acercar a ti. No podía tener un tema de conversación porque inmediatamente te bloqueabas.

-"¿Cómo me iba a acercar a ti? Papá hablábamos de temas que a mi no me importaban, y nunca hablábamos de temas que a mí me importaban. Yo estaba totalmente perdido y no encontraba la manera de cómo decírtelo. El día de la clínica me sentí decepcionado de ustedes. Yo creía que estaban listos para llevarme a casa, que yo también lo estaba. Que los de la clínica los habían convencido que siguiera con el tratamiento para sacarles dinero. Pero ahora me di cuenta que no fue así. Yo necesitaba seguir con el tratamiento. Estaba cerrado todavía, no reconocía mi situación. No los quise escuchar. Pero ahora eso se acabó. Quiero hablar, quiero compartirles todo. Reconozco que la casa de medio camino me está ayudando."

Ahora si ya era tiempo de llevarlo a la casa y lo dejamos, en ese momento me quedé muy tranquila de saber que tuvimos un domingo muy familiar, y Dios presente hablando desde Ricardo.

En el camino me vino un bajón, me vino un sentimiento de culpa, porque yo soy igual a Ricardo no me gusta el conflicto y me alejo, en lugar de enfrentarlo, me atreví a decirle a mi marido que en ocasiones le tenía miedo y que gracias a los diplomados de Desarrollo Humano ya me atrevía a decir las cosas sin lastimar a los demás.

Fue un día lleno de emociones para todos y en especial para Ricardo, es la primera vez que se abre con todos nosotros y nos confiesa abiertamente ser un adicto en recuperación con muchos problemas emocionales, de depresión, y de necesidad de ser fuerte para enfrentar los problemas.

Viernes 26 de febrero del 2016

Llamada a la casa de medio camino. Al tomar la bocina del teléfono Ricardo, inmediatamente noté que está mejor con su tono de voz y eso me tiene mucho más tranquila. Hablamos solo por unos minutos. Le conté que recibí su tarjeta de crédito con nueva fecha de expiración así como el cheque de la compañía del seguro médico que tenía contratado en Arizona. Le comenté que el domingo lo vamos a festejar por su cumpleaños aquí en casa para que pueda hacer depósitos y cambios en sus pagos de la tarjeta.

A medio día, recibí un mail del terapeuta de Ricardo, Alan, para comentarme lo siguiente:

"Buenas tardes, con motivo de que Ricardo no entregó el permiso para la visita como lo estipula el reglamento este fin de semana no tendrá visita este domingo. Esto no tiene relación con su evolución en el tratamiento, el cual ha sido muy buena, sino con una cuestión de organización y disciplina."

Al leer el correo, me dio una tristeza enorme. Teníamos planes para festejarlo pero las reglas son reglas y nosotros como padres debemos de apoyar en esto a la casa de medio camino, para estar en sintonía con la recuperación de Ricardo. Estuve pensando mucho en él. Se me hacía raro que sucediera eso, ya que si hay algo que el desea es estar con nosotros. Creo que lo que menos haría es faltar a algo para que le impidan salir el domingo. Esto no se lo comenté a mi marido ni a las niñas, por si había algún cambio en el último momento.

Yo le contesté el correo electrónico a Alan diciéndole que ni hablar, que si así son las reglas hay que respetarlas. El festejo se lo hacemos el siguiente fin de semana.

A las dos horas, recibí otro correo electrónico, diciéndome que habían encontrado la hoja de permiso de visitas. Ricardo se lo había entregado a un consultor que el día de hoy no fue a la casa. Ya todo quedó como siempre, iremos por él el domingo. ¡Que alegría me da! Yo tengo plena confianza en Ricardo, se que se ha equivocado en muchas cosas, pero de que es responsable y seguidor de las reglas, lo es. También me dijeron, que el martes como es su cumpleaños podemos ir a visitarlo y llevarle pastel, por lo que me voy a preparar para ir a verlo. En esto de la recuperación, no hay como tener confianza en uno mismo y en tu hij@.

Domingo 28 de febrero del 2016

No hacemos más que esperar el domingo para poder ir a recoger a Ricardo y pasar un día familiar. El próximo martes 1° de marzo cumple 25 años. Voy a cocinar costillas con salsa bbq, elotitos, y un pastel de chocolate, su comida favorita.

Después de comer, tuve oportunidad de hablar con él y de expresarle mis miedos. Hacerlo saber que el tiene que estar muy pendiente de todo lo que pueda pasar con él una vez que salga de la casa de medio camino. Le hice ver que él nos engañó en muchos aspectos, que necesito recuperar la confianza que antes tenía en él. "Tienes que demostrarlo con hechos, no con palabras. Con palabras ya nos dimos cuenta todos que no sirven, solo las acciones valen."

Me compartió que en la semana pasada en su trabajo mientras estaba limpiando las ventanas de la tienda se le acercó un drogadicto y le ofreció marihuana. Ricardo la rechazó. "Mamá la droga está en todos lados. Vivimos ya en un mundo que se puede conseguir facilísimo." Entonces yo le dije, "Ahí es cuando tienes que ser fuerte y aplicar todo lo que has trabajado tanto en clínica como en la casa de cuidados extensivos para decir que no. Pensar en que herramientas necesitarías para distraerte de lo que te acaban de ofrecer y no recaer."

Yo quedé más tranquila con la charla que tuve con él. Sé que esta trabajando muy duro para recuperarse.

Martes 1º. De marzo del 2016

Hoy es cumpleaños de Ricardo. Me pidieron que fuera a las 2:00 p.m. de la tarde a la casa para visitarlo, pero les comenté que a esas horas yo no podía. Creo que movieron todo el calendario del día para que pudiera ir a las 5:00 p.m. y se los agradezco mucho.

Fuimos Jessica y yo, llevamos galletas jamones, quesos, papas, chicharrones, refrescos y dos pasteles de chocolate. Ricardo estaba muy contento de que hayamos ido. Todos sus compañeros le cantaron las mañanitas y el "Happy Birthday." No voy a mentir, pero en menos de 10 minutos se acabaron toda la comida que llevamos.

Luego todos los demás salieron al patio y Ricardo se quedó con nosotras charlando y diciéndonos lo contento que estaba. Pudimos estar con Ricardo, una hora y media, la cual disfrutamos al máximo. Nos fuimos contentas de haberlo ido a visitar.

Taller
"Comunicación Efectiva"

Sábado 5 de marzo del 2016

Hoy vuelve a haber en la casa de cuidados extensivos un taller para los padres de los residentes de la casa.

Fue tan agradable volver a ver a todos y conocer a las familias nuevas. Es increíble cómo a pesar de la lejanía y de casi no vernos, nos saludamos como si nos conociéramos de toda la vida.

Comenzamos con Jazmín y nos dio un pequeño taller de:

La Teoría de la Comunicación

(Paul Watzlawick)

La Comunicación es un conjunto de elementos en interacción en donde toda modificación de uno de ellos afecta las relaciones entre los otros elementos.

Principios de la Comunicación

1. Totalidad: Cada una de las partes de un sistema está relacionada de tal modo con las otras que un cambio en una de ellas provoca un cambio en todas las demás y en el sistema total.

2. Causalidad: Cada una de las partes del sistema forman parte de un complicado juego de implicaciones mutuas, de acciones y retroacciones.

3. Regulación: No puede existir comunicación que no obedezca a un cierto número mínimo de reglas, normas , convenciones Axiomas de la comunicación.

Axiomas de la comunicación

El cumplimiento de estos axiomas no puede, por lógica, no verificarse.

1. La imposibilidad de no comunicar. Todo comportamiento es una forma de comunicación. Como no existe forma contraria al comportamiento.

2. Los niveles de contenido y relaciones. Toda comunicación tiene, además del significado de las palabras, más información sobre cómo el que habla quiere ser entendido y que le entiendan, así como, cómo la persona receptora va a entender el mensaje; y cómo el primero ve su relación con el receptor de la información. Por ejemplo, cuando se dice "Cuídate mucho"

3.   La puntuación de la secuencia de los hechos. Interpretación de su propio comportamiento como mera reacción ante el del otro. Cada uno cree que la conducta del otro es la causa de su propia conducta. La comunicación humana no puede reducirse a un sencillo juego de causa-efecto. La comunicación es un proceso cíclico, en el que cada parte contribuye a la continuidad (o ampliación, o modulación) del intercambio.

4.   Comunicación digital y comunicación analógica. Comunicación digital lo que se dice y comunicación analógica cómo se dice.

5.   Interacción simétrica y complementaria. Relación complementaria (es la que se presenta un tipo de autoridad, ejemplo: padre-hijo, profesor-alumno. Relación simétrica (Es la que se presenta en seres de iguales condiciones, ejemplo: hermanos, amigos, amantes, etc.)

También nos compartieron una hoja con:

Las 27 reglas de la comunicación efectiva

1.   Es imposible no comunicarse

2.   Fije previamente su objetivo y conozca a su receptor

3.   Toda comunicación se mide por sus resultados

4.   El mensaje real enviado (el significado de la comunicación) es la conducta producida en el receptor

5.   Tener en cuenta el contenido (el qué) y el proceso (el cómo) y dónde, cuándo y con quiénes se comunica

6.   El mensaje puede ser además una "caricia" (reconocimiento de la existencia de alguien)

7.   La comunicación es bi-direccional

8.   No es posible cambiar a otro, sino solamente podemos invitarlo a hacerlo, mediante nuestra conducta verbal y no verbal

9.   Si no consigue su Objetivo, varíe su mensaje (el responsable es el Emisor)

10.   Más opciones producen mayores resultados (sea rígidamente flexible)

11.   No hay fracasos, sólo resultados

12.   La comunicación se potencia empleando simultánea o sucesivamente varios canales

13.   La acción pesa más que las palabras

14. Sea congruente con lo que dice, cómo lo dice y lo que hace

Paul Watzlawick, Janet Bavelas y Don D. Jackson. (1993). TEORÍA DE LA COMUNICACIÓN HUMANA. USA: HERDER.

15. Escuche y observe activamente, demostrando interés

16. Refleje y parafrasee lo escuchado y visto demostrando que lo comprendió

17. Frases breves, leguaje simple, observando siempre la reacción

18. Adopte el marco de referencia de su interlocutor (empatía)

19. Formule preguntas vinculadas a su objetivo (que pueden contener sugerencias oculta), para dirigir la comunicación en el sentido deseado

20. Refuerce (dé "caricias positivas") en forma auténtica

21. Ofrezca información útil sin imponerla y en forma modesta

22. Aplique su intuición aclarando que es sólo una hipótesis

23. Reconozca sus errores pero manteniendo su autoestima

24. Permanezca fiel a sus Valores

25. Manténgase en la Posición Existencial Realista ("Yo estoy bien, Tú estás bien")

26. A la gente en general le gusta más hablar y que la escuchen, que escuchar

27. El que escucha puede orientar o controlar el proceso mediante su realimentación.

También trabajamos en :

La Teoría del Doble Vínculo

"Gregory Bateson fue el que desarrolló la teoría del doble vínculo; que es el que se establece en la comunicación del grupo familiar donde el hijo es la víctima.

Se trata de un mandato primario negativo y otro secundario que contradice el primero. Por ejemplo: " No hagas esto porque te castigaré" o " Si no haces esto te castigaré"; o sea que será castigado si no lo hace, que representa una contradicción.

El mensaje primario es verbal y el mensaje secundario es gestual y más abstracto que amenaza la supervivencia y ambos están reforzados por castigos o señales de peligro, impidiendo el mandato negativo terciario una salida a la víctima.

Los dobles vínculos son impuestos en la infancia y hacen que la persona afectada por esa forma de comunicación no pueda desarrollar defensas efectivas y aprenda a percibir su universo con patrones de doble vínculo.

La víctima no puede interpretar lo que la otra persona le quiere decir y esta preocupación por saber qué es lo que le está diciendo hace que adopte distintas defensas patológicas.

Por ejemplo, una madre sobreprotectora pero a la vez rechazante con el agravante de la ausencia de un padre fuerte que lo comprenda y lo apoye ante las contradicciones.

Los humanos pueden falsificar modos de comunicación, a veces en forma inconsciente, por ejemplo, la risa artificial, la simulación manipuladora y otras señales que ocultan la hostilidad real y esta forma de comunicación se aprende.

En la esquizofrenia, el individuo no tiene habilidad en tres aspectos de la comunicación.

No puede encontrar el modo correcto de comunicación cuando recibe un mensaje; tampoco puede saber comunicar sus propios mensajes no verbales ni sus propios sentimientos y sensaciones.

En general, tenemos la capacidad de reconocer los casos de ambigüedad o contradicción en la comunicación familiar porque aprendemos los patrones de interacción establecidos; pero un individuo psicótico no tiene esa capacidad.

En este contexto, la idea de experiencia repetida se puede comparar con la idea de trauma, o sea un hecho que impide el normal desarrollo de un proceso.

En la esquizofrenia se produce un bloqueo de la capacidad de establecer e identificar patrones de comunicación y el doble vínculo consiste en perpetuar situaciones contradictorias que niegan el principio de identidad.

En general todos somos víctimas de este tipo de comunicación, pero algunos no tienen la capacidad de discriminar el verdadero significado del mensaje en el que se mezclan estados de ánimo, proyectos, contexto y la relación que existe entre los que se están comunicando."

Todo fue muy interesante; escuchar a los terapeutas, lo que los padres compartían, según yo tenía idea de la comunicación con los temas que había visto en el colegio de mis hijos y en los diplomado que tomé, pero ahora fue mucho más avanzado. En especial cuando se trata de tener comunicación con personas que tienen el autoestima muy baja que para huir de sus sentimientos acabaron consumiendo droga.

En esta ocasión no terminamos tan tarde como hace un mes, pero como quiera regresé a casa por la noche. Con todo lo que aprendí el día de hoy, espero mejorar mucho más mi comunicación en casa.

Casa de Medio Camino. (2016). Comunicación Efectiva. 5 de marzo, de Equipo de Psicólogos de Clínica Nuevo Ser Sitio web: www.clinicanuevoser.com

Domingo 6 de marzo del 2016

Mientras nos arreglábamos, Ricardo mi marido me comenta que solo este mes pagaremos la estancia de Ricardo en la casa de medio camino. Yo le dije que el día de ayer en el taller escuche a muchas familias hablar de su hijo recuperado y que ha logrado establecerse al mundo real ya que esperaron la alta terapéutica. En cambio los que se salen de ahí sin el alta, suelen recaer y es peligroso. Le dije a mi marido que si es por el dinero que usemos el que me regalo mi abuela hace unos años. No vamos a tirar por la borda lo que ya hemos logrado hasta ahora, solo por sacarlo antes.

Ya Ricardo en el coche para ir a comer a casa, mi marido le pregunta cómo se siente como para ya salir de la casa de medio camino. Ricardo le contesta que él lo que más desea es regresar a casa, pero cada vez se da cuenta que en la casa de medio camino se está recuperando. Que está recibiendo la ayuda necesaria, y nos confesó que quiere seguir ahí. Que ya vio que no está ahí por nosotros, que está ahí por él. Que ha logrado descubrir su espiritualidad cuando estaba muerta. Que ha logrado comunicar sus sentimientos cuando antes los tenía atorados, que ha logrado hablar en público cuando antes se mantenía callado. Siente que necesita más tiempo.

Yo venía en la parte de atrás en el coche y solo con escucharlo me emocioné muchísimo y lloré en silencio. Eso de ver a mi hijo crecer, madurar, darse cuenta de la situación, querer seguir ahí porque está sanando muchas heridas, no verlo rebelde, respetuoso de las reglas, me hace sentir verdaderamente orgullosa de él. Me siento sinceramente satisfecha de saber que hicimos lo correcto, de haber buscado ayuda , de recibirla, de reconocer ha sido una gran bendición y estar realmente agradecida con su terapeuta. Agradecida con sus compañeros y con todas las personas que han estado ayudándolo en su rehabilitación.

Mi marido le dijo, "…es cuestión tuya que sigas trabajando y que logres salir de ahí lo más sano posible." Lo animó a seguir trabajando en él para que pronto pueda estar en casa. Yo sin comentar nada, sentí mucha tranquilidad al escuchar a mi marido decirle a mi hijo que siguiera trabajando. A pesar de la preocupación económica, puso como prioridad la salud de nuestro hijo. Estoy segura que el esfuerzo que estamos haciendo valdrá la pena.

Nos avisaron del taller que la camioneta de mi marido ya estaba lista. lo dejamos ahí y yo aproveché en ir a ponerle gasolina a mi coche. Pasamos por un camino que Ricardo recordó su última ocasión que manejó por ahí del trabajo a la casa. Ya comenzaba con su brote psicótico ese día, así que me volvió a contar todo lo que sucedió con las patrullas que él sintió lo estaban persiguiendo y no pasó nada. La gran bendición que de llegó a la casa con bien.

Al llegar a casa, nos quedamos hablando en el coche. No quise cortar la conversación que teníamos. Volvimos a conversar de todo ese fin de semana del brote psicótico. Le dije que fue muy doloroso para todos nosotros, pero yo le hice ver que gracias a esto, él estaba recibiendo ayuda. Que es muy probable que si no lo hubiese tenido, no lo hubiéramos llevado a que tuviera una rehabilitación.

Que increíble que yo pueda decir esto. ¡Gracias Dios!, porque estamos todos en casa trabajando en todo esto. Le dije que nos dimos cuenta que su subconsciente estaba totalmente arrepentido de haber consumido droga, porque no hizo más que pedir ayuda y perdón. Que esto es algo que un adicto con brote psicótico por lo general no hace. Él tiene otro tipo de comportamiento.

Le comenté que yo no me he hecho la pregunta de ¿por qué a mi? Pregunta que muchas familias se hacen. Yo lo que me he dicho es que esto le puede suceder a cualquiera. Rico, pobre, con padres unidos, con padres divorciados, hijos abandonados, hijos huérfanos etc., por lo que, me he enfocado en que si voy a hacer para trabajar lo mejor posible y no me afecte de manera negativa. Verlo de una manera positiva y buscar recuperarnos todos como familia.

También le dije que el miedo lo estoy soltando. Que cada vez que lo veo a él como esta avanzando, me fortalezco para trabajar en mi, para poder estar bien conmigo misma y poder salir adelante y así poder ayudar a mi familia. Que el grupo de Whatsapp con las mamás de sus compañeros, es para ayudarnos mutuamente. Las que están tristes o enojadas, reciben muchos consejos y mimos por parte de todas. Que es un chat de ayuda y acompañamiento. Es un tipo de grupo de Alanon por internet.

Él me escucho con mucha empatía. Me comentó que lo dejé sin habla y pensando mucho en todo lo que le dije. Nos dimos un abrazo fuerte y nos dijimos que nos amamos mucho.

Pasamos un domingo muy familiar, comimos rico y vimos una película que rentó Jessica. Que dolor que pase el tiempo tan rápido y lo tengamos que regresar a playas, pero cada domingo nos deja sorprendidos. Con la satisfacción de saber que esto nos está fortaleciendo a todos.

Domingo 13 de marzo del 2016

Ya Ricardo en el coche, yendo a pasar otro maravilloso domingo en familia, nos comentó que en esta semana lo escogieron para ser decano. Algo que a él le cuesta mucho trabajo hacer, ya que todavía le falta confianza para poder tener manejo de personas. Pero nos dijo algo que nos sorprendió. "Voy a aprender de esto, porque si puedo manejar a 14 adictos como yo, podré manejar a 14 "personas normales." Eso me ayudará para cuando salga de la casa y comience a trabajar." Mi marido le comentó que podrá hacer eso y más. No cabe duda que sigue creciendo, sigue aprendiendo y sigue dejándose ayudar. También comentó que se le hacía raro que no lo hayan escogido antes para ser decano, cuando otros más nuevos ya lo habían sido. Nosotros le dijimos que de eso no se preocupara, que siempre piense en sus tiempos, en los momentos que él ya está preparado, no hay como tener la oportunidad de empezar a conocerte a ti mismo y saber de lo que uno es capaz.

Cada domingo que recogemos a nuestro hijo, nos sentimos más orgullosos de él. Ver todo el cambio que tiene cada semana, verlo entusiasmado en verse y sentirse diferente, en saberse un ser humano que comete errores, y que de esos errores está aprendiendo y creciendo porque se está dando la oportunidad.

Miércoles 16 de marzo del 2016

Mi amiga Isabel que es psicóloga, publicó esto en su página de Facebook, lo cual encontré muy interesante y de mucha ayuda:

Viaje al cerebro de un drogadicto

La investigadora Nora Volkow habló de sus revolucionarios estudios sobre farmacodependencia.

Nora Volkow tenía 4 o 5 años cuando, entre las plantas del jardín de su casa natal en Coyoacán, se sentaba a ver caminar las colonias de hormigas en fila india. Le parecía fascinante: su mente le decía que ese desfile no era casual.

Después, en su adolescencia, ella y sus tres hermanas pasaron muchas tardes guiando a visitantes por la casona. Era Ciudad de México y despuntaban los años 70. La vivienda era histórica: aquí habían asesinado, en 1940, a uno de los tres líderes de la revolución rusa. Nora creció con conciencia de venir de una familia protagonista de la historia: el líder asesinado era su bisabuelo León Trotski.

Desde que observaba hormigas y a la gente en la calle –le fascinaba la interacción humana–, Nora Volkow vio transcurrir medio siglo. Y hoy, a los 59 años, convertida en una de las grandes expertas en el estudio del cerebro y referenciada por muchos como la mayor especialista en adicciones del mundo, vuelve a su infancia para explicar su camino en la investigación.

"Por nuestra historia y la tragedia que mi familia vivió en Coyoacán, todos aprendimos que cada ser humano es responsable de sí mismo, pero también de la humanidad. Hacer ciencia es ampliar el conocimiento, y yo me propuse generar avances científicos no solo para Estados Unidos, no solo para México, sino para todo el mundo. El cerebro humano ha sido mi campo de estudio. Y hemos avanzado", afirma.

En el 2007, Time la nombró entre las 100 personas más influyentes del planeta. Ese año, el editor de la revista, Richard Stengel, explicó: "Esta lista la componen personas cuyas ideas, ejemplo, talento y descubrimientos han transformado el mundo en que vivimos". Ese mismo año, Volkow fue reconocida por Newsweek; en el 2009 y el 2011, por Washingtonian Magazine y, desde el 2000, por U. S. News & World Report.

Víctimas, no viciosos

Esta psiquiatra y neuro-científica, que trabaja en investigación de punta en Estados Unidos –a donde emigró muy joven en busca de su pasión, el estudio del cerebro–, es la cabeza del Instituto Nacional de Abuso de Drogas, en Bethesda (Maryland). Gracias a sus investigaciones, en las que ha invertido 30 años, está logrando cambiar los parámetros: hoy se sabe que los adictos a la marihuana, la cocaína, la heroína y otras drogas legales –así las califica ella–, como el alcohol y el cigarrillo, no lo son por su voluntad: diversas disfunciones de su cerebro no los dejan vencer su adicción. Se los considera enfermos. Y, dice Volkow, quien ha dedicado su vida profesional a estudiar los procesos cerebrales que juegan un rol en la adicción, es bueno que el mundo comience a mirarlos como víctimas, no como viciosos.

"El cerebro humano es mucho más complejo que el de los monos o los ratones, pero estos animales han ayudado a nuestras investigaciones. Descubrimos, por ejemplo, que la dopamina, un neurotransmisor cerebral, juega un rol esencial. Si comer un chocolate o aspirar cocaína por primera vez se siente como un estímulo placentero, el cerebro libera dopamina y activa los centros del placer. Si mañana nos repiten el estímulo, solo con mirar el chocolate o la cocaína sentimos el impulso y la liberación de la dopamina", explica.

El cerebro, dice la doctora Volkow, crea automáticamente una memoria de liberación de dopamina ante un estímulo placentero. Y con solo volver a sentirlo o presentirlo (mirarlo, por ejemplo), bien sea alcohol, comida, sexo, cigarrillo o heroína, queremos probarlo de nuevo. Se trata de una química no solo del placer, sino también de la motivación humana, de un sistema inserto en el cerebro desde tiempos inmemoriales para perpetuar la especie. Así fue como la evolución aseguró la supervivencia del hombre.

Pero este mecanismo cerebral automático perdió la ruta en algún momento. "Nuestro sistema quiso asegurarse, en el plano evolutivo, de que el ser humano nunca dejara de perpetuarse. Por eso, la comida y el sexo son placenteros –arguye Volkow–. Pero las drogas esclavizaron el sistema y lo desnaturalizaron. Nuestro cerebro no se creó para que consumiéramos drogas, pero estas 'hackearon' el sistema y crearon la adicción. Cuando empecé a trabajar, en los 80, se sabía que todas las drogas activaban la dopamina, pero yo me pregunté por qué algunas personas probaban la cocaína y la dejaban, mientras que otras se convertían en adictos. La activación de la dopamina era idéntica en ambas, pero una caía y la otra no. Esta pregunta fue la base de mis investigaciones".

Obsesionada, la experta se metió de lleno en el estudio del cerebro y sus procesos. Ella intuía que ahí estaba la respuesta a sus interrogantes sobre las adicciones.

"Si la curiosidad mató al gato, yo debería estar muerta. Desde que estudiaba medicina en México, me pregunté por el efecto de las drogas en el cerebro –cuenta–. Un día cayó en mis manos una revista científica que hablaba de imaginología, una tecnología que permitía estudiar el cerebro en personas vivas, algo jamás visto, inédito. Decidí irme a Estados Unidos, al laboratorio nacional de Brookhaven, en Long Island, a trabajar con esta nueva técnica. Ahí comencé mis investigaciones".

Entonces tenía 23 años. Decenios de labor en Estados Unidos, donde se casó con un físico, le permitieron llegar a su principal hallazgo: Nora Volkow y su equipo de investigadores demostraron que la corteza frontal del cerebro de los adictos a drogas está dañada en distintos grados. Hasta que la mexicana lo dio a conocer –a la fecha ha publicado 600 papers y tres libros–, nadie le había dado importancia a la corteza frontal en las adicciones humanas.

"Hasta entonces, la corteza se reconocía como el área del cerebro donde se gestan el poder de decisión, los juicios y el pensamiento abstracto. Nuestras investigaciones permitieron caracterizar procesos de desajuste cerebral y reconocer que, en los adictos, la corteza frontal –que controla deseos y emociones– estaba afectada", resume.

Con ese descubrimiento, la científica inauguró una nueva mirada sobre el camino de la adicción.

Obesidad y déficit de atención

"Lo central para nosotros ha sido entender los procesos que conllevan la pérdida de control en los adictos a las drogas. Cuando empecé a investigar, se pensaba que ellos elegían los narcóticos por placer. Yo demostré lo contrario. Al comprender que en todos ellos la corteza frontal del cerebro está dañada en diversos grados –la de un fumador no es igual a la de un heroinómano severo–, llegamos a la conclusión de que este enfermo no tiene la capacidad de controlar sus deseos y emociones. Por eso termina adicto", agrega esta bisnieta de Trotski, reconocida como "una campeona en la integración de la ciencia a la medicina", según un experto en drogas de la Universidad de Pensilvania, y como una "científica brillante", según el director del Instituto de Dependencia Química Rothschild del centro médico Beth Israel, de Nueva York.

La curiosidad de Volkow ha extrapolado su trabajo a otras áreas, como la obesidad y el déficit de atención. Ella descubrió que hay rasgos comunes en obesos y adictos: ni unos ni otros quieren estar donde están, pero no pueden parar de consumir (narcóticos o comida). En los obesos, la corteza frontal tampoco funciona correctamente.

"Así es la ciencia. Un hallazgo puede conducirte a diversas áreas de investigación, y el conocimiento se va expandiendo", celebra Nora.

Gracias al trabajo de esta neurocientífica y su equipo de investigadores, hoy la ciencia considera que un adicto no es un vicioso, sino un enfermo que necesita ayuda. "Aunque falta mucho, hemos logrado transformaciones. Por ejemplo, las aseguradoras de salud en Estados Unidos ya no pueden rechazar a estas personas", subraya.

Volkow está logrando que se entienda que la adicción es una enfermedad del cerebro. "Si eres un adolescente que recién prueba una droga, aún puedes elegir. Pero en un adicto esta decisión se vuelve automática. Por eso siempre digo que una adicción es como manejar un auto sin frenos", sostiene.

Y es aquí donde la herencia cumple un rol. Hay investigaciones que prueban que en la adicción al cigarrillo –que ella no cataloga como menor– la mitad de los casos se debe a causas genéticas. El tema está en estudio.

Mientras hace un alto en el quinto Seminario Internacional sobre los Efectos de la Marihuana, convocado por la Facultad de Medicina de la Universidad de Chile, se queja: "Ya el mundo no puede negar que la adicción es una enfermedad. En el pasado lo negaban porque nadie había estudiado el cerebro en humanos vivos. Sin embargo, el sistema médico no ha asumido la responsabilidad de los tratamientos y la evaluación de las adicciones. No está pasando como debería".

En el Instituto Nacional de Abuso de Drogas de Estados Unidos, que esta científica y psiquiatra dirige desde el 2003, la mitad del millonario presupuesto va a becas de investigación sobre adicciones. En paralelo, ella prosigue su trabajo sobre el cerebro humano, que ha sido su fascinación desde que era una niña que observaba hormigas en su casa de Coyoacán.

"Hoy estudiamos la eficacia de nuestro cerebro para procesar información. También queremos saber cómo lo afectan las drogas, qué tan estable es, cómo cambia durante el día. Esto último me interesa porque el consumo de drogas está totalmente asociado con la hora: casi todos empiezan a consumir tipo 5 o 6 de la tarde. Está probado también en animales", dice con pasión.

Impensable no preguntarle sobre la legalización de la marihuana en países de América Latina, como Uruguay.

"Si me baso en datos de morbilidad y mortalidad, el mayor efecto en el mundo es el de las drogas legales –responde–. En Estados Unidos, 440.000 personas mueren anualmente por tabaco y otras 100.000, por alcohol. Todas las drogas (ilegales) juntas matan a 40.000 al año. Si me pregunta si los países pueden solventar una tercera droga legal, creo que no".

MARÍA CRISTINA JURADO
El Mercurio (Chile)

Domingo 20 de marzo del 2016

Feliz, es domingo, día que recogemos a Ricardo. También estoy ansiosa por despedirme de Iris y su hijo Felipe. Ayer a Felipe, le dieron la alta terapeuta y me siento feliz por ellos. El saber que los muchachos que están en la casa logran salir es una emoción inexplicable. Ya sabemos que son adictos, que por alguna razón consumieron droga y el saber que lograron salir de la clínica y de la casa con alta terapéutica, es porque están comenzando a trabajar muchos de sus problemas que traen consigo mismo. Algún día yo tendré esa gran alegría, el día que a Ricardo lo den de alta.

Llegamos a la casa por Ricardo. Tuve la suerte de ver a Iris y a Felipe y les di un abrazo fuerte. Me dio una gran emoción de verla a ella irse con su hijo que hasta las lágrimas se me salieron. Me despedí de ellos, quedamos en vernos en los talleres de la casa y nos bendecimos mutuamente.

Ya en el coche Ricardo, nos compartió como fue su semana siendo decano. Nos comentó que la verdad no fue tan difícil cómo él creía que iba a ser. Estas son sus propias palabras:

"Como decano me fue muy bien. Tuve un poco de intolerancia porque no hacen las cosas al momento, se tardan en procesar las órdenes pero terminaban haciéndolas. Pero, no reaccionaba negativamente sino que tuve paciencia.

Me di cuenta que mienten. Dicen que si hacen las cosas y no las hacen pero al yo checar que realmente las hicieran terminaban haciéndolas.

Me di cuenta que si aquí no hacen las cosas que harán en las casas de sus papas.

Yo si hago mis responsabilidades, yo soy impecable en mis cosas.

Me frustro cuando detecto una mentira. Cuando no son congruentes. Y en la junta de los jueves, ya no me volvieron a elegir eso significa que logre pasar la prueba.

Me siento bien haberlo logrado.

Aprendí en esta semana que hay que ser asertivo especialmente con personas adictas.

Yo le hice la siguiente pregunta: "¿Por qué te sientes diferente a ellos?"

"Todo este tiempo que he estado trabajando en mi paso 1, me di cuenta que ustedes me dieron una educación. Me dieron todo: escuelas, tiempo familiar, viajes, límites… siento que mi vida es diferente. Yo he experimentado diferentes culturas, porque vivimos en distintos lados, tengo más información que todos ellos. Tengo la capacidad de poder ver con más amplitud donde estoy y animarme a salir de ahí.

Yo no quiero tener un año de proceso, yo si quiero trabajar para salir adelante."

Con estas palabras, nos dimos cuenta que se siente agradecido de todo lo que ha recibido por parte de nosotros. Que el consumo de la marihuana fue para huir de sus emociones y de lo mal que la pasó con sus amigos. De la frustración que tenía al no saber defenderse.

Su papá le comentó, que era bueno que estaba haciendo consciencia de todo eso, para que lo procese bien y se percate de la caída tan fuerte que tuvo. De lo que pudo haber perdido si no estuviera en recuperación. Le dijo que cuando uno se da cuenta que realmente ha tenido la oportunidad de tener educación en buenas escuelas, oportunidad de relacionarte con personas de distintas culturas, la riqueza de viajar, de saber que recibes amor incondicional por parte de tu familia, y que todo eso lo puedes perder por una mala decisión. Esto es algo de lo que él ya se dio cuenta y está luchando para recuperarlo.

Estando en casa, estuvimos ayudándolo en hacer sus deducciones de impuestos, revisar algunos pagos que había que hacer, y varios pendientes más. Comimos, salimos a caminar con la perrita, algo que él disfruto mucho.

En el coche de regreso, noté que se puso en una postura muy pensativa. Le pregunté que si le pasaba algo, y me dijo que estaba pensando y procesando lo que habíamos platicado durante la mañana, por lo que lo dejé tranquilo. Aunque si nos comentó, que no entendía ¿por qué se hizo adicto? ¿Por qué es el único en la familia que lo tiene?, ¿Por qué no logró controlar sus impulsos? ¿Si esto es de nacimiento? ¿Es hereditario? Muchas preguntas salieron en ese momento.

Nos comentó también que cuando está en juntas son muy repetitivos en todo lo que ven. Le dijimos, "…es la única manera en la que ustedes van a poder procesar mejor todo lo relacionado a su enfermedad. Son herramientas básicas para poder defenderte ante una posible recaída." Le dijimos que tiene que seguir confiando en lo que los terapeutas y consultores le dicen, que se deje guiar, que ellos son los expertos.

 Le conté que por lo que hablamos de la enfermedad de la adicción, una amiga mía psicóloga y especialista en adicciones, me mando un artículo en dónde estudios dicen que los adictos tienen afectada la corteza frontal de cerebro, la cual es la que controla los deseos y emociones. Además de que pudo haber afectado otras áreas del cerebro, por lo que tienen que aprender a saber controlar sus emociones y sus decisiones de otra manera, ya que las personas sanas tienen más voluntad para hacerlo.

Al llegar a la casa de medio camino, tuvimos oportunidad de platicar 15 minutos mientras era la hora de llegada. Nos dijo que dentro de sus emociones se siente una persona buena, con buenos principios y educada, pero que en ocasiones se desespera y se siente una persona mala. Pero que al mismo tiempo los pensamientos negativos los controla, se tranquiliza y sigue con su vida. Le dijimos que eso no tenía nada de malo. Todo lo contrario. Que ya estaba en el proceso de darse cuenta de sus pensamientos negativos, y que ya estaba trabajando para controlarlos. También comentó que se sentía como un loco, por tener pensamientos negativos y le dijimos que dejara de etiquetarse de cosas que no son. Que no debe de permitir que sus pensamientos negativos hagan que se etiquete siendo la persona que no es.

Como siempre se llegó el tiempo y tuvimos que cortar la conversación, pero creo que se quedó más tranquilo. No tanto por lo que le dijimos, sino porque ya está trabajando en sus emociones. Ya se está dando cuenta que las puede controlar. Que en definitiva tiene todo nuestro apoyo. Que lo mejor es de que ya lo comunica, y eso se lo agradecimos. Lo abracé y le dije que lo amaba.

En el camino a casa, ahora fui yo la que tuvo que procesar todo lo que hablamos. En definitiva queremos lo mejor para él. No somos especialistas en la materia de adicción, pero estoy convencida que nuestro amor por él, nuestra unión familiar, y nuestra estabilidad como pareja, nos van a ayudar a salir adelante y a apoyarlo siempre que lo necesite. Volvimos hablar de lo que nos está costando en cuestión de finanzas. Estamos conscientes que es el mejor dinero invertido, y lo duro que debe de ser para las familias que no pueden tener ese gasto tan fuerte y poder ayudar a su familiar.

Cómo quisiera poder ayudarlo más, pero realmente estamos haciendo lo correcto. Que esté ahí en la casa y que por fuera reciba nuestras oraciones, nuestras vibras positivas y todo nuestro amor.

Lunes 21 de marzo del 2016

Son las 2:23 p.m., y Alan, el terapeuta de Ricardo, me habla por teléfono. Yo le reconocí la voz y lo salude con mucho entusiasmo. Conforme comenzó hablar noté un tono de voz que verdaderamente me preocupó. Me dijo que Ricardo se había ido del trabajo y que no sabían dónde estaba. Me pidió que si él se llegara a comunicar con nosotros, ya sea conmigo o con su papá, inmediatamente se los hiciéramos saber. Yo le dije que eso iba a ser imposible ya que nuestros teléfonos son nuevos y no se los sabe de memoria. Que vivimos en San Diego y todos sus documentos para cruzar la frontera los tengo yo. Que si podría ser que fuera a buscar a su papá al trabajo, pero también lo veía difícil ya que trabaja a unos 30 km de distancia de playas. Le pedí que si tenía noticias que me avisara. También me dijo que estaban muy extrañados ya qué él ha demostrado tener un crecimiento en estos tres meses que lleva en la casa, y más aún con todo lo que yo les he compartido de lo que vivimos en familia. Al colgar llamé a mi marido para comentarle la noticia y los dos nos quedamos sin habla y totalmente extrañados. Me pidió que estuviera tranquila que no pensara cosas que no debiera, hasta no saber que pudo haber pasado.

A los 5 minutos me volvió a hablar mi marido para decirme que se iba a playas y ver de que manera podría ayudar. Le hablé a Alan, para decirle que mi marido iba para playas, pero me pidió que no lo hiciera que si Ricardo, trataba de localizarnos mejor que yo estuviera en casa y mi marido en su oficina y así lo hicimos.

Marcela y yo no paramos de llorar. Ella no dice nada solo llora y me abraza fuerte. Le dije "Vamos a cerrar puertas y ventanas y gritemos", por lo que yo empecé a gritar y ella solo se sonrió. No dice nada. ¿Por qué no logro sacarle palabra alguna? Esta muda… con sus lágrimas corriendo por sus mejillas. ¡Dios ayúdame a ayudarla!

Empecé a hacer cosas en la casa para mantenerme distraída, pero no puedo. La mente es el peor enemigo que podríamos tener en situaciones como esta. La incertidumbre es otro enemigo y grande. El pensar que pudo haber pasado y no saber nada es una sensación espantosa, no se lo deseo a nadie.

¿Que me pasó por la cabeza? Varias cosas: pudo haber huido con algún drogadicto de playas, pudo haber tenido un accidente, pudo haber pensado "estoy haciendo mucho daño a mi familia y mejor me suicido", un sin fin de pensamientos negativos que me están haciendo perder la razón. No he podido comer bocado alguno, desde que habló Alan, el estómago se cerro por completo. Estoy caminando por la casa, subo, bajo, voy a su recamara, voy a ver a Marcela. Hasta la perrita está nerviosa, creo que presiente algo porque anda como llorando y quiere estar conmigo.

Son las 3:45 p.m., y recibo llamada de Alan. Ya llegó Ricardo a la casa. "Llego caminado y parece ser que al ver que no lo recogíamos, se vino caminando de su trabajo. Ahora estamos en junta con él para evaluar lo que sucedió. Mientras tanto Francisco, el director de la casa, fue al mercado para ver realmente que paso." Más tarde nos hablaran para clarificar las cosas y decirnos la decisión que tomarán al respecto.

Alan, también me dijo que se iba a comunicar con mi marido para darle la noticia y que estemos tranquilos. "En todo este proceso tenemos que aprender a vivir también los sucesos de comportamiento negativo que puedan tener los pacientes adictos, pero esperemos que este haya sido un mal entendido."

Son las 3:49 p.m. y suena el teléfono. Es Ricardo mi marido, para decirme que ya había hablado con Alan. "Tenemos que confiar en lo que los terapeutas nos dicen, sobre todo en la manera que nos dicen como nosotros podemos ayudar en una situación así. Hacer todo lo que nos indican. Ellos deben de haber vivido ya muchas situaciones así, y saben como actuar."

Mi gran preocupación, es de que Ricardo, no tiene la manera de cómo contactarnos. Cuando volvamos a hablar con él, le voy a pedir que se aprenda nuestros teléfonos para que en cualquier situación nos pueda localizar. Que sepa también la dirección de la oficina de su papá, para que también sepa que pueda llegar ahí.

Mi marido me conoce muy bien, y sabe que por mi mente pasaron cosas que no debieron haber pasado. Me pidió que esté tranquila y que piense que Ricardo está bien. Que no pasó nada y que las consecuencias de esto, son mínimas de lo que hubiese podido haber pasado en otra situación.

En este momento me siento mucho más tranquila y estoy en espera de la llamada de Alan. Y seguir aprendiendo y creciendo de esto, y de unirnos más. No hay como una familia unida para encontrar un verdadero apoyo.

Amo a mi marido. De verdad que es una persona que no ha hecho más que darme todo su apoyo incondicional en todos los momentos duros desde que estamos juntos. Es por eso que como pareja seguimos creciendo, seguimos apoyándonos en todo y juntos hemos formado una familia hermosa, a pesar de estar viviendo todo este proceso con Ricardo.

Ya tenía tiempo de no llorar. He llorado toda la tarde, de lo que no pasó, de lo que pudo pasar y de lo que ya está pasando… Es un llanto de desesperación, de alegría y de angustia… demasiados sentimientos al mismo tiempo. Lo que sí es que ya estoy más tranquila, de saber que mi hijo regresó y que está bien.

Mi mamá me está preguntando por él, en el chat. ¿Cómo le voy a decir a una persona de 72 años que su nieto se desapareció por un par de horas y que viví momentos de angustia? Aquí es cuando cabe el decir una buena mentira. "Mami todo está bien. Tu nieto creciendo y aprendiendo mucho en todo este proceso."

A Ricardo mi marido le mandé por mail este escrito (desde la llamada de Alan avisando que Ricardo está perdido hasta el chat con mi mamá), solo para que supiera todo el proceso que viví en estas horas y me contestó con esta bella carta:

"Animo Güera,

Esto es un caminar y a veces los pasos que damos son difíciles y otros tantos hasta parecen imposibles...

Al final del varios días vemos que las fuerzas no nos alcanzan y que todo el esfuerzo realizado no valió la pena, no vemos la luz al final del túnel. Las cosas delante de nosotros pueden ser igual de confusas que al empezar el calvario. Esto es frustrante, desalentador, desesperante y maldito.

Pero siempre podemos hacer un alto en el camino y volver nuestra mirada hacia atrás.

Ver todo el camino que hemos recorrido. Ver como el camino se ha hecho al andar.

Que en este camino lleno de vicisitudes hemos VIVIDO angustias, alegrías, sorpresas, tristezas, ánimos, amor, ilusiones y desilusión, esperanza y desesperación...pero al fin de cuentas hemos VIVIDO y estas emociones son las cosas que nos hacen más humanos, más sensibles, más fuertes, más unidos, más maduros, más humildes y más conscientes de nuestra fragilidad emocional.

Estamos tan acostumbrados a querer todo de ya!

Saber lo desconocido...de ya!

Curar la enfermedad...de ya!

Corregir nuestros desvíos...de Ya!

Arreglar los problemas....de Ya!

Sanar las heridas...de Ya!

Para poder disfrutar las mieles de las alegrías hay que conocer y enfrentar lo amargo de la tristeza.

Y para poder sobrellevar lo terrible de la tristeza y la desesperación hay que tener...

FE

Fe en Dios y su misericordia

Fe en un mañana que será mejor que hoy

Fe en nosotros mismos y en nuestra capacidad de aprender, crecer y trascender

Fe en que lo que no me mata solo me hace más fuerte

Fe en las personas que amamos

Fe en que soy un ser amado

Esta es la actitud de vida, es una forma de ser, de actuar y de contagiar a los demás, y que se compara con una actitud de miedos, desconfianza, inseguridad y muerte. Fomentemos esa actitud de vida en nuestro hogar y con quienes nos rodean. Los resultados nos alentaran a contagiar a los demás.

Te quiero Güera, y cuento los segundos para estar de nuevo juntos. Ricardo."

9:30 p.m. Llamada de Alan. Solo para reconfirmar que hubo una confusión. Al momento que fueron por Ricardo a su trabajo, uno de sus compañeros bajo de la camioneta para buscarlo. En la tienda le dijeron que Ricardo, no estaba. Entonces ellos se fueron, cuando realmente él, estaba ahí trabajando. Ricardo, espero a que fueran por él. Después, cuando vio que no regresaban por él, tomó la decisión de irse a la casa. En la tienda le prestaron dinero para pedir un taxi. Al llegar a la casa, lo tuvieron en junta para preguntarle que había pasado, mientras Francisco, el director , fue a cerciorarse a la tienda de que Ricardo estaba diciendo la verdad.

Nos pidió Alan una disculpa. Nosotros le dijimos que hicieron lo correcto y le agradecimos la preocupación así como la manera en que manejaron las cosas. Que nosotros deseamos que siempre estén en contacto con nosotros para cualquier cosa que suceda con nuestro hijo. Que es mejor recibir noticias como la de hoy y seguir adelante a que no nos avisen y suceda algo malo.

Al colgar nos dimos un abrazo, nos reímos y ahora sí por fin ya vamos a descansar.

Martes 22 de marzo del 2016

9:00 a.m. Llamé a la casa para hablar con Ricardo. Le pregunté que cómo estaba sobre todo por todo lo que pasó ayer. Me dijo "¿Que tal? ¡Vaya rollo!..." pero que él estaba bien y que no nos preocupemos, que confiáramos en él, que a él no se le ocurriría el huir de la casa. Lo note bien y seguro de sí mismo. Acababa de desayunar y ya estaba listo para irse a trabajar. Le dije que lo amaba, y que de todo esto estaba aprendiendo mucho de él. Que seguía siendo mi maestro y que con su actitud nos estaba ayudando a estar bien con nosotros mismos. Me dio mucha alegría escuchar su voz.

Sábado 26 de marzo del 2016

10:00 a.m. Estamos en la casa de medio camino ya que nos citó Alan, terapeuta de Ricardo, para una sesión familiar. Nos preguntó cómo estábamos? Cómo veíamos a Ricardo? Cómo nos sentimos del evento del lunes pasado? Y nos compartió la manera tan positiva que Ricardo, ha trabajado su paso 1. Nos dijo que mientras uno de sus compañeros lo trabaja en 4 semanas, Ricardo lo hace en dos. Que es un chico inteligente, responsable y que está consciente de que es un adicto y lo que más desea es su recuperación para salir adelante. Ya que no todos están en la aceptación de su propia enfermedad y no les interesa trabajar en ellos. Nos felicitó otra vez como familia. Nos dijo que no hay como la unión, el amor y el perdón, ya que eso ayuda mucho a que Ricardo se recupere más pronto. Nos compartió de muchas vivencias que tuvo de joven. Eso nos ayuda mucho porque de ahí podemos aprender de lo que él hizo para poder enfrentar muchos obstáculos. Son ejemplos que él comparte también con los muchachos. En definitiva, no hay como hablar de experiencias vividas para poder ayudar. Nos sentimos muy contentos y orgullosos por Ricardo. El saber que está valiendo la pena el que esté ahí internado. Jessica, nos acompañó en esta ocasión. Todavía la veo muy resentida, pero cada persona tiene su tiempo de sanar, curar heridas y perdonar. Salimos de ahí contentos, satisfechos y muy orgullosos.

Domingo 27 de marzo del 2016

9:00 a.m. Llamé a la casa de medio camino para avisarle a Ricardo que íbamos a comer fuera para que se bañara y no trajera ropa para lavar. Cuando contesto el teléfono andaba un poco excitado y era por que él pensó que le llamé para decirle que no íbamos a ir a visitarlo. Le dije "…no, solo hubo cambio de planes no te preocupes en una hora estamos por ti."

Lo recogimos en la casa a las 10:00 a.m. Al subirse al coche nos pregunta que es lo que entendemos como enfermedad. Le pedimos que especificara porque hay enfermedades causadas por virus, bacterias y enfermedades emocionales.

Por lo que especificó,"…mi enfermedad." Le dijimos que creíamos que a causa de su consumo de marihuana es probable que parte de sus neuronas del cerebro se hayan visto afectadas. Que es por eso que ahora es un adicto. Que la verdad, es algo de lo que se sabe muy poco en realidad y que el cerebro es, lamentablemente, aún un enigma.

Habló de lo mucho que ha trabajado en él y de lo consciente que está del daño que se hizo.

Todavía lo vemos con muchas dudas. De saber como las personas manejamos la ansiedad, las emociones, los sentimientos, y no son adictas, o le entra la duda si son adictas a algo distinto. Al celular, a los juegos, al Facebook, a la comida, al trabajo, etc. Le dijimos que si pueden ser adictas a eso, pero que no afectaban a su salud como el cigarro, el alcohol, y las drogas en general.

Yo le compartí cómo me sentí después de la llamada que recibimos de la casa cuando ignorábamos de dónde estaba. ¿Porque en la tienda dónde el trabaja dijeron que no estaba? Le dije que en un principio me puse muy nerviosa, que me temblaba todo el cuerpo. Que en ese momento iba a comenzar a comer y se me quito el hambre por los nervios. Que sentí que el estómago se me cerraba, que empecé a caminar por toda la casa hasta que me di cuenta que tenía que controlar mis impulsos y pensamientos. Me puse hacer cosas productivas en la casa y así el tiempo pasó más rápido hasta que recibimos la llamada de la casa diciéndonos que había aparecido. Que todo había sido un mal entendido.

Le dijimos "Tienes que empezar a detectar cómo te estás sintiendo hacia ciertas emociones. Hay que tener un plan para tranquilizarte. Te puede ayudar el concentrarte en la respiración, hacer ejercicio, alguna actividad que te pueda distraer. La mente y los pensamientos negativos te pueden arrastrar a caer en una depresión."

Ya entrados en una buena charla, le dijimos en lo mal que nos sentimos con saber de su consumo de marihuana. El que tuviéramos que internarlo en la clínica y en la casa también nos afectó y hemos tenido que dejar de hacer ciertas cosas. Que estamos utilizando dinero de nuestros ahorros para poder pagar su estancia en la casa de medio camino, etc. Se quedó totalmente mudo. Le preguntamos que le pasaba. Nos dijo que nunca se había percatado del daño que nos pudiera haber causado, que él trabajó y se concientizó en el daño que se hizo a él, pero no a nosotros y a sus hermanas, hasta ahora que lo hablamos. Le dijimos, "…creemos que ya puedes estar trabajando en eso. Ya hemos hablado de muchas cosas. Te vemos ya más consciente de la situación y queremos compartirte que también nos hiciste daño a nosotros."

Llegamos al restaurante, y nos sentamos en la terraza a esperar a las chicas, que venían con la perrita. Mientras tanto nos sirvieron algo de tomar.

Mi marido nos compartió algo que vivió en su niñez, no lo voy a contar aquí porque nos pidió discreción. Lo que nos compartió fue para hacerle ver a Ricardo, que nadie tiene la vida fácil. Que aprendemos de nuestras vivencias de infancia ya que nos ayudan a forjar nuestro carácter de adultos.

Le hicimos ver que él hecho que hayamos sido una familia viajera, es para encontrar muchos aprendizajes. No somos racistas, vemos a todas las personas por igual, respetamos sus derechos, sus creencias, sus raíces, algo que no todas las personas lo son. Además, conocimos diferentes culturas y tenemos amigos entrañables en muchas partes del mundo.

Cuando empiezas a convivir con gente que no se ha movido de su código postal. Que no conoce a gente de otros países, que no conoce otras culturas. Que además no aprecia y se burla de la gente que viene de otros lados, te das cuenta que es gente con poca apertura y elitista y en muchas ocasiones hasta envidiosa. A diferencia de nosotros que hemos tenido la oportunidad de vivir en diferentes países.

Ricardo, nos comenta que desde que le hemos hecho ver la gran oportunidad que fue el haber sido una familia expatriada; de haber vivido en 4 países diferentes de 3 continentes, nos hizo ser una familia global, con mucha apertura y con la habilidad de conocer a las personas tal como son. El, por su parte nos comenta que era muy pequeño para darse cuenta de eso. Lo que él vio fue el dolor de los cambios, de dejar a familia y a los amigos. No supo aprovechar realmente la oportunidad que tuvimos.

Luego fuimos a caminar. Él estuvo muy callado, solo me compartió lo que había sucedido el lunes cuando fueron por él. Una dependiente nueva de la tienda por lo que no sabía ni quien era Ricardo. Por eso dijo que no estaba. Al compartirnos esto ya quedamos tranquilos y nos abrazamos.

Luego me pidió las llaves del coche. Quería estar solo un momento. Que realmente no se sentía bien. Que estaba tratando de trabajar lo que le habíamos dicho antes sobre el daño que nos hizo por su consumo de marihuana.

Mi marido y las chicas estaban sentados a la orilla del mar. Le fui a decir a mi marido que Ricardo no se sentía bien y pedirle que si iba a hablar con él. Las chicas decidieron mejor irse a casa.

Decidimos que lo mejor era llevarlo a playas, para que estuviera tranquilo en su casa.

En el coche, Ricardo estaba totalmente con la mirada perdida. Tratando de analizar bien la situación. Mi marido le dijo "…que tal un perdónenme, mi intención no fue hacer daño." "…además de que nadie me dijo que sentían." Por lo que yo le dije, "…¿como te vamos a bombardear con todo lo que nosotros sentíamos en ese momento? Tú apenas estabas trabajando en ti. Es ahora cuando consideramos contarte como nos sentimos nosotros y como estamos ahora. Necesito que veas que estamos bien, que hemos trabajado todo el daño, que ahora estamos contigo, para poder seguir creciendo juntos. No vamos de buenas a primeras tanto tus hermanas como nosotros a decirte todo lo mal que la hemos pasado, Mientras estamos viendo que necesitas trabajar lo tuyo primero. Queremos que sepas que todo va bien, que te amamos, que te perdonamos y que tienes que seguir trabajando en ti. Pero también en lo que ahora te compartimos, para que salgas lo más fortalecido posible de la casa."

Le preguntamos, "¿Como fuiste trabajando tu parte?" Nos dijo "Con tiempo, con paciencia…" "Bueno pues con tiempo y con paciencia trabajarás todo lo que hemos hablado el día de hoy y verás que lo lograrás."

Mi marido le dijo, "Yo no te voy a sacar. Tu eres el que va a trabajar para salir de ahí. Nosotros estamos para ayudarte. Y yo también te pido disculpas, por no haberte leído todo tu lenguaje corporal para ayudarte mientras vivíamos en Monterrey, que fue en donde más daño recibiste.

Su cara y su actitud cambio e iniciamos camino para dejarlo en Playas.

Yo me quedé un poco preocupada, pero creo que ahora ya tiene las herramientas y ayuda necesarias para poder procesar esta información que para él es nueva. Manejar el daño que le hizo a la familia.

En definitiva, no es nada fácil escuchar por parte de las personas que más te aman que en un momento de tu vida les hiciste daño. Como las hiciste sentir. Todo lo que tuvieron que dejar de hacer para ayudarte. Lo que si está consciente ,es de que estamos con él. Que junto con él estamos creciendo y aprendiendo.

Ya también tendrá oportunidad de hablar con sus hermanas pero si tenemos que ir despacio. Yo estoy consciente que se siente uno fatal cuando te dicen que lo que hiciste causo daños. Así que con tiempo y paciencia, nosotros también lo ayudaremos. Es importante que sepa que esta perdonado, porque eso es lo hemos trabajado nosotros.

Domingo 3 de abril del 2016

Al recoger a Ricardo en la casa de playas, había varios chicos de la casa viendo la tele y se presentaron 3 nuevos. Los saludamos como a todos, de beso y abrazo. Ya los siento como míos a todos.

Al subirnos al coche, Ricardo, nos comentó que había pasado muy buena semana. Que había estado muy tranquilo y trabajando mucho con respecto a lo que hablamos con él la semana pasada sobre el daño que nos causo a nosotros como familia.

Le conté que habíamos conocido a los 3 chicos nuevos de la casa. Él nos contó que vienen de la clínica de Rosarito. Nos dijo que los que vienen de ahí, son personas más rudas con carácter muy fuerte y con comportamiento muy negativo. Que ahora él iba a tener que trabajar mucho su fortaleza espiritual y mental para no sentirse ofendido o agredido por parte de ellos. Que los que vienen de la clínica de playas son mucho más nobles.

Nos estuvo compartiendo todo lo que ha aprendido con respecto a su enfermedad. De cómo va a empezar a darse cuenta de los síntomas de depresión, empezar a controlar miedos, ver sus lados negativos y cómo salir adelante. ¡Ya parece terapeuta! Además en la manera de cómo nos explica las cosas, los ejemplos que él pone de las vivencias que él ha tenido. Ahora es él quien nos tiene muy atentos. Queremos escuchar todo lo que ha aprendido de su enfermedad para poder entenderlo y empatizar más con él.

Al llegar a casa, tomó un baño y fue con su papá para arreglar la declaración de impuestos. Yo mientras me quedé en casa ya que teníamos de invitados a unos amigos de Jessica para comer. Iba a preparar una paella de camarones y había que tener todo listo para cuando ellos llegaran.

La charla durante la comida estuvo muy amena. Todos conversando y compartiendo vivencias de la semana. Ricardo estuvo escuchando y sonriendo, disfrutando de verdad una rica comida y una tarde maravillosa.

Al llevarlo a playas, nos pidió que volviéramos hablar del fin de semana que tuvo el brote psicótico. En esta ocasión ya no se rio. Se notó más bien preocupado; más consciente de lo que le estábamos contando, sobre todo porque le dijimos que tuvimos mucho miedo y que realmente ignorábamos lo que estaba pasando con él. Le dijimos que tuvimos mucha angustia. Que vimos mucho dolor por parte de él. Que cada hora que pasaba se ponía peor. Que no veíamos mejora alguna... temíamos mucho por su salud.

Nos preguntó cómo fue nuestra reacción y la de sus hermanas mientras tuvo el brote. Le dijimos que tratamos de estar muy tranquilos. Que estábamos con él todo el tiempo, acompañándolo, buscando que se tranquilizara. Que le decíamos que lo amábamos, que nos se preocupara, que ahí estábamos para apoyarlo. Le dijimos que sus hermanas estaban muy asustadas, pero al mismo tiempo ellas nos preguntaban de qué manera podían ayudar. Que Marcela, se había puesto a tocar la guitarra y que él se tranquilizó al grado de quedarse dormido. Nos dijo que el siente que gracias a esa reacción de tranquilidad y calma, su brote psicótico no fue agresivo. Nos agradeció mucho la decisión que tomamos en llevarlo a la clínica. Su papá le dijo que no habíamos logrado dormir y descansar en casi una semana. Que las imágenes de ese fin de semana y el imaginar lo que hubiese podido pasar nos tenía con mucha preocupación. Pero que el saber que estaba en la clínica y que lo estaban viendo especialistas, nos ayudó a relajarnos y a empezar a ver por la familia.

Está tan consciente de lo que está trabajando, de lo que está aprendiendo, cayendo en cuenta que todavía no está listo para salir de la casa. Cuando antes decía que ya no quería estar ahí, ahora es él el que no se quiere ir. Eso dice mucho de lo que los terapeutas y consultores están haciendo por él. Cuando tenga la oportunidad les diré lo agradecidos que estamos con todos ellos. Definitivamente mi hijo está en excelentes manos; mejor lugar no pudo haber llegado.

Le comenté que compartí mi diario a Alan, su terapeuta. "Si mamá, en la semana Francisco me dijo que escribías. Me mostró lo que ya habían subido en la clínica, y mamá me siento muy orgulloso de ti." Lo escuche muy emocionado de saber que quizás lo que estaba yo escribiendo de todo nuestro proceso familiar ante la enfermedad de la adicción, pudiera ayudar a otras personas.

Cada semana lo vemos más contento con todo lo que está trabajando para él, en todo lo que ya se está dando cuenta. Físicamente se ve muy sano, fuerte, de buen color. Cada vez que nos despedimos de él, lo alentamos mucho a seguir trabajando. Le decimos que nosotros en casa estamos bien. Lo abrazamos, le decimos que lo amamos y a contar los días para el siguiente domingo.

Domingo 10 de abril del 2016

Ya es ir en el coche a Playas de Tijuana para recoger a Ricardo, y nuestra conversación en el coche es, ¿con qué nos sorprenderá Ricardo? Porque es la verdad, nos está sorprendiendo cada semana que pasamos por él. Vemos los cambios radicales que ha hecho y nos tiene muy orgullosos y con muchas ganas de verlo y abrazarlo.

Siempre cuando llegamos a la Casa, él ya está listo para irse. Como de costumbre me da unos abrazos, que pareciera que se está cobrando los que no me dio cuando vivió en Phoenix.

Ya en el coche nos comenta la buena noticia. "Ya pasé al paso 2. Ando un poco nervioso ya que ahora voy a trabajar mis resentimientos y tengo muchos! Pero Alan, mi terapeuta me dijo que me iba a cambiar la vida, por lo que a trabajarle duro." Le comentamos que hasta ahora había hecho un gran trabajo, que se notaba mucho su cambio y que siguiera así. Lo felicitamos muchísimo.

También nos dijo que Alan, le comentó que ya era momento de ser ejemplo de casa. Nos dijo que eso le iba a costar mucho trabajo, que veía a sus compañeros muy rebeldes. Nosotros le dijimos que realmente no tiene que hacer nada, simplemente con su ejemplo era más que suficiente. "...que te vean trabajar, que te vean tomar las cosas en serio, que te vean participar en las juntas, que te vean hacer los trabajos de la casa, que vean que no te bajan de fase, que vean que no te mandan al anexo, que vean que todos los domingos te vas feliz con nosotros, con eso es más que suficiente." Nos dijo que los ve con ganas de no salir adelante. Yo le dije que tenía que empatizar con ellos. "...ya sabes sus historias, sus problemas y de una u otra manera hay que respetarles sus tiempos y momentos."

Le pedí, que cuando viera a Marcela, su hermana la más chica de la casa y la más receptiva, se sentara con ella y le explicara su enfermedad. "...lo que ya estas logrando para identificar tus sentimientos y emociones y poderlos controlar." Me dijo que si lo hará, en su momento.

También nos dijo, que el día de ayer fueron al cine, al mismo centro comercial en donde hace unos meses le dio mucha ansiedad y se sintió mal con tanta gente. Nos dijo que en esta ocasión todo fue bien. Que ya no se engentó y que disfrutó mucho su salida. Eso a mi me dio mucho gusto.

Nos dijo que estar viendo la actitud de sus compañeros, tan negativa, sin ganas de trabajar y salir adelante, se sorprende mucho, porque eso les atrasa su proceso de crecimiento y de lograr salir de la casa e irse con su familia. Hace un silencio y nos da las gracias. Se siente muy agradecido de todo lo que estamos haciendo por él y sobre todo porque sabe que está en un buen lugar. En ese momento se me salieron las lágrimas. Ya no solo está trabajando sus problemas sino que además, está viendo todo lo positivo que está pasando con él. Además nos ve muy receptivos y muy confiados con el programa, se da cuenta que eso está haciendo que él esté trabajando y avanzando.

Ya en casa, fue un día muy tranquilo. Estuvo jugando con sus hermanas y la perrita Fuimos al súper para comprar lo íbamos a comer y él siempre agradecido por la comida.

El tiempo pasa tan rápido, que se llegó el momento de regresarlo a su casa.

Ya casi para llegar a playas, había mucho tráfico ya que había corrida de toros en la plaza de Playas de Tijuana y no avanzábamos. Mi preocupación era no llegar a la hora estipulada, íbamos con mucho tiempo. Trate de llamar a la casa para avisar, pero nadie contestaba el teléfono. Por suerte tenía el celular de Alan, su terapeuta. Le avisé que íbamos con tiempo pero que él tráfico en la carretera estaba totalmente detenido. Me dijo que ya había avisado a la casa y que no nos preocupáramos. Que aprovecháramos el tiempo para seguir conviviendo. No cabe duda que cuando uno es responsable y hace las cosas como debe de ser, no tiene por qué recibir consecuencias. Por suerte llegamos a tiempo sin problemas y agradecidos de saber que a pesar de las normas de la casa, están abiertos a cualquier contingencia.

Ya cuando lo dejamos, siempre nos preguntamos mutuamente "¿cómo lo viste?", y bueno cada vez más orgullosos de él. Agradecidos de que está en un lugar en donde de verdad lo están ayudando y nosotros sintiéndonos fuertes para seguir ayudándolo.

Gracias Dios por esta gran bendición.

Domingo 17 de abril del 2016

Como de costumbre, recogimos a Ricardo, en la casa de medio camino a las 10:00 a.m., él ya estaba listo. En esta ocasión lo noté cansado. Nos comentó que el día anterior, fue al gimnasio, que en la tarde los llevaron al cine, y luego en la noche como a las 10:00 p.m. los llevaron a unas canchas de futbol rápido y jugaron un par de horas. Por eso se veía cansado físicamente.

Nos comentó que había hecho un resumen de el paso 2 y que a partir de ahí comenzará poco a poco a trabajarlo. Le dijimos que es probable que se sienta mal, ya que estará recordando y reviviendo sus resentimientos. Le sugerimos que estuviera consciente que eso es su pasado. Que ahora el está bien, y que empiece a sanar heridas. A empezar hacer consciencia en que no debe de tomarse a pecho lo que las demás personas le dicen. Le dije que es nuestra propia responsabilidad aceptar o desechar, lo que nos dicen.

Le dijimos que nosotros estamos para apoyarlo en cualquier momento. Que se vale llorar, gritar, y descargar lo que esté sintiendo, que eso ayuda mucho.

Mientras hacíamos fila para cruzar a San Diego, también nos dijo que ha estado teniendo pesadillas, y que no ha podido dormir bien. Le dijimos que muchas veces cuando uno está trabajando mucho sobre lo mismo uno llega a no dormir bien y tener sueños no deseados.

Llegamos a casa, se dio un baño, fue con su papá a terminar de arreglar lo de su declaración de impuestos, yo mientras me quedé en casa preparando la comida.

El día de ayer Marcela, cumplió 18 años. Estando Ricardo, en casa la festejamos. Le compramos su pastel de helado de chocolate que es su preferido, y le cantamos las mañanitas. Estaba muy contenta, ya que ya habían pasado varios cumpleaños sin que estuviéramos todos juntos.

Después de comer y tener un momento muy relajado y familiar, Ricardo junto con sus hermanas se subieron a ver la tele. Cuando fui a echarles un vistazo estaban todos juntos abrazados. Me dio mucha ternura, creo que fue un momento para ellos, y que además lo necesitaban.

Ya de regreso a Tijuana, Ricardo, venía muy callado en el coche. Ya cuando nos despedimos de él, nos dijo: "El día de hoy lo sentí muy especial y si ustedes me preguntan qué es lo que quiero hacer, me quiero ir a la casa con ustedes."

Le dijimos, que nos daba mucha alegría que se sintiera así. Que se sienta con ganas de estar con todos nosotros y que encuentre un refugio en la casa. Pero le dijimos que todavía necesita estar en la casa de medio camino y cuando sea ya tiempo y con alta terapeuta el regresará a casa. "Pero eso no sabemos cuándo será?" "Esa ya es cuestión tuya, si quieres seguir trabajando y sanando como hasta ahora o flojearle…" pero que a la casa se iba, cuando estuviera listo.

Percibí que se sintió tan bien estando con sus hermanas, que le dieron ganas de quedarse en casa. Si de algo está consciente, es de que si necesita seguir trabajando. Él sabe que todavía no está listo. Por eso si nos echa de menos, espero que siga trabajando duro, para que pronto pueda salir y estar con nosotros.

Como padres y adultos responsables, es cuestión de estar conscientes de la situación. Ellos, nuestros adictos, son capaces de manipular y decir que ya están listos, que están felices en casa. Si nosotros no tenemos los pies en la tierra podemos caer y sacarlos antes de tiempo.

De regreso yo venía en el coche pensando de como pasamos el día. De verdad no sé de donde sacamos las fuerzas para poder no caer en decirle "…si mi hijito quédate en casa." Nos armamos de valor y le dijimos "…te quedas en Tijuana hasta que estés listo. Te queremos bien, te queremos fuerte, te queremos sano de tu pasado, te queremos con las herramientas necesarias para que puedas discernir."

Doy gracias a Dios, a mi marido, a mis hijas, a los terapeutas, a las mamás de los compañeros de Ricardo, porque gracias a ellos encuentro las fuerzas necesarias para seguir en este proceso y no doblar las manos.

Taller
"Aspectos médicos y psicológicos de la Adicción, Depresión, Ansiedad y Trastornos de Alimentación"

Sábado 23 de abril del 2016

Una vez al mes, los terapeutas nos invitan a los padres de familia de los pacientes a un taller en la casa. Siempre están viendo la manera de que nosotros los padres participemos de una y de otra manera. Sobre todo viendo temas de los que puedan ayudarnos a tener las herramientas necesarias para crecer como familia y ayudar en lo mejor posible a nuestro familiar enfermo. Yo de verdad gozo muchísimo. No solo por los temas de interés que vemos, sino el convivio que tenemos en sí los que asistimos.

Tenemos todos algo en común, el dolor, la bendición, la satisfacción, la pesadilla, etc., como cada quién quiera llamarle, de un familiar adicto, alcohólico, con depresión, con problemas de comportamiento, o con trastorno alimenticio. Pareciera como si nos conociéramos de toda la vida cuando en realidad solo nos hemos visto en pocas ocasiones. Pero nos entendemos, nos apoyamos, nos abrazamos y compartimos nuestro crecimiento en este duro y largo proceso.

El día de hoy, el taller tratará de: "Aspectos médicos y psicológicos de la Adicción, Depresión, Ansiedad y Trastornos de Alimentación" impartido por los terapeutas de la casa, y "El arte del buen vivir", impartido por la conferencista internacional Margarita Jasso. Ya que es todo el día, compartimos también los alimentos, por lo que hice una pequeña parada para llevar algo rico de postre.

Llego a la casa a tiempo, entro directamente a la cocina a dejar el postre, luego voy a las oficinas a saludar a nuestros queridos anfitriones, a dejar mi bolsa y luego voy al salón a saludar a las familias que ya llegaron. Me encontré nuevas caras, por lo que me presente y los salude. Les di hasta la bienvenida. Después de 4 meses ya me siento hasta en casa. Alan, el terapeuta de Ricardo, me dijo "Señora usted ya parece hasta del staff.", Me causo mucha gracia su comentario, pero es verdad.

Llegaron los papás de Rodrigo, a ellos los conocí hace 3 meses y los he visto 3 veces, y parece que nos conociéramos de siempre. Acompañé a Rocío, al jardín para que se fumara un cigarro. Vimos que todos los chicos iban en las camionetas, los llevaban a la casa nueva porque les iban a dar un taller de casi todo el día. A Ricardo no lo vi, pero hice un saludo en general esperando que mi bendición les llegara a todos.

Esperaba ver a otras familias, pero muchos no pudieron asistir. Aun así disfrute de las nuevas familias y de los que ya conocía.

Comenzó el taller con Doris, la terapeuta y nos habló de la adicción y de las drogas y sus complicaciones. Quiero confesar que desde el principio mi estómago se revolvió nada más de ver en la manera de cómo las drogas se preparan y todos los efectos que causan en el ser humano. Nada más de saber eso, quería cerrar los ojos y taparme los oídos. Me dio pavor solo de ver y escuchar lo que Doris, nos estaba compartiendo. Pero la única manera en la que yo puedo ayudar a mi familiar y a mi familia en general, es tener un conocimiento profundo de todo esto. Así que respiré y ¡A poner atención!

En varias ocasiones sentí mucho enfado de ver y conocer como los narcotraficantes preparan las drogas. No les importa nada el daño que puedan hacer. A ellos solo les interesa el dinero, hacerse ricos, y ¿para qué? Para disfrutar ese gusto de ser millonario, tener una mega casa, muchas mujeres, un súper coche, para que la competencia lo aniquile, en unos meses o en un año. Pero eso sí, el daño que le hicieron a un ser humano y a la familia que destruyeron, es para toda la vida.

Luego vimos con Ramón, la parte espiritual, cómo un enfermo, pierde toda creencia, toca fondo y termina teniendo comportamiento y pensamientos negativos. Por eso nos dijo, que no hay como reafirmarles la existencia de un ser superior, que los ama y perdona. Eso ayuda mucho al autoestima y su pronta rehabilitación. No importa la creencia o religión que profesemos, al ser humano en toda su historia siempre le ha ayudado el tener la creencia de tener un ser superior, Dios, universo, etc.

Llegó la hora de la comida, nos dieron de comer pollo en salsa de bbq, ensalada, y spaghetti. Todo estaba delicioso, de verdad que la cocinera de la casa se lleva un aplauso siempre.

Mientras comíamos conocimos a las nuevas familias. Compartieron un poco de su familiar enfermo y así lo hicimos nosotros. Como todos al principio, con un poco de dudas y desconfianza, pero al escucharnos a los que tenemos un más tiempo y ver como nuestro familiar ha recuperado su espiritualidad, se ha dado cuenta de la enfermedad y de la manera de cómo trabajan el programa de la casa, les ayudo a tener algo de confianza.

Después de comer, tuvimos la grata sorpresa de tener a la conferencista Margarita, dónde nos habló de su vida cómo ha sido, y de cómo a partir de ahí ha querido ayudar a familias como nosotros.

Su taller fue maravilloso, habló de la muerte. De cómo se vive en diferentes culturas y religiones, para llegar a la conclusión de que debemos de vivir el aquí y el ahora, disfrutar el momento, de amar intensamente, porque no sabemos cuándo nos iremos de esta vida.

Habló de la importancia de la oración, sobre todo cuando se hace en comunidad. Yo descubrí desde hace tiempo, que charlo con Dios como si fuera mi mejor amigo. No hago rezos como tal de repetición de oraciones, sino que converso con Él y de verdad que eso a mí, me ha funcionado.

También estuvo con nosotros Isaac, el fundador de la clínica y de la casa. ¡Una gozada! Nos dijo algo importantísimo, que ya teniendo familiares muy queridos que ya trascendieron que oremos y que les pidamos ayuda. Que ellos están en algún lugar en el cosmos y que están cuidándonos. De inmediato pensé en mis abuelos maternos y en el hermano más chico de mi mamá, y que empiezo a llorar, a llorar y a llorar. Y es que me estaban confirmando algo realmente maravilloso. Saber que tus seres queridos que ya no están físicamente contigo estaban de corazón. Estuve con un nudo en la garganta un buen rato.

Nos compartieron algo muy interesante, de que no solo el cerebro tiene neuronas. También el corazón, el intestino y el hígado, por lo que definitivamente debemos de estar conectados. Una comunión con todo nuestro ser, para poder tener una espiritualidad completa, una vez que el corazón y el cerebro estén conectados como debe de ser, seremos mejores personas.

Estuvieron con nosotros solo una hora, pero fue maravillosa.

Tuvimos un pequeño descanso para tomar un cafecito y para poder desahogar las emociones de ese momento. A mí en lo particular me llegó y mucho. Que agradecida me he sentido todo el día, tanto que no me importa que sea de todo el día, quisiera que fueran hasta de más tiempo.

Luego tuvimos a Alan, y a Jazmin, ellos nos hablaron de la depresión y de los trastornos alimenticios.

¡Oh Dios! Ojalá y los padres estuviéramos mejor preparados para saber en todo lo que nuestros hijos, por la falta de saber controlar sus emociones, caen. Situaciones tan peligrosas como la adicción, la depresión y todos los trastornos en los que pudieran caer. Siempre andamos vigilando que usen el cinturón de seguridad, las armadoras de autos siempre andan viendo la manera de cómo proteger a todos los pasajeros para evitar heridas en un accidente. Ponemos protecciones en la casa para que todo esté seguro. Eso muy fácil en Home Depot lo encuentras. Hacemos todo lo posible para que estudien en buenas escuelas, tratamos de darles lo mejor que podemos. Pero nunca sabremos lo que pasa en sus cabecitas, lo que sufren, su déficit de controlar sus emociones etc., deberíamos de tener un curso intensivo de toda la vida en psicología y así poder ayudar a nuestros hijos en todos aspectos. Ser padre no es nada fácil. Sobre todo porque no hay un manual. A fin de cuentas, somos padres con lo que pudimos haber mamado de nuestros propios padres, con algunos libros que especialistas escriben con buenos consejos, y con lo que vamos viendo en el crecimiento de nuestros hijos. Ellos mismos nos van guiando conforme sus caracteres y comportamientos. Nada más.

Se llegó el tiempo y a despedirnos de todos, agradecer a Dios y todos los terapeutas de esta gran oportunidad y esperar para el siguiente mes.

Casa de Medio Camino. (2016). Aspectos médicos y psicológicos de la Adicción, Depresión, Ansiedad y Trastornos de Alimentación. 23 de abril, de Equipo de psicólogos Clínica Nuevo Ser Sitio web: www.clinicanuevoser.com

Domingo 24 de abril del 2016

Llegó el día esperado de la semana, domingo familiar, mesa para 5 y las ganas de ver, de escuchar y de abrazar a Ricardo.

Por lo general, Ricardo, comparte todo lo de la semana en el coche, mientras vamos a casa. Hacemos más o menos una hora, ya que cruzamos la frontera de Tijuana a San Diego. Además, últimamente ha habido mucha fila de autos para cruzar, por lo que hacemos padre, madre e hijo "time".

En esta ocasión Ricardo, nos compartió como vivió su 1er semana trabajando ya meticulosamente en su Paso "2".

Estas fueron sus palabras:

"Estoy trabajando en mis resentimientos. Mi trabajo es perdonar a los que me lastimaron gravemente. Durante mi terapia de la semana pasada, Alan, mi terapeuta, me pidió que hiciera una lista de por lo menos 13 resentimientos y que profundizara 3. Tuve emociones muy negativas y me sentí mal, pero los trabaje fuerte y saqué la basura pesada. Hice dos páginas de cada uno de esos 3 resentimientos. Los trabajé por escrito y en la tribuna. Mientras escribía y luego en tribuna que lo compartía con mis compañeros, me di cuenta que toda la basura estaba saliendo. Sentí todo un proceso de sanación. Logré sacar todo el veneno que traía conmigo y cuando baje de la tribuna me sentí súper bien, muy sereno.

El jueves en la noche me dio un dolor fuerte de estómago no podía dormir, y empecé a vomitar. Yo pensé que quizás fue la comida de ese día, o el nervio del cambio a la otra casa, o los resentimientos que he sacado. El viernes tuve diarrea todo el día. Nos llevaron a un taller muy interesante, pero por lo mal que me sentía, no lo pude disfrutar como hubiera querido. Me gustó muchísimo.

Podría decir que prueba superada. Algo a lo que él tenía miedo, era volver a vivir y recordar sus vivencias dolorosas. Y aunque sí tuvo dolor, se dio cuenta que al escribirlas y hablarlas, sacó todo y se sintió bien. Lo felicitamos muchísimo. Le di unas palmadas en la espalda y le dije: "Lo estás haciendo bien, sigue así. Después le dije "...date permiso, de llorar, de enojarte, para que se le facilite el desahogo que está teniendo."

Ya que andaba con una infección intestinal, en casa preparé un caldo de pollo con verduras y arroz para todos.

Al regresar a la casa de medio camino, le seguimos animando que siga trabajando como hasta ahora; que esto lo estaba haciendo solo para él y nadie más. "...todo esto es para ti, vete en el espejo todas las mañanas y dite a ti mismo, 'hoy es tu día', a trabajar para ti."

Nos despedimos de él con un fuerte y largo abrazo, diciéndole lo mucho que lo amamos y que hablábamos en la semana. Le dijimos que cuidara su alimentación para que se mejorara de lo pudiera tener en el estómago, y nos fuimos.

Me siento agradecida, bendecida, feliz, orgullosa, y emocionada, de todo su proceso. No dejo de decirme a mí misma, y a mi marido, "No pudimos haber caído en mejores manos para ayudar a Ricardo."

Dios gracias por tus bendiciones.

Domingo 1º. De mayo del 2016

Esta semana pasada, debió haber sido muy intensa, ya que se cambiaron a la casa nueva. Me gustaría saber cómo se encuentra Ricardo. Ahora que van a estar viviendo todos juntos, tanto las chicas como los chicos, me puedo imaginar que será un gran reto. No solo para los residentes, sino para los consultores y terapeutas también.

Llegamos a la casa, está grande, totalmente renovada, con dos albercas pequeñas, y con más espacio. Saludo a Ricardo y nos subimos al coche, dónde nos estaba esperando mi marido.

Ahora sí hubo silencio. Solo saludó. Venía muy callado. Yo no quise hacer preguntas ya que en ocasiones presiento que él viene acomodando sus ideas para compartirnos cómo le fue en la semana.

Hasta que después de un rato comenzó a hablar. Nos compartió que en la semana le hicieron una despedida a su consultor. Andaba un poco inquieto porque con todo lo de la mudanza a la casa nueva, no le han asignado un consultor para él y siente que todo su trabajo y progreso se iba a detener. Nosotros le dijimos que tuviera paciencia, lo más seguro es de que el lunes le iban a asignar un consultor que no se preocupara.

Nos dijo que en la semana estuvo trabajando mucho su lado espiritual. Que definitivamente el taller con Margarita Jasso le ayudó mucho. Que ahora está tratando de nivelar su mente con el corazón, ya que se dio cuenta que su mente sin estar ligada con el corazón tiene pensamientos malos y los relaciona con el diablo y que al corazón lo relaciona con su ser superior. "Cuando siento que estoy haciendo las cosas con el corazón no vienen los defectos de carácter. Cuando hago las cosas con la mente me viene la Ira."

Su papá le comenta que la grandiosidad del ser humano era la inteligencia y que esa te ayuda a poder discernir tanto de pensamientos y comportamientos negativos a los positivos. Que definitivamente la mente debe de estar conectada no solo con el corazón sino con todo su ser.

Yo le dije que el ser humano es un ser integral. Que estamos creados con varias dimensiones que son la ética, la espiritual, la afectiva, la corporal, la cognitiva, la comunicativa, la estética, la social, y que reconociéndolas definitivamente nos hacen mejores personas.

Deja de pensar en el diablo como tal. Que empezara a utilizar otro tipo de palabras, ya que los pensamientos y las palabras negativas nos hacen mucho daño.

Mi marido también le comentó que somos responsables de todo lo que hacemos. Que le daba mucho gusto que estuviera trabajando en su espiritualidad, ya que le va a ayudar a sacar todos sus resentimientos y así verá la vida de distinta manera.

Llegando a casa, nos pidió usar la tina le dijimos que claro, le di unas sales relajadoras y le ayudó a estar más tranquilo. Su papá le dijo si quería salir y si deseaba hacer alguna actividad específica y nos dijo que en casa encontraba mucha paz y tranquilidad, que deseaba mejor quedarse y estar tranquilo.

Mientras se daba un baño, yo busqué en mi computadora un trabajo que hice hace unos 6 años cuando trabajaba en el colegio y estaba en un diplomado de desarrollo humano, era una presentación de Power Point titulado "La Sabiduría de las Emociones". Cuando bajó a la cocina, le dije si le gustaría que viéramos la presentación y la trabajáramos juntos y me dijo que sí.

Nos sentamos los 3 y lo empecé a leer en voz alta e íbamos haciendo comentarios de cada diapositiva. Más que nada mencionando ejemplos de cómo podríamos estar manejando nuestras emociones ante cualquier situación que se nos presentara en la vida.

Fue un momento para mí muy especial. Cuando yo hice esta presentación la hice para mi crecimiento personal, el cual ahora me ayudó para poder ayudar a mi hijo en su propio crecimiento y sanación de sus resentimientos. En varias ocasiones se me trababan las palabras, hasta un nudo en la garganta se me hizo. Recordé mucho a mi maestro y mentor Felipe de Jesús, que en paz descanse. Gracias a él logré tener un cambio en mi vida.

De regreso en el coche, Ricardo, nos dio las gracias. La presentación y nuestros ejemplos le ayudaron a poner su mente y pensamientos más en orden. Que definitivamente, le van a ayudar a manejar mejor sus emociones y sentimientos.

Nos comentó que en ocasiones se siente frustrado al ver a sus compañeros que están negados a trabajar, a recuperarse, a trabajar para ellos.   Él se cansa de ver su apatía y se retira y se va a otro lugar y se pone a hacer su trabajo por separado. Luego en tribuna sus mismos compañeros le dicen que es muy selectivo y separatista. Nos dice que no es así, sino que se desespera verlos desinteresados.

Nosotros le dijimos que él estaba ahí para recuperarse él. Que si está para dar ejemplo, ya que ha logrado tener un cambio en su vida y ha logrado trabajar duro en su enfermedad. Que les tuviera paciencia; que no se desgastara tampoco en ayudarlos. Que recordara que él está ahí también por la misma situación. Que tuviera empatía ya que sus historias de vida son diferentes y a muchos nos cuesta más trabajo el darnos cuenta de la situación.

Dentro de todo lo que ha trabajado, ha percibido que muchas situaciones a las que les tenía miedo, ya no lo siente así, ya se siente confiado y con la fortaleza necesaria para enfrentarlas, no sabe si eso es bueno o malo, pero su papá le dijo que por eso antes de hacer algo pensar bien y analizar la situación, para no estar en peligro.

Ya después de dejarlo en su casa, hablamos con su terapeuta que estaba ahí dando la bienvenida a las familias a la nueva casa. Nos volvió a felicitar ya que Ricardo, estaba haciendo un gran trabajo y eso tiene que ver mucho cuando la familia de verdad se involucra.

De regreso a casa, salimos a caminar y a poner en orden nuestros pensamientos y lo que trabajamos junto con Ricardo esa mañana. Mi marido me dijo que estaba orgulloso de lo que hice esa mañana para con nuestro hijo. Que no hay como querer trabajar en uno mismo para poder ayudar a los demás y que eso mismo estábamos haciendo en cuestión familiar.

Viernes 6 de mayo del 2016

Llamada a la casa, solo con escuchar su voz sé cómo está. Cada vez se le escucha con un tono de voz segura, sana, alegre y ahora sí viviendo y disfrutando el momento.

Le pregunté si ya le habían asignado consultor y me dijo que si. Que ayer jueves que es la junta general. Que hoy va a tener consultoría, por lo que todavía no sabe como le irá.

Le dije que estábamos muy orgullosos de él. Que cada domingo aprendemos muchísimo de su enfermedad. Que si hemos leído acerca de la adicción, pero con él la conocemos personalmente gracias a todo lo que él a sentido y lo que lo llevó a consumir la mariguana. Gracias también al trabajo personal que él está haciendo; de todo lo que le está costando, aunque al mismo tiempo lo hace porque cada vez se siente más desahogado de todos sus conflictos internos. Le comenté que él mismo nos está motivando a que nosotros crezcamos, a que tengamos empatía con él. Ya el miedo está desapareciendo ahora estamos fuertes y seguros; el enojo se convirtió en perdón, ahora vamos caminando junto con él, expresándole nuestro amor.

Me dijo que se sentía bien y tranquilo al escuchar mis palabras. Que también a él lo motivan mucho a seguir trabajando duro en esta recuperación.

Sigue preocupado por sus hermanas, en especial por Marcela, la más chica que está a un año en entrar a la universidad. Le dije, "Tú ahora eres el experto. Tú eres el que tiene el conocimiento de lo que es la adicción y lo que es el consumo de una droga…" y lo que lo motivó a consumirla, "…te pido de favor que seas tú el que ayudes a tu hermana a saber todo lo que tú has vivido para que ella, a través de tu vivencia, tenga el conocimiento y fortaleza necesarios para no caer en el consumo de las drogas."

Nos despedimos, ya que los 5 minutos pasaron y con muchas ganas de abrazarlo el domingo.

Siento que ya está en otro nivel de consciencia. Está preocupado por su recuperación y por las personas a las que ama. No quiere que sus hermanas vivan lo que él ha vivido y de una u otra manera quiere que sepan lo difícil y doloroso que ha sido para él. En la casa donde está hay dos chicas de 16 años y al verlas se imagina que sus hermanas podrían estar ahí y es algo que no podría tolerar.

Domingo 8 de mayo del 2016

Hoy es día de la madre en Estados Unidos. Me siento verdaderamente feliz, porque ya tenía 6 años de no pasarla con mis 3 hijos. Tanto Ricardo, como Jessica, se fueron de casa para estudiar en distintas universidades y solo nos quedamos con la pequeña. Por lo que hoy estoy más que entusiasmada por recoger a Ricardo, en la casa de medio camino.

¿Qué puedo decir de sus abrazos cuando me ve esperándolo en la planta baja de la casa? Son de un hijo que lo veo en recuperación; un hijo de verdad agradecido y un hijo que desea estar en casa con la familia.

Ya en el coche nos compartió que muchos de sus compañeros se fueron esta semana. Yo le pregunté, "¿Que opinas de que se hayan ido sin haber tenido la alta terapeuta?" El contestó lo siguiente:

"Es comprensible, si se van por razones económicas. Y los que se van, la mayoría están desperdiciando su tiempo. Porque percibo que no quieren la ayuda, por lo que siento que los papas se enojan y se los llevan.

-"Ricardo, ¿a ti qué te motiva seguir en la casa y no pedirnos que te saquemos?"

"A mi me motiva seguir en la casa, porque verdaderamente me están ayudando a trabajar sobre mi enfermedad y todos los resentimientos que tengo atorados. Además porque no quiero vivir como vivía 'rechazado'."

"En lo que sí estoy algo confundido y molesto es de que mi terapeuta me cita para verlo y luego no me llama. Entiendo que han tenido mucho trabajo en la casa, con el cambio, con todos los que se han ido etc., pero yo quisiera que me cumpliera lo que me dice."

A este comentario nosotros le dijimos que tiene que aprender a manejar el enojo y la frustración con educación pero si con la fuerza necesaria para reclamar tus derechos.

Siguió compartiendo:

"Soy una persona que enterré mi pasado en lo más profundo de mi ser. Mis defectos de carácter por no admitir que soy inseguro. Mi perfección es otro defecto y no saber controlar mi enojo. No quería demostrar mis sentimientos. Volví a sentir mi pasado y la pasé muy mal. Sentí enojo, odio a las personas que me hicieron daño. No fue fácil porque lo tuve que hablar, y un hombre en esta cultura no le es permitido hablar de sus sentimientos. "Los hombres no lloran" y eso desde chico lo viví. Lo hable con mi terapeuta, con mi consultor, en tribuna y con mis amigos y lo logré sacar.

Este paso no es fácil, el 1º. es largo, porque admites tu problema, aprendes de tu enfermedad. El 2º es más corto, pero trabajas más profundo."

-"Ricardo, ¿en la casa quienes han sido tu ejemplo?"

"Cesar y Fernando, han sido mi ejemplo para mi trabajo de sanación. Me he dado cuenta, que antes de estar internado, no admitía mis defectos de carácter, sobre todo mi soberbia. Practicar mi humildad me va a ayudar a trabajar mi soberbia."

Su papá le comento: "Viviste mucho estrés y dentro de tus defectos fue un mecanismo de defensa."

Ricardo, nos dice lo siguiente: "Les recuerdo que la gente normal también está enferma."

Nosotros le dijimos que no todas las personas están enfermas. Lo que sí es que nadie es perfecto y que todos tenemos defectos. El problema viene cuando se pierde el concepto de la realidad. Ahí si estás en riesgo de alguna enfermedad.

El continúa compartiendo: "Hay niveles de enfermedad: la ligera y la grave. Desafortunadamente para mi mis defectos son graves, pero ya los tengo detectados. Con las herramientas que me han enseñado en la casa, estoy aprendiendo a manejarlos, enfrentarlos y sacarlos, sin la necesidad de huir de ellos como lo hacía consumiendo la marihuana. Cada vez me siento mejor, más fuerte y con menos necesidad de huir de ellos."

Todo esto lo escribo en el block de notas de mi celular, para poder expresar las palabras exactas que él nos dice. Vengo en la parte trasera de la camioneta tratando de escribir, entender y analizar todo lo que nos comparte.

Yo le digo que ha sido todo un maestro para nosotros. Le insisto mucho eso ya que si algo de verdad ignorábamos era el problema de las drogas y la enfermedad de la adicción. Entonces se voltea con su papá y le dice "papá eso me lo dice mucho mi mamá pero tu, ¿te sientes igual?" Mi marido se lo afirma. "Ahora veo las cosas de otra manera. Si te puedo decir que me sentí con mucha frustración, con enojo, decepcionado, con mucho miedo, pero ahora con verte, con escucharte, veo ya las cosas de otra manera. Me impulsas a creer en el programa de la casa y de la clínica, y quiero seguir apoyándote en todo este proceso. Quiero que sepas que estamos contigo."

Dicen que un adicto manipula. Quisiera pensar que estas palabras que mi hijo nos está compartiendo sean realmente ciertas. Lo que si les puedo decir es que lo veo con la mirada sana, lo veo parado derecho, lo veo seguro, lo veo con otro color. Quizás las palabras puedan ser engañosas, manipuladoras, pero su lenguaje corporal no lo es.

Además, antes siempre estuvo callado, no decía palabra, no compartía nada de lo que pensaba o hacía. Ahora en cambio, comparte todo, eso me hace pensar que Ricardo, cada día está mejor, porque cuando yo hablo y me desahogo siento liberación, es por eso que siento que el está en un proceso de recuperación.. Además a nosotros también nos está sanando, ya que sus palabras las está diciendo desde su corazón, porque los sentimientos no se manipulan.

Al llegar a casa, estábamos todos listos para comer. Le pedí que por favor le compartiera a sus hermanas todo lo que él ha venido trabajando. "Quiero que ellas sepan de lo que has logrado y de lo que te ha costado."

Por lo que ellas lo escucharon, le felicitaron y lo animaron a que siguiera trabajando en él. Le confirmaron que al verlo cada domingo: lo que habla, lo que comparte, en la manera como ya tiene su mirada, lo ven mucho mejor y eso a él le dio mucha alegría.

También les compartió que la droga está en todos lados. "…las personas que te la ofrecen son muy inteligentes y muy manipuladoras." Les pidió que tuvieran la fuerza necesaria para decir que no la quieren. "Jessica y Marcela, la droga no la necesitan, por lo que ni siquiera traten de probarla. Marcela, si un chico guapo te la ofrece, no te dejes llevar por su físico. Esa persona no te quiere y solo te hará daño, hay muchos chicos guapos que te querrán como eres y no te harán daño. Por lo que, de verdad, después de todo lo que he vivido y todo lo que he visto con mis compañeros, les pido que no la consuman por ningún motivo. Te destruyen totalmente."

Le agradecí enormemente que les hablara así a sus hermanas. Ahora que él está en recuperación, y tiene ya más consciencia de la gravedad del consumo de drogas, quiero que también esté consciente de la recuperación de la familia y en especial de sus hermanas. Él es mayor y quiero que esté pendiente de Marcela, que es la más chica y en un año se va a al universidad.

Esto definitivamente ha sido un aprendizaje enorme para toda la familia. Como quisiera que todas las familias sepamos de verdad lo destructivas que son. Y no por la experiencia de tener a un familiar enfermo, sino que realmente en los medios nos comunicaran que las drogas solo te llevan a tu destrucción.

Estando un momento con él a solas, le di un abrazo y le comenté que ese día había releído la carta que me había mandado el año pasado como regalo del día de las madres. "Mamá en ese momento yo estaba muy activo con el consumo de la marihuana. Pero si te puedo decir que cuando escribí esa carta lloré mucho porque ahí expresé todos los sentimientos que siento hacia ti. Y quiero que sepas que de verdad te amo."

Me dejó helada, con sus palabras, no cabe duda que es un hombre con unos sentimientos muy grandes. Espero que sepa valorar realmente quién es y que las personas que lo conozcan lo valoren también.

Fue un día muy intenso, de muchas emociones compartidas, y sobre todo ver cómo va teniendo la capacidad de darse cuenta de su situación.

De regreso a su casa, nos siguió compartiendo de cómo está manejando sus sentimientos. Sigue con dificultades de poder desahogar con lágrimas, creo que culturalmente hablando le va a costar trabajo, pero como me decían en mis diplomados de desarrollo humano, se tiene que dar permiso.

También su papá le preguntó, "¿Tienes idea de cuantos días tienes ya limpio y de no consumir la marihuana?" Ricardo, le dijo que no, que más o menos unos 6 meses y medio. Mi marido le aconsejó, que empezara a contar el día a día. Que eso le iba a ayudar para ver la fuerza que tiene para mejor pensar "llevo tantos días limpio" y seguir contando y no romper la cuenta por caer en el consumo.

Cada domingo es una bendición, un aprendizaje más, un granito de arena en este caminar con él. Poder decir que al amor de padres es verdaderamente incondicional, verlo cada semana con este crecimiento tan doloroso pero fructuoso para él. Hoy puedo decir que ha valido la pena. Si no lo ayudamos antes, era porque estábamos ciegos e ignorábamos de su situación. Ahora me siento confiada y liberada de que lo que estamos haciendo es lo correcto para él y toda la familia.

Viernes 13 de mayo del 2016

Llamada a la casa, para saludar a Ricardo, y ver como le fue durante la semana.

Me comunican con él, toma el teléfono y lo saludo contenta por solamente escuchar su voz y le pregunto "¿cómo estás? Y me contesta que no se ha sentido bien en esta semana, por lo que le pregunto en qué aspecto no te sientes bien? Y me dice que en lo emocional, que le ha costado trabajo asimilar cuando habló el domingo con sus hermanas y el comentario que Jessica, le hizo le dolió muchísimo. Yo le dije que tenía que estar preparado para ese tipo de comentarios. Me dijo que estaba de acuerdo y que para eso esta trabajando, pero que cuando uno habla de sus sentimientos, lo que menos esperas es sentirte atacado. Por lo que yo le dije que tenía toda la razón.

Le comenté si le gustaría volver a tener una sesión con sus hermanas. Que les explicara lo que ha sido para él todo esto, para que ellas entiendan mejor el proceso y tengan la capacidad de poder empatizar con él. Me dijo que sí le gustaría, pero que todo dependía si el día de hoy viernes le daban el permiso para salir el domingo. Ese comentario me dejó sin palabras. "Pero estas en fase 2, ¿por qué no vas a salir?" Me comentó que muchas veces depende de cómo te sientes emocionalmente para ver si es conveniente o no salir con la familia el domingo. Eso se lo dirán en la noche de hoy y a nosotros supongo que nos avisaran mañana sábado. Inclusive ayer en tribuna, se lo comentaron sus compañeros, que lo vieron mal durante la semana.

Que bueno que está en la casa, así podrá trabajar mejor sus cosas, no cabe duda que Ricardo, todavía no está listo. Pero si puedo decir que ha evolucionado y eso a mi me da mucha tranquilidad. Le dije que como quiera yo iba a trabajarlo esto con sus hermanas, y si no puede salir el domingo, pues ni hablar.

Colgamos ya que solo son 5 minutos de llamada y me quedé muy pensativa de todo lo que me dijo.

Jessica, se estaba arreglando para ir a trabajar y le pedí si podíamos charlar un poco y me dijo que sí. Le dije que acababa de hablar con Ricardo y le conté todo lo que me dijo y lo mal que se sintió toda la semana. En un principio ella no entendía por qué él se había sentido mal. Entonces yo le dije,"…imagínate que estas hablando de tus emociones. De lo duro que ha sido para ti trabajarlo y de repente te hacen un comentario fuerte y agresivo. Sientes que te aventaron una cubeta con hielos. Tenemos que tener cuidado cuando tenemos conversaciones así con todas las personas, porque definitivamente las herimos y en esta ocasión Ricardo, quedó lastimado. Tenemos que pensar bien lo que vamos a decir, aunque sea la verdad, hay muchas maneras de decir las cosas.

Le dije que también era posible que no lo dejaran salir el domingo, por lo que tenemos que prepararnos para esa noticia, si es que se da el caso. Ella me dijo que le hubiera gustado que esta conversación la hubiéramos tenido en otro momento; mientras desayunábamos o en el sofá, y no mientras se arreglaba. Yo le dije que sabría buscar los momentos para charlar de temas como esté, pero que ella tenía que saber lo que estaba pasando.

Con lágrimas en los ojos nos abrazamos.

También le dije, "…es por eso que es muy importante que tú también vengas a las terapias familiares. Tienes que saber que es lo que está sucediendo con la familia en general y todo el proceso de tu hermano."

Durante la mañana, estuve viendo como trabajar todo esto con mis hijas. Ellas también tienen que estar listas para cualquier momento. Tienen que aprender que, aunque sea verdad o hablemos de nuestros sentimientos, no debemos de decir las cosas sin pensar bien lo que vamos a decir y evitar a toda costa herir a las personas que nos están escuchando.

Además, tenemos que de verdad darnos cuenta y aceptar que Ricardo está enfermo. Que aunque no se va a curar tiene que trabajar mucho para poder vivir todo esto y enfrentar la vida con las herramientas necesarias.

A medio día llegó Marcela del colegio. Aproveché para hablar con ella también. En esta ocasión, salimos al jardín, nos sentamos, escuchamos la fuente y eso hizo un buen ambiente para comunicarle lo que sucedió en la mañana con la llamada con Ricardo. Yo le dije que él no la mencionó en el sentido de que lo haya herido, pero que si sintió que ella no lo escuchó. Entonces le aconseje que si en ese momento no encontraba palabras para decirle algo a su hermano, por lo menos decirle, "te escucho, entiendo lo que me dices, me da alegría, tristeza...lo que quieras decirle en ese momento para que él se sienta escuchado." Que de una u otra manera están en sintonía con él en todo este caminar.

Marcela, me dijo: "Lo entiendo mamá y creo que tiene razón. Si escuche todo lo que nos comentó. Pero si es verdad, me quedé callada porque no sabía que decirle. Lo tomaré en cuenta para la próxima hacerle saber que sus palabras me llegan."

Ahora entiendo más, que esto es familiar. Toda la familia tiene que estar preparándose para todo este proceso. Seguimos haciendo nuestras cosas, no hemos dejado de atender las necesidades de cada uno, pero ahora con el conocimiento de la enfermedad tenemos que saber que hacer en todo momento.

No quiero hacer sentir a sus hermanas responsables de los sentimientos de Ricardo. Es algo que él tiene que aprender, porque es probable que ya cuidemos nosotros como hablar en casa, pero en el trabajo, en la calle, en el banco puede toparse con personas que le van a decir cosas hasta peores y va a tener que estar listo para eso. Pero si quiero que ellas sepan también manejar sus emociones, sepan controlarse y tengan la habilidad de decir las palabras adecuadas siempre.

Y lo repito no solo a su hermano, a todas las personas.

Sábado 14 de mayo del 2016

Estamos llegando a la casa, después de haber estado en la casa de medio camino con Alan, terapeuta de Ricardo. Tuvimos con él una terapia familiar, fuimos mi marido, Jessica, y yo.

Ando con sentimientos encontrados. Uno quiere ser la mamá perfecta, pero no siempre se puede. Estoy soltando y mucho de querer ser una madre protectora, de querer tener a mis hijos en una burbuja y que no les pase nada. Esta experiencia con Ricardo, me ha dado mucho miedo. Quiero tenerlos protegidos y eso no es sano ni para mi ni para ellos, al contrario les puedo hacer mucho daño. Es mejor darles las herramientas necesarias para enfrentar al mundo como es y poder salir adelante.

Así me tuvieron mis padres toda la vida; inclusive de casada mientras viví en la misma ciudad dónde ellos vivían, me sentía en su misma burbuja. Hasta que me cambié de ciudad, y luego de país y continente, ahí fue cuando me di cuenta que podía valerme por mí misma.

El día de hoy Alan, nos dijo que Ricardo, va bien con el programa, que es un chico responsable y que hace bien las cosas. Lo que ahora necesita es no solo hacer bien su trabajo. Ahora necesita hacer amigos, necesita enfrentar la vida y darse cuenta que no es fácil. Necesita saber que aunque no sea fácil, necesita trabajar sus emociones. Que no con cualquier comentario de otra persona se va a hundir, ya no. Ya es tiempo de hacerse responsable de lo que siente y deja de sentir. A lo que me refiero es que no hagamos nuestro o no haga suyos los comentarios negativos de los demás. No debemos permitir que lo que nos dicen nos hiera. Tiene que aprender y aceptar que sus tiempos no son los tiempos de los demás, en especial el de sus hermanas. Tiene que saber que también sus hermanas estuvieron lastimadas por parte de él y hay que entender que cada persona tiene su propio tiempo de recuperación. No porque él ha estado mal, todos tenemos que estar con él con charola de plata. Tenemos que ayudarlo a entender que la vida no es fácil y que ahora más que nunca tiene que aprender a no esconder la cabeza como lo hacen las avestruces. Ayudarlo en su autoestima. A reconocer que es buen chico, que está sano, que tiene preparación académica, que tiene todo para poder enfrentar la vida como tal, que de verdad tiene una familia pendiente de él, y que está en un lugar donde verdaderamente están capacitados para ayudarlo.

En cuanto a mi, quiero soltar. Dejar salir mi perfeccionismo de mamá y dejar que ellos se caigan, y se levanten. Ya no estar yo ahí y cargarlos y sanarlos, ahora ellos pueden sanarse, yo solo acompañarlos y si lo piden aconsejarlos. Entender que todos tenemos nuestro propio camino, nuestro propio tiempo y nuestro propio derecho.

 Quiero tratar a mis hijos con el debido respeto ya que, como personas que son, se lo merecen. No porque Ricardo, está enfermo me necesita más o merece más atención.

Gracias Alan, por tus consejos. Tengo que trabajar más eso… dejar soltar. Ser una madre, una madre amorosa, que tiene derecho a equivocarse y no ser perfecta. Aprenderé de mis errores y dejaré a mis hijos crecer y seguir su camino, acompañarlos y amarlos siempre. No tenerlos en una burbuja. No proteger más a unos que a otros ya que cada uno como es, se merece mi respeto.

El día de hoy, tomamos la decisión de que mañana domingo no iremos por Ricardo a la casa. Haremos un día especial con las chicas y a él lo dejaremos a que conviva con sus compañeros. Creo que eso él lo necesita.

Domingo 15 de mayo del 2016

Desde ayer en la noche he tratando de comunicarme a la casa para avisarle a Ricardo que no iremos hoy por él, sin lograrlo. Por medio del chat que tengo con las mamás, una de ellas me hizo el favor de avisarle a su hijo para que le dijeran a Ricardo. Luego recibo en el chat que ya el teléfono estaba desocupado para comunicarme con él, ya que se quedó preocupado. Después de varios intentos logro comunicarme las 11 a.m. El teléfono de la casa lo tenían en silencio y no escuchaban las llamadas entrantes.

Hablé con Ricardo, y le dije que todo en casa estaba bien. Que Alan, su terapeuta nos pidió que lo apoyáramos en no recogerlo algunos domingos. Ahora necesita ser ejemplo de casa y empezar a aprender a hacer amigos. Una de las maneras de lograrlo es que algunos domingos no la pase con la familia. Es otro de los aprendizajes que Ricardo tiene que trabajar.

Ha sido un día tranquilo, sin prisas. Nos fuimos a caminar con la perrita, nos llevamos a las chicas a comer al centro de San Diego; ha sido una día para ellas. Lo hemos disfrutado mucho.

Pero yo sigo con la cabeza vuelta loca. Estoy muy enojada, muy triste y al mismo tiempo estoy orgullosa de lo que Ricardo ha logrado trabajar.

Cuando yo era adolescente no salí a ningún lado, y cuando salía era con personas muy conocidas y con chaperón. Viví una vida muy protegida. Fui yo creo, en tres ocasiones a una discoteca y porque fueron fiestas privadas. Las diversiones que logré tener como adolescente eran en casa de mis amigas.

Jamás había visto un cigarro de mariguana, mucho menos cocaína y menos tener conocimiento de las nuevas drogas que ahora existen (las cuales cada vez hacen más daño a los jóvenes). Siempre viví muy protegida en todos los aspectos.

Ahora me está tocando vivir una situación en la que no estoy preparada, con un hijo adicto a la marihuana. He salido adelante gracias a varios factores: a mis diplomados de desarrollo humano, estar en comunicación constante con su terapeuta, apoyar el programa de la casa, al gran amor que siento por parte de Dios, mi marido y mis hijas, el ejercicio físico que practico diario, mis actividades, y escribir en mi diario.

No estoy tan segura si es tan bueno vivir una vida tan protegida. Uno debe de tener conocimiento de todos los peligros a los que uno se puede enfrentar para poder estar mejor preparado. El brote psicótico de mi hijo Ricardo, me ha marcado para bien y para mal.

Para bien, porque reaccionamos de una manera reconociendo que nosotros no podíamos ayudarlo. Está en un lugar donde lo tienen trabajando en él para poder reconstruirse así mismo.

Para mal porque no he dejado de tener miedo a una recaída. Ahora estoy tranquila porque sigue en la casa pero el día que salga y regrese con nosotros, va a ser un trabajo de día con día.

Sé que Ricardo, tiene mucho por delante. Ha recibido todo nuestro amor y apoyo, tiene ya una carrera universitaria, una excelente educación, habla dos idiomas, es un buen chico, de buen ver; pero necesita una sanación y reconstrucción de su corazón. Debe darse cuenta que sus acciones no lo hacen lo que es; que no es malo, que se equivocó, pero que puede llevar una vida bien.

Miércoles 18 de mayo del 2016

Llamada a la casa de medio camino. No he hablado con él desde el domingo, quería saber como se sentía y cómo estaba.

Me contestó con un tono de voz de ya tener un autoestima, una seguridad y de estar muy bien. Con solo escucharlo me hizo el día y después de todo lo que me contó aún más. Me dijo que se sentía muy bien, que sus resentimientos cada vez los estaba trabajando mejor; que ya no sentía dolor al revivirlos. No cabe duda de que el problema del alcohol y drogas hay que tratarlos con expertos. Es muy importante que el paciente quiera recibir el tratamiento y aceptar la ayuda. Ricardo sigue con la preocupación de sus hermanas. Yo le dije que dejara de preocuparse por ellas. "…así como tú has tenido tu tiempo y ayuda en procesar todo lo que has vivido, así están ellas. Necesitan su tiempo y espacio…" Le dije que tuviera paciencia, "... si tú estas listo para pedir perdón, hazlo; pero ten la paciencia necesaria para que la persona que le estás pidiendo perdón, haga su propio proceso de sanación."

Le volví a decir que a partir de ahora soy madre. Le dije que dejaré de hacerle de terapeuta, que seguiré con todo mi amor profundo que siento hacia él y sus hermanas y dejaré que el tiempo sea el sanador de todo.

Cada vez que hablo con él, le repito lo orgullosa que me siento de él y de todo su proceso. Que ha sido mi gran maestro en todo esto y que quería seguir caminando con él, aprendiendo y sanando heridas.

Domingo 22 de mayo del 2016

Vamos contentos en el coche rumbo a Playas para recoger a Ricardo. El fin de semana pasado no fuimos por él y ahora tengo mucha ilusión de saber cómo está y cómo le fue.

En el camino, es un gran disfrute ver los campos de San Diego y el mar a lo lejos; esa gran hermosa inmensidad azul, que no deja de sorprenderme. Si de algo de verdad me siento amada por Dios, es por su gran regalo de la naturaleza.

Llegamos a la casa, saludamos a los que estaban en el jardín y en la recepción. ¡Como me palpita el corazón el ver a mi hijo cada vez más fortalecido! En todos los aspectos, hasta físicamente.

Ya en la camioneta nos comentó que en esta semana pasada hubieron muchos cambios de horarios. Las juntas van a ser más largas y va a haber soporte grupal cada semana. "...eso va a estar grueso, ya que nos vamos a estar retroalimentando todos y aceptar lo que te dicen es muy difícil. La retroalimentación es todo un espejo de vida. Los que ya tenemos más tiempo ya apreciamos más las cosas y ya damos retroalimentación más positiva. Los nuevos son a los que todavía les cuesta trabajo y son muy negativos. Yo en lo personal ya me animo a hablar más, antes me daba miedo lastimar a la gente, pero ya me di cuenta que hablar y hacer retroalimentación ayuda mucho. Sí, a la gente le molesta que la retroalimenten, pero el fin de esto es atacar para reducir el ego."

"Todos los domingos durante la meditación de la mañana, la retroalimentación que nos hacemos es positiva. Para que no sea tan larga, la hacemos con quién esta sentado a nuestro lado. Convivimos tanto que ya nos conocemos y ya aprendimos a también ver el lado positivo de las personas. Todos estos ejercicios de retroalimentación nos a ayudado a conocernos más todos."

"Alan mi terapeuta, se fue de vacaciones y regresa mañana lunes, por lo que tuve mi terapia con Ramón. Le comenté que en la junta grande que tenemos los grandes, que es cuando nos cambian de fase, yo me preocupé por Clarisa. Le dije mi punto de vista y ella se enojó mucho conmigo y se resintió al grado de que me dijo de cosas: que estaba loco y otras muchas cosas más. Eso a mi me molestó muchísimo, por lo que Ramón, me dijo: "Bueno ahora estás en el otro lado de la moneda. Cuando tu hermana Jessica, hace dos semanas te dio una retroalimentación, tú te molestaste y te resentiste con ella. Lo tuviste que trabajar durante una semana. Pues eso mismo pasó con Clarisa. Para que te des cuenta cómo se manejan las retroalimentaciones y como, cuando aprendes ya a ponerte en los zapatos de los demás, puedes cuidar más lo que les dices y al mismo tiempo trabajar lo que te dicen." Ramón, me dijo: "...aprende a no tomar las cosas tan apecho..." y bueno pues eso lo tengo que trabajar. Me sugirió que en lugar de enojarme y tomar el veneno, mejor aclarar las cosas y preguntar "¿por qué me dices esas cosas?"y entender el por qué me lo dicen."

Nosotros le comentamos: "...eso te ayuda mucho a llevar un dialogo y a tranquilizar las cosas. Uno se desahoga con más facilidad y la otra persona está más receptiva."

No cabe duda que los terapeutas, especializados en adicción y alcoholismo, ayudan muchos a las personas a mejorar su autoestima y a manejar mejor cualquier situación que la vida les pueda enfrentar.

Ya en casa, nos pusimos de acuerdo de a dónde ir a comer. Fuimos a un lugar cerca, en donde nos fuimos caminando, nos llevamos a la perrita y pasamos una tarde muy agradable. En la terraza del restaurante, con una vista hermosa de la bahía de San Diego, y mientras llegaba la comida jugamos todos en familia, nos reímos mucho.

Ya de regreso a la casa, Ricardo, nos pregunta: "Ustedes se imaginaron que iba a estar tanto tiempo en la casa de medio camino?" Su papá le dijo que no, porque realmente desconocía el proceso que se llevaba ahí, pero que ahora entiende el porqué del tiempo. Cada paciente tiene su propio proceso de recuperación. Que Ricardo, tiene el suyo y que no hay como tener paciencia y dejar que el tiempo ayude a la recuperación. Yo le dije que después de los talleres a los que había asistido, de saber los procesos a los que él iba a trabajar, yo si me había preparado en que iba a estar mucho tiempo en la casa. También le dije que estábamos convencidos que vale la pena que esté el tiempo necesario. Que vale la pena esperar a la alta terapeuta. Nosotros si vemos los cambios que está haciendo pero definitivamente no somos expertos. Que mejor que su terapeuta nos diga cuando ya esté listo.

"Todo esto está valiendo la pena. Te queremos bien, fuerte, sano, para que cuando salgas de ahí trabajes en ti cada día y tengas una mejor calidad de vida."

Nos despedimos de él como siempre, con un abrazo y nuestra bendición

Martes 24 de mayo del 2016

Cuando Ricardo, ingresó a la casa de medio camino, nos mandaron un manual para las familias, en dónde nos daban una serie de lineamientos que había que seguir para la recuperación de nuestro familiar y nos dieron una lista de libros para leer. Ya leí 4 de esos libros, de los cuales 3 de esos me han ayudado a trabajar en mí, mis miedos, mi ego, mis sombras, y ya con lo que tenía trabajado de mis diplomados de Desarrollo Humano pues estuve abierta a seguir trabajando en mí.

El día de hoy terminé otro libro, "Te voy a contar una historia" de Martha Alicia Chávez y de este si pienso hablar aquí en mi diario, ya que varias dudas que tenía me las aclaró y preguntas que tenía me las contestó, por lo que voy a hacer anotaciones que fueron para mí muy importantes y creo que puedan ayudar a otras personas.

LA CULPA ¡Cuánto nos puede atormentar este sentimiento! ¿En qué fallé? ¿Qué sobró? ¿Qué faltó?

Aunque es algo que he trabajado durante todo este tiempo, desde que a Ricardo, lo ingresamos a la clínica, y he soltado en darle toda la responsabilidad a Ricardo, por haber consumido marihuana, de vez en cuando me viene ese gran sentimiento, pero ahora con el ejercicio y la respiración se va disminuyendo cada día.

Ricardo, vivía en Phoenix y nosotros viviendo en Monterrey, México ignorábamos que:

"mi amado hijo se internaba en ese laberinto que parece no tener salida, que es el mundo de las drogas, atrapado por la engañosa euforia que éstas le proporcionaban. Un mundo bien conocido por sus amigos, que lo "entrenaban" para saber qué usar, para qué, cómo combinarlo, cómo prepararlo y cómo consumirlo."

Cuando Ricardo, nos visitaba iba sin consumir, y estaba en casa dos semanas, conviviendo en familia, trabajando en el campo de verano del club del que éramos socios, por lo que nunca vimos los síntomas que un adicto presenta cuando consume la droga.

También ya comenté anteriormente que la responsabilidad es toda de él, sus amigos lo introdujeron a ese mundo, pero el voluntariamente decidió a unirse a ellos, nadie lo obligó.

En el siguiente párrafo me sentí totalmente identificada:

Por fortuna, en esa época de mi vida yo había ya establecido una profunda relación con Dios y con la Madre Divina y, por supuesto, esta experiencia estrechó inmensamente esos lazos.

Gracias a mis maravillosos guías espirituales Javier C. SJ y Felipe C SJ, siempre me he sentido muy amada por Dios, saber que no castiga, ama con gran misericordia y que nos ha hecho habilitados para amar y ser amados, todo este proceso para con mi hijo he descubierto lo que es de verdad el amor incondicional.

Amar incondicionalmente es lo único que nos queda, lo único que nos salva cuando nuestro ser querido no nos permite hacer más.

Yo al haber trabajado durante 10 años en una escuela y haber conocido algunas historias de tantas familias, me di a la tarea de no juzgar a nadie, ya que los seres humanos por naturaleza comete errores y a su vez nuestros hijos cometen errores.

Es increíble, cada adicto es diferente, pero a fin de cuentas los sentimientos se llegan a repetir, todavía recuerdo esa mañana en donde mi marido me dijo en cuanto salga Ricardo,

MARTHA ALICIA CHAVEZ. (2004). LA HISTORIA. En TE VOY A CONTAR UNA HISTORIA(24). MEXICO: GRIJALBO de la clínica le voy a pedir que se vaya, yo tengo la responsabilidad de protegerte a ti y a mis hijas, rompió un código de honor y respeto en esta familia al haber introducido drogas a esta casa.

Y la autora escribe algo similar:

Entonces, su papá y yo decidimos ponerle un ultimátum: si quería vivir en casa y tener todo lo que le dábamos, tendría que aceptar ayuda para recuperarse; de lo contrario, tendría que irse. No permitiríamos que siguiera comportándose así y metiendo en casa sustancias ilegales, poniéndonos en riesgo a su hermana y a mí.

Gracias a la clínica porque nos evitamos este trance que hubiera sido muy doloroso para nosotros, nos ofrecieron que siguiera Ricardo, con su tratamiento en la casa de medio camino y eso no solo nos liberó del dolor y el miedo, nos dieron la gran oportunidad de cómo padres seguir ayudando y acompañando a nuestro hijo.

La autora a pesar de ser psicóloga, no tenía los conocimientos y el tratamiento necesario para la adicción y el alcoholismo, en su libro nos comparte que después de la experiencia vivida con su propio hijo, de decidió en tomar un entrenamiento para ser terapeuta en esa área y lo primero que nos comparte:

Conocí y comprendí muchas cosas respecto a la adicción; entre ellas, que uno de los síntomas de esta enfermedad es justamente el cometer toda clase de actos deshonestos.

Las drogas y el alcohol destruyen el código de ética de las personas, nulifican sus valores y provocan que todo en su vida quede supeditado a su necesidad de consumir.

En una ocasión Ricardo, nos agradeció y reconoció que nosotros le hemos dado todo, una buena educación tanto en casa y mandado a muy buenas escuelas, pero realmente no se sentía con la fuerza necesaria para decir NO cuando le ofrecieron por primera vez la marihuana, sobre todo cuando ésta le ayudó a escapar de todo el sufrimiento que tenía al haber sido intimidado por tantos años por sus compañeros.

De algo si puedo estar más que agradecida, en todo este proceso no me he sentido sola, mi marido ha estado en cada momento, me a abrazado cuando he llorado, y no ha dejado de ir un solo domingo por su hijo, lo abraza, y le hace muchas recomendaciones cada vez que R., nos comparte algo de lo que ha aprendido en la casa.

Mis amigas que tienen conocimiento de esto, han estado pendientes en todo este proceso, y sus oraciones y bendiciones las recibo porque me siento amada y abrazada por ellas, a pesar de la lejanía, mis padres cada vez que hablo con ellos me preguntan por Ricardo, y siempre le mandan su amor, un amor inmenso ya que son sus abuelos.

MARTHA ALICIA CHAVEZ. (2004). LA HISTORIA. En TE VOY A CONTAR UNA HISTORIA(25-31). MEXICO: GRIJALBO.

Leyendo a la autora, comentó haberse quedado sola, sus amigas no la entendieron, su ex marido (el cual recapacitó) en una discusión telefónica le dijo

"ni tu ni Paco me van a echar a perder la vida. Así que no quiero volver a saber nada de él",

La pareja con la que estaba saliendo terminó la relación en cuanto supo el problema de adicción de su hijo. Pero algo si dice y me encantó que lo compartiera:

Nunca me sentí más sola que entonces, porque así era: metafórica, literal y técnicamente estaba SOLA. Y en medio de ese pánico, en medio de esa nada…. Me dije a mí misma: "Esto es entre Dios y yo, esto nadie lo puede entender, esto es sólo entre Dios y yo".

Y entonces toqué una aceptación, una esperanza, la compañía inquebrantable de un Poder Superior, y sentí un abrazo tibio y suavecito que bajó de las alturas y me envolvió con un amor indescriptible, trayéndome el mensaje: "Yo siempre estoy contigo"

Es verdaderamente hermoso, como la autora se expresa de esta manera, una vez que se experimenta de verdad la presencia de un Poder Superior, no volverás a sentir la soledad como tal, y cuando lo reconocemos como padre/madre te sientes en un abrazo profundo y así lo he sentido yo también.

Ese fin de semana de noviembre, cuando Ricardo, tuvo su brote psicótico y nos reconocimos inhabilitados para ayudarlo y ese 24 de diciembre en dónde yo tomé la decisión que mi hijo seguía con el tratamiento en la casa de medio camino y no me lo llevaba a mi casa ahí experimenté lo mismo que la autora experimentó, y lo comparto con sus palabras:

¡Es casi imposible creer que dejar que un hijo viva experiencias dolorosas, o por lo menos desagradables, sea un acto de amor! Pero lo es. Ésa es quizá la más misteriosa cara del amor.

Ahí es cuando uno se da cuenta del amor a los hijos, soltarlos, dejarlos vivir, que se caigan y se levanten y cuando no pueden tener la fuerza necesaria solo acompañarlos y no cargarlos, de esa manera ellos crecen y nosotros junto con ellos.

Cada vez que vamos a la casa, veo a todos los pacientes, chicas y chicos, iguales a mi hijo, con su misma enfermedad, y les abrazo, si puedo les digo una palabra de aliento, unos ya se fueron, pero siguen llegando, esto parece una botella sin fondo, pero con cada uno me he encariñado, siento el dolor que tienen y el por qué están ahí, por lo que leyendo el siguiente párrafo del libro, yo también hice esa promesa:

"Cada día, por el resto de mi vida, voy a orar por los adictos de todo el mundo, con todo el respeto y el amor de que soy capaz"

MARTHA ALICIA CHAVEZ. (2004). LA HISTORIA. En TE VOY A CONTAR UNA HISTORIA(34-35-52). MEXICO: GRIJALBO.

No hay un manual para padres, y me doy cuenta de que bueno que no lo hay, cada persona es única e irrepetible, si hubiera un manual para padres, tendríamos que tratar a los hijos como dice el manual y no todos los hijos son iguales, no todos los padres somos iguales. De lo que debemos darnos cuenta y tener un nivel de consciencia de que son los hijos los que nos dicen cómo educarlos, ellos por su manera de ser y nosotros ya con nuestra madurez de adultos aprender junto con ellos a educarlos, respetarlos como son y guiarlos para ser cada día mejores personas.

Ahora con todo su proceso de rehabilitación, el miedo, el enojo, la inseguridad, se han transformado en paz, amor incondicional, perdón y libertad.

En el libro la autora enumera y luego explica los factores que se encuentran en las raíces de la adicción:

- *Herencia*

- *Anormalidades en el metabolismo*

- *Factores bioquímicos y neurofisiológicos (alteraciones en la química del cerebro)*

- *Otros factores no orgánicos que influyen en la enfermedad*

En mi historia familiar, reconozco que mi abuelo materno fue alcohólico y murió teniendo una cirrosis hepática severa, un hermano de mi madre también fue alcohólico y murió a los 63 años por problemas en el hígado y los intestinos necrosados causado por el alcohol, y otro hermano de mi madre fumaba más de 3 cajetillas diarias, y murió a los 49 años de cáncer. Todos adictos a una sustancia, alcohol y tabaco, sinceramente desconozco si ingirieron alguna otra sustancia como la marihuana o la cocaína.

Por lo que leo el problema de Ricardo, es de herencia.

La autora describe lo que el Dr. Robert L. Dupont, reconocido autor y experto en adicciones, afirma:

La predisposición genética a la adicción es real, importante y cada vez más objeto de estudios científicos. La raíz de la adicción está en el cerebro humano. Esto significa que en el cerebro de un adicto hay profundos desórdenes químicos.

La adicción es causada por anormalidades bioquímicas y neurofisiológicas que se pasan de una generación a la siguiente.

La adicción heredada. Sin embargo, lo que se pasa de generación en generación no es la adicción misma, sino la vulnerabilidad y predisposición a ella.

Esta era una de mis grandes dudas que yo tenía, cómo se presenta la adicción en las personas. No saben de qué manera cambió mi panorama, cuando Ricardo, se internó supe ahí que era una enfermedad, pero no sabía cómo se podía obtener y son varias maneras, pero leyendo el libro ahora sé cómo la obtuvo Ricardo, yo se la heredé, pero él al haber consumido alcohol y marihuana esa predisposición se despertó en su cerebro.

MARTHA ALICIA CHAVEZ. (2004). LA HISTORIA. En TE VOY A CONTAR UNA HISTORIA(76). MEXICO: GRIJALBO.

Si yo hubiera tenido ese conocimiento, y sabiendo el historial de mi abuelo y tíos, habría podido guiar a mis hijos en darles las herramientas necesarias para que no consumieran, pero el hubiera no existe, ahora lo estamos viviendo en carne propia y de lo que si siento obligación es de que ya tengo el conocimiento ver la manera de ayudar y hacerles ver a otros miembros de la familia para que tomen sus precauciones.

Esto es importantísimo y con esto cierro ya mi aprendizaje de este maravilloso libro, el cual recomiendo:

La única solución para un adicto es:

NUNCA VOLVER A CONSUMIR ALCOHOL O DROGAS. ES TODO O NADA

Por lo que vuelvo a estar agradecida a Dios, a mi marido, mis hijas, mi familia, mis amistades, la clínica nuevo ser, la casa de medio camino y a esta gran escritora Martha Alicia Chávez, la cual con su amor y sabiduría, me abrió más el corazón para amar y entender a mi amado hijo.

Domingo 29 de mayo del 2016

En esta ocasión Ricardo, viene muy tranquilo en el coche, lo bueno es de que ya no necesitamos preguntarle cómo está? Y cómo le fue durante la semana?. De repente comienza a hablar, y nos contó algo que sucedió en la casa con un consultor y una paciente, es algo que no mencionaré aquí ya que es algo que no concierne a la recuperación de mi hijo, pero si está dentro de su aprendizaje y darse cuenta de que las cosas si pasan.

Ya en la casa, me senté a solas con él. El viernes cuando le hablé por teléfono me comentó que no se había sentido bien emocionalmente. La verdad que yo traté de no preocuparme, ya que es algo que sé que él está trabajando, por lo que me fui a hacer ejercicio y me relajé mucho, quedamos en hablarlo el domingo y ahora estoy aprovechando para saber qué fue lo que le causó estar alterado en sus emociones.

Por lo que comenzó diciéndome, te acuerdas que actualicé mi IPod, con nueva música, pues esas canciones me gustan mucho, pero las escuchaba en mi casa de Phoenix, cuando consumía la marihuana, y me trajo muchos recuerdos negativos, por lo que me empecé a sentir mal, empecé a sentir lo mal que me sentía consumiendo, sentía mucho remordimiento. En el momento que la consumía, sentía que me daba de latigazos yo mismo por sentirme una mala persona. Lo bueno es de que lo hablé con mi terapeuta, mi consultor, con el grupo y ahora contigo. Mamá que importante es hablar las cosas, toda mi vida me callé y ahora más que nunca me doy cuenta de lo importante que es hablarlas, es la única manera de la que puedes trabajar tus sentimientos y emociones.

Así es, le dije, que en cualquier momento de tu vida vas a estar viviendo y recordando cosas del pasado, ya sea el aroma de un perfume o una loción, algo que comas, o las notas de una melodía, y hay que estar preparado, muchas veces son cosas que te traen buenos recuerdos, pero no siempre y en el momento que empieces a sentirte mal emocional

MARTHA ALICIA CHAVEZ. (2004). LO QUE TODOS NECESITAMOS SABER ACERCA DE LA ADICCIÓN. En TE VOY A CONTAR UNA HISTORIA(104). MEXICO: GRIJALBO.

mente pues te darás cuenta de lo que sientes y tratarás de verlo como un recuerdo y que ya está en el pasado y tratar de que ya no te lastimen.

También me habló de su Ser Superior y mientras tenía ese recuerdo, se sentía castigado por él, y ahí yo le dije que el Ser Superior no castiga, son nuestras acciones las que tienen consecuencias, tu tienes que ver a tu Ser Superior como padre/madre, que está contigo amándote siempre, dejándote libre en tus acciones, tú ahora estás viviendo la consecuencia del consumo a la marihuana, pero tu Ser Superior no te castigó, inclusive con todo este proceso que estás viviendo de recuperación te está amando y perdonando, si lo ves de esta manera, tu vida se verá diferente, y se quedó recapacitando por unos instantes y me dijo es verdad! Tienes razón!, nos dimos un abrazo y lo dejé ver su programa favorito.

Luego nos fuimos a comer todos, a un restaurante donde no habíamos ido a comer, y en la comida Jessica, nos compartió lo que hacía en su nuevo trabajo, su plática fue muy amena e hizo que estuviéramos todos participando en su conversación.

Regresamos a casa, y Ricardo, se fue a caminar con mi marido y la perrita, son momentos que también quiero que tengan padre e hijo, con el simple hecho de que estén conviviendo ellos me da tranquilidad y sé que esto a mi hijo le puede dar la confianza de acercarse en cualquier momento a su padre.

Se llegó el momento de regresar a playas, nos despedimos como siempre, amándolo con todo nuestro ser y abrazándolo, que sepa que no está solo en este caminar y que estamos creciendo y aprendiendo mucho en este proceso.

Domingo 5 de junio del 2016

Ricardo, lleva un poco más de 5 meses en la casa de medio camino, y ahora más que nunca siento que ahora si está llegando a trabajar la raíz de su problema, está escarbando hasta lo más profundo de su ser, ya con cualquier experiencia que viva ya sea ahí con sus compañeros, como en la casa con nosotros o sus hermanas. Si llega a tener una vivencia parecida al pasado, se ve envuelto en un sentimiento de enojo, de desesperación y dolor. En esta ocasión nos contó una experiencia vivida con una de sus compañeras de casa, lo cual le trajo recuerdos de cuando él discutía con sus hermanas. Nos dijo que le trajo un sentimiento tan fuerte que volvió a sentirse mal. Solo que ahora, se está desahogando, porque lo está hablando con su terapeuta, su consultor, con el grupo y con nosotros, ya cuando está con nosotros está tan relajado que lo cuenta con mucha facilidad y ya sin ningún rencor. Es increíble el gran trabajo que hacen en la casa, y lo importante que es que nosotros como familia tengamos la paciencia y la fuerza necesaria de que nuestro familiar no salga hasta que tenga la alta terapeuta, por más que veamos que está trabajando, que está mejor cada día, que nos sintamos ya confiados en su progreso, veo que todavía le falta, y por qué lo veo así, porque el día que él tenga un recuerdo doloroso y ya no le ocasione tanto dolor y enojo, y ya se sienta que perdonó y que ya lo puede contar, ese día es cuando yo siento que él estará listo. Mientras él esté todavía con mucho sentimiento que le cause dolor, necesita seguir trabajando y en donde está es el mejor lugar para poder sanar todo lo que tiene dentro de él. Quisiera poder ayudarlo más, ese sentimiento de madre de quererlo tener protegido y abrazado, pero después recapacito y estoy convencida de que estamos haciendo lo correcto y lo mejor para todos. No por eso lo estoy dejando de amar, todo lo contrario lo amo con todo mi ser, quiero que siga donde está hasta que logre sanar, yo no soy terapeuta, eso me queda muy claro, por lo que mi aportación en este proceso es amarlo, abrazarlo, apoyarlo y acompañarlo, por otro lado dejar que el terapeuta, consultor y su grupo hagan la otra parte, dejarlo hablar, escucharlo, dejar descargar todo lo que trae dentro y ahí darle las herramientas necesarias para que pueda enfrentar lo que sea.

Nos compartió también que el sábado, le pidieron a él y a dos compañeros ir a la clínica de playas, porque iba a llegar un nuevo paciente y quizás iban a necesitar trasladarlo a la clínica de Rosarito.

Mientras esperaban afuera de la clínica, vio llegar a una familia con el paciente, él cual estaba forcejeando mucho, por lo que Ricardo, y sus compañeros lo tuvieron que meter a la fuerza a la camioneta para trasladarlo a la Clínica de Rosarito.

Logré ver poco la cara de sus padres, a los cuales les aconsejaron entraran rápidamente a la clínica, para que su hijo no viera que se lo iban a llevar a otro lado, era una cara de angustia.

El paciente es un chico de 21 años, venía muy enojado, poniendo resistencia durante gran parte del trayecto, hasta que se calmó porque vio que ya no podía con sus fuerzas y se quedó dormido, en esta ocasión sentí mucho miedo.

Esta experiencia de vida, fue una gran oportunidad para Ricardo, para que se de cuenta del daño que causan las drogas y el alcohol, de lo peligrosa que se puede poner una persona, y del riesgo que corren las personas que están a su alrededor.

En esta ocasión, fuimos a comer a Sea Port Village, y tuvimos una convivencia familiar, caminamos disfrutando de la bahía de San Diego, las chicas llevaron a la perrita, por lo que jugueteamos con ella, un domingo realmente relajado y tranquilo.

Lo llevamos a playas de regreso, y con nuestro amor, le decimos que estamos orgullosos de él, y que siga trabajando duro y que saque todo lo que trae, porque lo va a ayudar a enfrentar cualquier cosa una vez que salga de la Casa.

Encuentro Terapéutico Familiar
"La Sabiduría de las Emociones".

Viernes 10, sábado 11 y domingo 12 de junio del 2016

Hoy lunes 13 de junio del 2016, tengo mi alma, mi espíritu y mi cuerpo totalmente estremecidos por el maravilloso fin de semana que viví en la casa de cuidados extensivos.

Los padres de familia recibimos por parte de los terapeutas una invitación a vivir y experimentar un fin de semana con ellos. Experimentar lo que nuestros hijos viven el día a día tanto en la clínica como en la casa de medio camino. Dentro de las actividades que tuvimos, el tema que se manejó fue "La Sabiduría de las Emociones".

Oportunidad que no dejé ir. En el momento que recibí la invitación reservé mi lugar, ya que era de cupo limitado. Este tipo de oportunidades hay que aprovecharlas al momento.

En la madrugada para amanecer el viernes tembló. Fue muy leve, pero me despertó. A partir de ahí empecé ya sentir mariposas en mi cuerpo y desear que amaneciera y llegara la tarde para trasladarme a playas de Tijuana. De tanta emoción no dormí bien. Durante la mañana hice los preparativos para irme y dejar la casa lista para que mi marido y mis hijas que se iban a quedar tuvieran lo necesario. Con tiempo salí de casa ya que los viernes por la tarde regresar a México es complicado. Muchos californianos pasan el fin de semana con sus familiares en Tijuana.

Llegue a la casa de cuidados extensivos media hora antes de la hora citada. Ya había familias llegando y registrándose. Aproveche para registrarme, bajar mi maleta y a conocer a las familias, que muchas son nuevas, inclusive su familiar está apenas en clínica.

Me presenté como mamá de Ricardo, adicto. Los fui saludando con un beso y un abrazo, eso ayuda mucho a romper el hielo. Ellos me estrechaban su mano, pero yo los acerqué a mí, los abrace y les di un beso. Todavía se ven con caras de muchas preguntas, enojados, tristes, desconcertados y a la vez emocionados de estar ahí.

También estaban recibiéndonos los terapeutas Alan, Doris y el director de la casa, Francisco. A ellos no tengo más que mostrarles un agradecimiento profundo por todo lo que han hecho por mi hijo, por mi familia, y por todos los enfermos que han pasado por sus manos.

Cuando en una institución de este tipo tienen en su visión, misión y creencias el tener una relación estrecha y trabajar en conjunto y armonía con todos los involucrados (residentes, enfermos, terapeutas, consultores y familias), es indudable que el progreso de sanación va a ser más efectiva. Es por eso que yo me siento bendecida de saber que mi hijo está en un lugar en dónde todos estamos sintonizados.

Durante la sesión de presentación, los padres que estaban por vez primera, tenían que agregar después de mencionar el nombre de su familiar la enfermedad por la que estaban ahí adicto o alcohólico. Se les percibía el nudo en la garganta. Les costó mucho trabajo decirla y yo me vi reflejada en ellos cuando tuve que pronunciarla por primera vez, cuando fui mi primer terapia familiar a la clínica.

Para mi, la palabra adicto, ya la tengo etiquetada en todo mi ser. Enfermedad que está en mi familia y que la vamos a padecer toda la vida, por lo que a luchar contra ella el día a día.

Al terminar la sesión de presentación, nombramos a un decano para los hombres y un decano para las mujeres. Éramos un total de 13 mujeres y 9 hombres.

Dentro del grupo tuvimos la fortuna de tener a dos adictos en recuperación, los cuales ya habían sido dados de alta y sus aportaciones fueron enriquecedoras para todos los que convivimos con ellos.

Llego la hora de la cena, hicimos la oración, y entre todos ayudamos a poner la mesa y a servir los alimentos. Después de la cena, nos fuimos a descansar a nuestras habitaciones y los decanos se quedaron con los terapeutas recibiendo instrucciones para que todo el fin de semana estuviera muy bien coordinado con todas las actividades y que dentro de lo posible estuviera organizado dentro de los horarios establecidos.

A mi me tocó compartir habitación con 3 mamás. A dos de ellas no las conocía y a la otra ya había tenido oportunidad de estar con ella en los talleres anteriores. En la habitación había una litera y dos camas; todo nuevo, un baño completo para las cuatro, sábanas y toallas limpias, una botellita de champú para cada una, un jabón en el lavabo. Todo en orden y limpio. No cabe duda que cada detalle fue un verdadero abrazo apretado para cada uno de nosotros y de hacernos sentir como en casa.

La mami decana, vino a nuestra habitación a darnos instrucciones de horarios y de las tareas de casa que nos iban a tocar hacer.

En estos dos días las responsabilidades y actividades iban a ser las siguientes:

•   Levantarnos a las 6:00 a.m. (dejar la habitación recogida y limpia)

•   A las 6:30 a.m., había que estar en el salón grande

•   Todos reunidos, hacíamos la meditación

•   Despúes hacer un propósito del día

•   Cómo me llegó la oración de la mañana

•   45 min. De yoga

•   Cada quién hacer lo que le tocara de limpieza de la casa, (yo barrí y trapee el salón donde eran las reuniones)

•   A los que les tocara preparar todo para el desayuno y servir, recoger y lavar platos

•   Hacer la oración de los alimentos

- Recoger el desayuno

- Dejar listo el salón para las sesiones

- Preparación para la comida, servir, recoger y lavar platos

- Preparación para la cena, servir, recoger y lavar platos

- Dejar todo recogido y limpio antes de irnos a descansar

Todas estas actividades las tienen todos los residentes de la casa de cuidados extensivos. Ellos tienen toda una rutina de disciplina, de orden y trabajo en equipo. También nombran por semana a un decano y eso les ayuda a ellos a aprender a tener manejo de grupo.

Siempre se percibió un ambiente de amistad, armonía y servicio.

Ya durante las sesiones, nos fueron llevando los terapeutas, poco a poco a irnos preparando en cuerpo, alma y espíritu para tener una presencia del 100% con las emociones que estuviésemos viviendo en el momento. Son de verdad unos profesionales, porque dentro de los invitados, tienen a familias nuevas, familias que ya llevan tiempo y a dos adictos rehabilitados. Entre todos con nuestras aportaciones nos ayudamos. Por ejemplo, el familiar nuevo a mí me ayudó en recordar y volver a vivir mis sentimientos y emociones que experimenté cuando internamos a Ricardo, en la clínica. Los familiares que ya tenemos algo más de tiempo ahí, ayudamos a las familias nuevas a confiar en que sus hijos están en excelentes manos. Que la selección de la clínica fue la mejor y saber que con paciencia y amor todo es posible. Los dos adictos rehabilitados nos ayudaron a todos a tener la certeza de que la rehabilitación si funciona y que es un trabajo de un día a la vez. Que no debemos olvidar todo lo vivido. Que con amor, con perdón, y con integración familiar la sanación es más efectiva.

Mientras avanzaba la mañana, el grupo se veía cada vez más integrado. Hablábamos más, empezábamos a experimentar sentimientos que teníamos a flor de piel y los íbamos descargando y eso hizo que nos sintiéramos como hermanos todos. El saber que nadie te va a criticar, nadie te va a juzgar, nadie te va a contra restar lo que sientes, nadie te va a decir si hiciste bien o mal. Que lo único que hicieron fue escucharte, darte una palmadita en la espalda, apretarte la mano. Que con su mirada te están diciendo "estoy contigo y con tu dolor", es una sensación de estar rodeada de amor y que nuestro Ser Superior está presente en cada uno de nosotros.Es definitivo que todos los seres humanos tenemos nuestra propia historia de vida. Conforme iba pasando el día, cada vez que se tocaba un tema dentro del encuentro se podría decir que muchos nos dimos cuenta de cosas que teníamos escondidas en lo más profundo de nuestro ser. Salieron a la superficie como si fuera una tormenta que llega de la nada en un día soleado. Que al mismo tiempo al hablar, al llorar, al estremecerte y desahogarte se va y el día vuelve a estar soleado. Y es que al percibirlo, hablarlo y soltarlo, un gran peso de encima te deja ligerito de culpas y responsabilidades que no te corresponden.

Como cierre el último día hubo sesión de hablar en la tarima. Como soy una persona que le gusta hablar y compartir mis experiencias, ya que eso a mí me ayuda muchísimo, me dije a mi misma: "¿Por qué no? ¡Párate, sube a la tarima y habla!" Tenía 10 minutos que es un tiempo suficiente para compartir mi experiencia que viví con Ricardo.

Empecé hablando muy tranquila, contándoles como soy como mamá. Que con nuestra experiencia de vida como expatriados me volví como la columna vertebral de toda mi familia. Mi marido viajaba muchísimo, viviendo en el extranjero estás mucho sola, por lo que me responsabilicé mucho de mis hijos y la casa.

Conforme iba hablando e iba diciendo como fui una madre que jugó con sus hijos, que siempre me preocupé porque tuvieran una alimentación sana, que hicieran ejercicio, llevarlos al colegio, a actividades extracurriculares, o simplemente a una fiesta, que tuvieran todo lo que pudieran necesitar. Que al mismo tiempo hice lo mismo con mi marido. Soy su amiga, su amante, su compañera, etc., y la verdad que todo lo que hice fue por el amor infinito que le tengo a mi marido e hijos. No me arrepiento de todo lo que he hecho hasta ahora y hasta lo volvería a vivir. Conforme iba hablando me di cuenta que yo no tengo nada ni de responsabilidad, ni culpa de la decisión que Ricardo tomo para consumir marihuana. En ese momento tuve una gran descarga emocional y me empecé a estremecer, a temblar. Comencé a compartir el fin de semana que mi hijo tuvo su brote psicótico. Lo volví a vivir de una manera que temblaba tanto que la misma tarima se estaba moviendo, me salió un grito alentador y dije "¡Bendito Brote Psicótico! Gracias a el vimos como nuestro hijo amado necesitaba más que nunca de nuestra ayuda, pero que al mismo tiempo no estaba en nuestras manos, necesitábamos ayuda de fuera. Un gran ángel mi amiga Lizette, me recomendó a la Clínica Nuevo Ser. Mi hijo en su brote psicótico me dio a entender que tenía un sufrimiento verdaderamente profundo y que solo personas especializadas iban a poder ayudarlo."

Que gran alivio sentí haber subido a la tarima, que gran desahogo tuve, que gran bendición sentí, gracias Dios, gracias a todos por estar ahí. Bajé de la tarima sintiéndome renovada, y con una gran fuerza para seguir en todo este caminar.

Después de que quedó concluida esta sesión, hicimos una oración y hubo un gran descanso.

Nos dieron la sorpresa que íbamos a tener la oportunidad de tener una sesión con nuestro familiar. Yo no lo pude tener, ya que mi marido recogió a Ricardo. Pasaron el día ellos juntos lo cual me dio mucha tranquilidad ya que iban a estar padre e hijo solos y también lo necesitan. Disfrute ver a todos convivir un tiempo con sus hijos, y/o hermanos y fue muy emotivo. Después se fueron los familiares, llegó la hora de la comida, y de dejar la casa tal cual la encontramos, todo limpio y en orden.

Mi marido me llamó para decirme que estaban comiendo en un restaurante en playas, me despedí y me fui a pasar lo que quedaba de la tarde con ellos.

Les compartí todo mi fin de semana. Ricardo, estaba sorprendido de ver en la manera como los terapeutas con todo su profesionalismo y el cariño que ya nos tienen a las familias prepararan todo con gran esmero. Mi marido me dijo que cada día se siente más orgulloso de mí. De la manera de cómo he ayudado a la familia a sanar todo este proceso y que mejor que además pueda ayudar a otras familias.

Que gratificante es estar en un restaurante a la orilla del mar y tener una conversación profunda con tu marido y tu hijo. Que no hay ningún celular en la mesa; que te estén viendo a los ojos y tienen toda su atención en ti. Que además te digan "…te amamos y estamos muy orgullosos de ti." ¡Que gran alimento al alma recibí por parte de ellos en ese momento!

Este momento también llevó a Ricardo a seguir compartiendo su semana. Me dice: "Esto ya se lo dije a papá..." "...Mamá, a mi niño interior lo abandoné. Puedo decir que tuve una infancia feliz. Pero al mismo tiempo, las mudanzas que tuvimos, mis compañeros en la manera como me lastimaron, fueron momentos que viví de mucho dolor. Para no experimentarlo me abandoné a mí mismo. Me hice mucho daño y les hice daño a ustedes y a mis hermanas. Puedo reconocer que no me sentí dañado por ustedes en el sentido de mal trato, pero si por los cambios de casa. Pero ya me di cuenta que era el trabajo de papá y fue lo que nos tocó vivir. Mi abandono hizo que eso yo no lo trabajara, y no pidiera ayuda. Hasta que eso reventó cuando consumí marihuana la cual "me ayudó a escapar de ese dolor." Lo pongo entre comillas porque así se expresó él. Está totalmente consciente de que fue un error enorme. Yo le dije: "Y ahora que estás haciendo con tu niño interior?" Me dijo que quería abrazarlo y decirle que ahora las cosas van a mejorar. No saben la alegría que siento de que mi hijo y mi marido tengan un vínculo donde, no solo hablan de negocios, trabajo o cosas superficiales, sino que además hablan de sentimientos, de emociones y de sus vivencias. Ahí me di cuenta que valió la pena que ellos compartieran solos el domingo.

¡Chispas, y sigo agregando más emoción a mi fin de semana! Ahora con mi hijo compartiéndome esto. ¡Que gran regalo he tenido! Mi familia está cambiando. Mi familia está creciendo. Mi familia se está moviendo como un espiral que se mueve unos días con subidas y otros días con bajadas, pero no importa, porque está en movimiento, y eso es lo importante.

¿Que es lo que más experimente en este fin de semana con todo lo que viví? Lo voy a decir con solo dos palabras: AMOR INCONDICIONAL.

Casa de Medio Camino. (2016). La Sabiduría de las Emociones. 10, 11, y 12 de junio, de Equipo de psicólogos de la Clínica Nuevo Ser Sitio web: www.clinicanuevoser.com

Martes 14 de junio del 2016

Son las 10:30 a.m. y acabo de regresar a casa después de haber ido a caminar con mi perrita. Una hora y media de camino; de disfrutar la naturaleza meditando todavía mi fin de semana, el cual fue un verdadero regalo de Dios.

Dentro de mi meditación, lo que más me removió fue el saber que todos los que estamos en este mundo tenemos problemas , y muchos, pero todo va a depender de cómo los vamos a trabajar y enfrentar. Yo soy una persona pro-vida, no estoy de acuerdo al maltrato a ningún ser vivo, pero voy a utilizar la fiesta brava como una metáfora para enfrentar los problemas .

El torero se enfrenta al toro y poco a poco lo va capoteando, para analizarlo y ver qué tan fuerte y agresivo puede ser. Sin perder la mirada y de frente, va caminando con pasos firmes pero despacio. Con mucha tranquilidad se detiene muy cerca del animal. Así va manejando al toro durante toda la faena hasta que al final con gran decisión, fuerza y soltura da una estocada y mata al animal.

Yo creo que recorriendo una faena de toros es la manera en que debo enfrentar mis problemas . Con serenidad, pensando bien la situación que debo de trabajar, manejarlo despacio y con cautela para poder tener un buen análisis de este; ver que herramientas y habilidades tengo, reconocer que si no puedo solucionarlo por estar fuera de mi alcance puedo buscar ayuda y así finalmente poderle dar la estocada final al problema.

Es por eso que todo este proceso de la enfermedad de mi hijo, la he tomado con serenidad, buscando la ayuda profesional. Mientras mi hijo está en la casa de cuidados extensivos recibiendo toda la ayuda que necesita, yo en mi casa estoy trabajando en mi, con amor, con paciencia, con perdón, con la ayuda del tiempo, haciendo ejercicio, hablándolo con mis amigas, leyendo libros sobre el tema, y escribiendo. Todas estas herramientas son como las capoteadas del torero.

Poco a poco me doy cuenta de cómo hemos cambiado. Como ha cambiado mi familia. Cada domingo que visito a mi hijo lo veo diferente, trabajando y creciendo.

Así fue mi meditación esta mañana, además que le pedí a mi Ser Superior todo su apoyo para seguir trabajando en mi y no quedarme estancada. Además oré por todos los adictos del mundo.

Miércoles 15 de junio del 2016

El día de hoy, me decidí por primera vez en ir a un grupo de Al Anón.

Ahora ya entiendo el porque nos insisten los terapeutas en ir. Es una manera de que yo me pueda sanar. ¿Y cómo? hablando de mi problema, hablando de lo que ya estoy haciendo, hablando de mis sentimientos, hablando de la enfermedad como tal. Que mejor lugar que en dónde las personas que se encuentran ahí me van a entender, no me van a juzgar, me van a escuchar y están ahí para lo que yo necesite. Tienen diferentes historias, pero al fin de cuentas han sufrido lo mismo vivir con un familiar enfermo.

El recibimiento fue maravilloso. Te hacen sentir como que estás en familia. Te abrazan emocionalmente y sus aportaciones son muy valiosas. Salí muy contenta de haber asistido al grupo, y arreglé mi agenda para ir todos los miércoles.

Este mismo día por la tarde, recibo una llamada Ricardo, lo cual me sorprendió porque desde que está en clínica nunca me había llamado. Siempre era yo la que me comunicaba con él. Lo salude, le comenté que había ido por primera vez a un grupo. Me preguntó: "¿Cómo te sentiste?" Le conteste que muy bien y contenta, luego yo le pregunté que cómo le había ido en su junta de los martes y me dijo: "Excelente mamá. Te tengo una buena noticia, ya soy fase 3 y voy a poder pasar los fines de semana en casa. Además este domingo es día del padre, por lo que va a ser un buen regalo para papá." Yo me quedé sin habla, hasta que solté un grito de emoción. Le dije que lo amaba, que lo felicitaba, que se lo merecía por trabajar tan duro. Ya que solo tenemos 5 minutos para llamar tuvimos que terminar la llamada pero con una gran alegría.

Colgando el teléfono le hablé a mi marido para contarle la buena noticia. Se emocionó muchísimo, por lo que saliendo del trabajo irá a recoger a Ricardo.

Tengo muchos sentimientos encontrados. Mucha felicidad y algo de incertidumbre. La verdad es que todo este tiempo me sentía tranquila y confiada porque Ricardo está en un lugar donde los tienen muy vigilados. Ahora en casa va a empezar a experimentar algo de libertad, y es cuando yo tengo que aprender a soltar y a confiar en él y en el programa. Uno de los sentimientos que experimenté fue el miedo, en la mente se proyectaba como película cuando tuvo su brote psicótico, y el que regresara a casa a dormir en la misma habitación donde comenzó su brote sentí que iba a volver a suceder. Ahí es cuando debo de tener fe en mi, para poder tener fe en las demás personas.

Definitivamente, ir a grupo, ir a terapias, ir a talleres, y toda lectura concerniente a la adicción y al alcoholismo son de mucha ayuda para uno, porque no trabajas para el enfermo, trabajas para ti.

Una vez que tú cambias, sin darte cuenta cambian los demás, ahí se ve el milagro del trabajo en equipo y de que podemos ser ejemplo de vida.

Viernes 17 de junio del 2016

Son las 9:00 a.m., y estoy haciendo todos los preparativos en casa para recibir a nuestro hijo. Quiero que se sienta amado; que la casa sea un santuario que lo abraza constantemente y que se sienta en paz.

Ya está todo listo, ordenado. Hice su comida favorita. Las chicas y yo estamos en el jardín esperando a que lleguen. ¡Que nervios! ¿Cómo se sentirá él? Debe de estar muy emocionado.

Por fin llegaron. ¡Madre mía! Que bendición tan grande estoy sintiendo solo con ver su cara una sonrisa de oreja a oreja. Se acercó y me dio un abrazo tan fuerte que puedo sentir su corazón palpitando. Saludó a sus hermanas y su papá salió al jardín. Ya todos ahí reunidos nos contó cómo se sintió cuando en su junta lo subieron a la fase 3.

Nos dijo que en un principio en la junta cuando le empezaron a dar retroalimentación, en especial las chicas de la casa, se sintió muy mal y decepcionado. Le dijeron muchas cosas negativas y se sintió bombardeado por ellas. Yo le comenté: "Y tú puedes decir algo?" –"No mamá. No puedo. Tengo que estar sentado, derecho, las piernas sin cruzar, las manos en las rodillas y mi vista hacia la persona que me está hablando, para poder recibir lo que me están diciendo, y aceptarlo, por lo que pensé: No puede ser, con esto que me están diciendo no me van a subir de fase."

"Es una retroalimentación muy dura. Me dicen que soy muy soberbio, que me siento superior a todos ellos porque tengo educación, una carrera, unos padres que tienen dinero." Yo le pregunté: ¿Por qué te dicen eso? Tú no eres de esas personas que presume lo que tiene. Siempre has sido muy sencillo en ese aspecto." Él me dice: "Mamá yo no presumo nada, ellas quizás con mi lenguaje corporal lo perciben." – "Pues Ricardo, vas a tener que trabajar eso. Tendrás que acercarte más a ellas, ayudarlas y   ser un buen ejemplo de casa."

Siguió comentando que esta fase es muy difícil. Que va a tener que hacer ya muchas cosas por él y poder mantenerla, para que luego vaya a sus pasos 4º. Y 5º., y poder recibir el alta terapéutica.

"Ahora tengo que buscar trabajo. Ya no puedo seguir en la tienda de autoservicio. Cuando escuché eso me puse muy nervioso. Me dijeron que estuviera tranquilo que lo iba a conseguir. Ya puedo ir a grupos distintos a los que iba con todos. Como hemos ido a varios puedo elegir el que más me haya ayudado.   Ya podré hacer llamadas telefónicas."

"Al día siguiente, que fui a mi trabajo les dije que ya me habían subido de fase y que ya no podía seguir trabajando ahí. Que ahora tenía ya que buscar un trabajo con sueldo y contrato. Entonces ellos me dijeron "Nosotros te contratamos, haces muy bien tu trabajo y no queremos perderte…", por lo que me sentí aliviado. les di las gracias y les dije que lo tenía que consultar con el director de la casa.   Hablé con Francisco, y me dijo: "Adelante Ricardo. ¡Felicidades! Excelente que quieran que sigas ahí trabajando."

Durante toda la plática, nos tenía a todos muy atentos a todo lo que nos estaba diciendo. Estaba de verdad muy contento, pero al mismo tiempo nos dijo que iba a tener que trabajar más y con más libertad, por lo que tendrá mucha responsabilidad. Yo me le quedé viendo y le dije, "…eso a ti no te va a costar trabajo. Siempre has sido muy responsable, y nosotros desde acá te vamos a apoyar."

Les dije que la cena estaba lista, y mientras cenábamos planeamos en ir a la playa el día siguiente.

Al irnos a descansar, empecé a sentir mucho miedo. La última vez que Ricardo, había dormido en casa fue cuando tuvo su brote psicótico. Esa misma sensación que viví ese fin de semana de noviembre, la volví a tener. Me costó trabajo dormir. Dejé la puerta de nuestra habitación abierta, bajé varias veces para checar que él estuviera bien, hasta que me dije a mi misma "…tienes que soltar, tienes que relajarte, hice la oración de la serenidad," y me fui a dormir.

Sábado 18 de junio del 2016

Nos levantamos todos muy temprano. Desayunamos y preparamos todo para irnos a la playa. Amaneció muy soleado, se esperaba un día caluroso por lo que ir a la playa fue una excelente idea.

Ya todos instalados, con las sombrillas colocadas, las sillas en su lugar, y poniéndonos protección solar, Marcela le dijo a Ricardo: "Vámonos con Clio (nuestra perrita) a caminar." Él se levantó volado y se fue con su hermana a disfrutar del mar y la arena. Convivieron mucho tiempo ellos dos y luego Jessica, se les unió.

Luego ya regresaron los tres para comer y beber algo, lo observo, para ver cómo se siente. Hay momentos en los que está muy callado. Se ve pensativo, analizando lo que está a su alrededor. Me pregunto ¿que estará pensando, cómo se sentirá? Pero lo dejo ser.

Ya de regreso a casa, mientras sacaban todos las cosas de la camioneta preparé la comida. Hice un filete de res al horno. Quedó muy rico y algo que Ricardo disfrutó mucho ya que en la casa no comen carne.

Por la tarde, todos listos para ver el partido de México contra Chile, de la copa América. Después preparé la cena y todos muy cansados nos fuimos a descansar.

En esta ocasión, cerré la puerta de mi habitación. Después de haberlo visto ya durante el día, me quedé muy tranquila. Se ve distinto, sereno. Ahora habla mucho, comparte muchas cosas. Estuvo conviviendo mucho tiempo con su hermana Marcela, ellos siempre se habían llevado muy bien, y también estuvo mucho con su papá, ayudándolo a hacer cosas de la casa.

Jessica, todavía le cuesta trabajo acercarse a él. Siento que todavía tiene que perdonar muchas cosas, pero al mismo tiempo, ella demuestra su cariño de diferente manera. Ella tenía planes para este sábado los cuales los canceló porque venía su hermano. Y durante la cena, comentó que el domingo ya que era día del padre, y los restaurantes iban a estar llenos, sugirió estar en casa, que iba a ir a comprar juegos para la alberca y pasar un día rico familiar. Esa es la manera en que Jessica, muestra su cariño, organiza juegos, si no los tenemos los consigue y nos mantiene a todos unidos.

Domingo 19 de junio del 2016

Amanecí con una sensación de que Dios de verdad está con nosotros. Mis hijos reunidos otra vez, mi marido me dice que se siente mucha armonía en casa. Además es un día especial ya que se celebra el día del padre, y ya teníamos todo organizado para pasar un domingo familiar.

Nos fuimos a caminar nosotros dos con la perrita, y dejamos a todos dormidos. Ayer fue un día muy agotador. Después de caminar, preparé el desayuno, y luego se fueron todos a comprar los juegos para la alberca, botanas y refrescos, yo mientras me quedé recogiendo los platos.

Llegaron y como hormiguitas, a preparar todo para pasar un feliz domingo. Pusimos música, preparamos una rica botana, nos servimos los refrescos. Ya todo listo, pusimos un listón para hacer como si fuera una red y jugamos vóley bol, un juego de raquetas con pelotitas, nos echamos de clavados, y luego nos metimos al jacuzzi. Nos veíamos inseparables, hacía tiempo que no nos veíamos así, a pesar de que Ricardo, ya estaba saliendo los domingos, el poco tiempo que teníamos era muy bien aprovechado, pero en esta ocasión se sintió una unión familiar increíble.

Se llegó la hora para regresar a Ricardo, a playas, pero en esta ocasión, no me sentí triste de regresar. Ahora si tuvimos tiempo para disfrutarlo, de hablar de todo y nada, de verlo feliz, porque él siente que estar en esta fase, es un logro que lo ha trabajado. Siempre se mantuvo en su fase 2, ha sido muy responsable con sus trabajos de casa, y ha tratado de hacer un trabajo profundo es sus pasos.

Al dejarlo en su casa, se sentía muy agradecido por el fin de semana. Me dijo que estaba cansado, que hubieron muchas actividades las cuales lo agotaron, pero que esa sensación de sentirse libre, fue lo mejor de todo. Lo abrace, lo volví a felicitar, le dije que estaba muy orgullosa de él y que siguiera trabajando duro. "…Todo esto que estás haciendo es por ti, y con el ejemplo que nos estás dando, nosotros también lo estamos trabajando en casa."

Ya en el coche de regreso a San Diego, mi marido me ve y con una cara de felicidad me dijo: "¡Que maravilloso fin de semana hemos pasado, todos juntos!"

La vida es difícil, pero cuando hay amor, cuando sientes que Dios está contigo. Cuando ves que tus errores son para aprender y crecer, te sientes verdaderamente bendecida. Este fin de semana, que espero que sea el primero de muchos en esta fase de la recuperación de mi hijo, ha sido un regalo de Dios. No cabe duda que la esperanza y la luz se van mostrando en nuestro camino.

Fin de semana del 24 al 26 de junio del 2016.

Este fue un fin de semana muy tranquilo. Más relajada de que Ricardo duerma en casa, ya no necesité dejar la puerta de nuestra habitación abierta. No me estuve despertando durante la noche para ir a checarlo. Ya me di cuenta de que él está bien.

Durante el sábado estuvo haciendo labores de casa con su papá. Cosa que no hacía antes. Ahora se acerca mucho a su papá, no sé si aprovechan en hablar, pero lo que si veo es de que hacen muchas cosas juntos.

Después de comer nos fuimos mi marido, Ricardo, y yo a caminar al centro de San Diego. Fue una tarde fresca y soleada. Es época de mucho turismo, por lo que vimos a mucha gente y Ricardo se sintió bien. En otras ocasiones sentía que se engentaba y le daba mucha ansiedad. Eso ya lo superó. Charlando con él, no entendía por qué sus hermanas no venían con nosotros. Yo le dije que están cansadas, Jessica, trabaja en la semana y Marcela, está haciendo verano en el colegio. Él nos comenta que le cuesta trabajo entender eso, ya que él está encerrado casi todo el día. Le agradecimos que él si quisiera acompañarnos y que pasáramos los 3 una tarde agradable.

El domingo la pasamos en casa. Preparé hamburguesas, todos ayudaron en los preparativos, por lo que me sentí contenta de estar acompañada por todos mientras cocinaba. Después de comer cada quién se fue a sus habitaciones y yo fui con Ricardo, le pregunté si podía estar con él y me dijo que sí.

Le pregunté en qué consiste tu paso 3, y me explico lo siguiente:

"Yo llamo a mi ser superior Luz, por lo que en el paso 3 voy a empezar a balancear mi lado de luz y mi lado obscuro, tratar de no irme a los extremos.

Cuando era pequeño mi lado de luz era tan fuerte que sentía que la gente se aprovechaba de mí. Al mismo tiempo me costaba trabajo entender que me hacían daño. ¿Como es que una persona puede lastimar a otra? Una manera de empezar a defenderme fue irme al otro extremo a mi lado obscuro.

Definitivamente lo que más me afectó en mi vida fueron todos los cambios de residencia que tuvimos. Lo que más me dolió fue al irnos de España. Al mismo tiempo tuve un papá ausente, y tuve una mamá que siempre estuvo ahí. Me sentí muy protegido por ti.

No quiero responsabilizarlos de nada. Yo soy una persona altamente emocional y los desapegos a mi me afectaron mucho. Me sentí solo. No supe como desahogarme de todo lo que estaba viviendo.

Les agradezco que ustedes como pareja sigan juntos y nos demuestren que se aman. Me tocó vivir con mis compañeros los divorcios de sus padres y ver cómo les afectó muchísimo. Eso a mí me hubiera causado muchos estragos.

Al tener esos cambios me sentí muy desbalanceado en mis sentimientos, mis pensamientos y mi comportamiento. En lo positivo me sentía como una víctima y en lo negativo me destruí al consumir la marihuana.

Dentro de mi psicosis tuve un desbalance de mi obscuridad. Gracias al programa de la casa de cuidados extensivos, me está ayudando a encontrar un balance entre la luz y obscuridad y estar con Dios. Ahora me siento muy bien. Estoy encontrando un balance. El poder darme cuenta de las cosas, de haberme callado toda la vida y no pedir ayuda fue un error. Ahora me estoy dejando guiar y la ayuda que estoy recibiendo me está dejando soltar el miedo.

Mamá, yo sentí miedo del miedo. No supe enfrentarlo. Al tener un padre ausente y una madre protector..., Es increíble lo que el miedo te orilla a hacer. Es pura ausencia de luz."

Sus palabras fueron fuertes pero muy asertivas. Me levante de mi asiento y lo abracé fuerte. Le dije que lo sentía en el alma que lo amaba con todo mi corazón, y que me daba mucha alegría el verlo trabajar como lo está haciendo. "...Se nota que esto ahora si los estás haciendo por ti y eso para mí es una gratificación."

"Sé que cuando hablo, a veces lo digo muy fuerte, pero no encuentro otras palabras de cómo expresarlo. Así es como lo siento. Pero esa es mi responsabilidad. No quiero que te sientas responsable de esto, porque siempre estuviste ahí por mi y si papá estuvo ausente fue por su trabajo. Él siempre ha querido darnos lo mejor.

Ya era hora de regresarlo a playas. En el coche, venía compartiendo todo esto con su papá, de cómo está ya encontrando un balance en su vida. Cuando se siente escuchado por su padre, le da mucha seguridad en sí mismo.

Nos despedimos de él, lo abrazamos fuerte y seguimos animándolo a que siga adelante con su trabajo personal.

De regreso en el coche, en silencio hice la oración de la serenidad. Dios concédeme serenidad para aceptar las cosas que no puedo cambiar. Hice un pausa y ahí me dije: Todo lo que vivió mi hijo está en el pasado. Eso ya pasó, no puedo hacer nada. Valor para cambiar aquellas que si puedo. Ricardo, ahora está recibiendo la ayuda y el apoyo necesarios para salir adelante. Nosotros en casa estamos trabajando también en nosotros, en especial yo. Si yo estoy bien, todos están bien. Y sabiduría para reconocer la diferencia. Vivir el presente. El aquí y el ahora. Esa es la diferencia. Un día a la vez.

¡¡¡Qué maravilla de oración!!! Ahí solté todo el sentimiento que tuve mientras hablé con Ricardo. En casa, empecé a sentirme mal. A pensar: "¿Por qué no hice esto o aquello? ¿Por qué acepté la vida de expatriada? ¿Por qué no le busqué ayuda profesional cuando estuvo chico? Mil preguntas se me vinieron a la cabeza,. Gracias a esta oración me di cuenta que no puedo cambiar nada de mi pasado. Lo hecho, hecho está. Solo el valor que tengo ahora de soltar y la fortaleza de pedir ayuda profesional, es lo que nos está ayudando a todos.

Fin de semana del 1, al 3 de julio del 2016

La semana pasa volando, y ya con saber que estamos viendo a Ricardo, desde los viernes en la tarde es una gran alegría.

Él está ajustándose en regresar a casa. Había estado en la casa con nosotros desde que regreso de haber vivido 6 años en Phoenix, Az., solamente 3 meses y luego tuvo su brote psicótico. Lo internamos y lleva en la Casa de cuidados extensivos 6 meses. Llega muy tranquilo, observa mucho, sobre todo a sus hermanas. Su papá lo incluye mucho en trabajos de casa, con Marcela juega y con Jessica todavía hay resentimientos, que espero poco a poco los vayan arreglando.

Este fin de semana me encuentro con una infección aguda en el riñón derecho. He ido al médico y me han recetado antibiótico, y medicina para el dolor y la fiebre. No me siento nada bien, tengo mucho dolor y la fiebre está muy alta. No voy a poder disfrutarlo como quisiera, pero podrá estar con su papá y Marcela. Jessica, anda de viaje este fin de semana.

Estoy en cama y escucho la puerta del garaje abrirse, y me dio alegría saber que ya habían llegado. Subió Ricardo, a mi habitación a saludarme y preguntarme que me había pasado. Se recostó a mi lado, me abrazó y le conté de la infección y lo mal que la estaba pasando.

Ya que estábamos muy a gusto los dos, le pregunté cómo le había ido en la semana, en la búsqueda de trabajo o si ya a fin de cuentas trabajaba en la tienda de autoservicio que lo iba a contratar. Empieza contando que ya no iba a trabajar ahí. Me contó que en varias ocasiones fue y que le pedían que los esperara porque lo iban a dar de alta en el IMSS, hasta que en una de las visitas la dueña del establecimiento le dijo que iban a tener que cerrar por deudas. Por lo que Francisco, el director de la casa le sugirió que no los esperara y que buscara trabajo en otro lado. Eso a Ricardo, le causó miedo. Él se sentía seguro trabajando ahí, pero pues a moverse otra vez, y fue a un restaurante de ahí de playas. Le dijeron que estaban buscando a un ayudante de cocina y les dijo Ricardo, "yo tomo el trabajo". Quedaron en llamarle al celular de Francisco, pero nunca recibieron la llamada. Ricardo ya estaba un poco desconcertado y empezaba a frustrarse porque no conseguía trabajo, en uno le dieron largas, y en el otro no lo llamaron. Hasta que se dio cuenta que no había dado bien el número de teléfono, ya eso lo tranquilizó. En una de las veces que estaba en la casa, lo llamo el director de la casa, Francisco, y le dijo que acaban de llamar de la Clínica. "...necesitan a alguien que dé apoyo a consultores y guardias. Si quieres ese trabajo, preséntate con una persona ahí y ella te va a entrevistar." Ricardo, feliz fue a la clínica, se entre visto, le gustó lo que le propusieron y el mismo viernes comenzó a trabajar. "Mamá estoy haciendo algo que estaba esperando hacer. Estoy feliz que me hayan dado esa oportunidad. ¿Te acuerdas que te había comentado que ahora quiero estudiar Psicología? Pues ahora voy a empezar a ayudar a personas como yo, y eso es algo que siempre había querido." Lo abracé y le dije que lo felicitaba muchísimo. "...Debes de sentirte muy orgulloso, eso es un gran logro."

El sábado se fueron Ricardo, Marcela, y mi marido a comer, al cine y al súper, mientras yo me quedé en casa recuperándome. Llegan ya por la tarde noche. Me contaron que la pasaron muy bien los tres, que la película estaba buena, que comieron en las alitas que les encanta y luego me hicieron el favor de ir al súper.

Me siento un poco mejor. Ricardo, se volvió a recostar conmigo. ¡Que gozada tenerlo en casa! Que se acerque y te empiece a contar cosas que nunca había dicho, yo ya con él me pongo toda oídos. En esta ocasión, recordó momentos de su brote psicótico. Como estuvo mucho tiempo con nosotros en nuestra habitación, empezó a recordar de sus momentos lúcidos.

Luego me contó que ahora si ya no siente esa inquietud de querer consumir. Le creo, ya que hacía unos meses me confesó que todavía tenía ganas de consumir la marihuana a pesar de todo lo que vivió.

"He trabajado tanto en mí. Me he dado cuenta de tantas cosas, del tiempo desperdiciado. Ya entiendo mucho de todo lo que viví, del miedo que no pude trabajar, de haberme cerrado en mí mismo y no pedir ayuda. Todo lo que estoy trabajando me ha causado muchos recuerdos y mucho dolor, pero definitivamente estoy recibiendo la ayuda para poder sacarlo y sanarlo. La semana pasada que viví la frustración de no encontrar trabajo, me di cuenta de lo que me estaba sucediendo, y lo pude trabajar. No sabes que tranquilidad me da mamá. Ya no quiero vivir como estaba viviendo. Ya se que puedo tener calidad de vida y que si sigo trabajando en mí, lo puedo lograr."

Esas palabras, me dieron una paz interior, que no había sentido quizás en años. Estoy recuperando poco a poco a mi chico. A ese chico que es una buena persona, que es responsable, que es juguetón, que se ha vuelto platicador, que nos busca tanto a su padre como a mí. El canal de comunicación se abrió de tal manera que ahora nos dice todo. Que bendecida y agradecida me siento, mi hijo está volviendo a nacer.

El domingo no pude acompañarlos a playas, a esa misma hora llegaba de viaje Jessica, y tuve que ir por ella al aeropuerto.

Me despedí de él, diciéndole lo orgullosa que estaba por haber conseguido trabajo en la clínica. Aunque no fue algo que él haya buscado y que más bien se lo sugirieron, ya con el hecho de que lo hayan tomado en cuenta eso es muy valioso. "…Si te están considerando para ser parte del equipo de trabajo, es porque de verdad han visto tu dedicación y del gran trabajo que estás haciendo en ti. Quizás ya estás para poder ayudar a otros."

Lo abracé fuerte, le di un beso y le animé a seguir trabajando en él, que lo que está haciendo está dando muy buenos resultados. No solo en él en toda la familia.

Fin de semana del 8 al 10 de julio 2016

Son las 7:15 p.m., del viernes 8 de julio y Ricardo, va entrando por la puerta del garaje. Me acerqué a él para saludarle y darle un abrazo. Venía de haber estado trabajando en la clínica nuevo ser. Traía una camiseta con el logo de la empresa, pero lo que más me llamó la atención fue su expresión de felicidad, de satisfacción, de estar haciendo lo que le gusta. Tenía años de no verlo tan feliz. Definitivamente está en el lugar que debe de estar.

Le pregunté: "¿Cómo estás?" Esbozó una sonrisa radiante y comenzó a contarme como le fue en la semana. El primer día estuvo en la caseta de guardia. Dijo que ahí estuvo un poco aburrido,"…claro con vista al mar…" pero ahí realmente no hizo nada. Pero los siguientes días lo incluyeron en las juntas con los pacientes, con las familias de los pacientes, tuvo oportunidad de hablar como consultor; todavía sin serlo, y me dijo algo muy importante: "Mamá me vi reflejado en muchos de ellos. Cuando les hablé inmediatamente pensé en lo que me habían dicho a mí; en lo que pudiera ayudarles a ellos, en darles una cachetada metafóricamente hablando, para que despierten y se dejen ayudar."

También contó que llegaron dos chicos nuevos, hermanos, los cuales habían tenido también muchas mudanzas como nosotros, y se vio en ellos.

"Llegan con mucha soberbia, no quieren la ayuda. Están todavía intoxicados y para poderlos ayudar necesitamos hablarles fuerte. ¡Ahora veo cómo estaba yo! Negado, sin querer recibir la ayuda, con mucha soberbia, pero poco a poco vas despertando a la realidad y cuando te dejas ayudar todo fluye mejor."

"Esto a mí me va a ayudar muchísimo en mi recuperación. No he podido estar en mis juntas, ni con mi terapeuta y consultor, sin embargo, lo que estoy trabajando y viviendo en la clínica me va a ayudar a crecer muchísimo."

También me contó que su consultor renunció, estaba un poco preocupado, ya que estaba trabajando muy bien con él, a ver a quién le asignan.

Cenamos y nos fuimos a descansar, para Ricardo, esta semana fue muy intensa.

Al irme a dormir, estuve pensando en todo lo que me compartió. Aquí es cuando uno experimenta a Dios: En los milagros. Cuando uno realmente quiere un cambio en su vida. Mi hijo desde que está en todo este proceso es otro. Es un muchacho que desea vivir con calidad, disfrutar la vida como debe de ser, no hacer las cosas para darle gusto a los demás, sino para él.

El sábado nos llamó su terapeuta Alan, solo para checar como estábamos y habló unos momentos con Ricardo. Llamada que agradezco, porque se ve que están pendientes de sus pacientes.

Por la tarde fuimos a la Isla de Coronado a caminar a la playa. Había mucha gente; el clima estaba delicioso. Luego nos tomamos un helado y regresamos a casa.

Su relación con sus hermanas cada vez está mejor, Marcela, lo busca mucho y Jessica, al verlo a él menos tenso y más relajado, ya se le acerca más.

Mientras doblaba la ropa, le comenté que la oración de la Serenidad, me había estado ayudando mucho en todo mi proceso. Cada vez que la digo en mi mente, logro soltar los pensamientos negativos y me siento cada vez con más confianza.

Él me dice que le daba mucho gusto al verme así, y me pedía que yo no me sintiera responsable de la decisión que él había tomado.

Nos dimos un abrazo y él se fue a su habitación a trabajar en su paso 3.

El domingo estuvo tranquilo. Mi marido y yo fuimos al súper para comprar la comida. Cuando llegamos a casa estaban mis tres hijos juntos conviviendo y viendo el partido final de la Eurocopa. Se respiraba un ambiente familiar y me sentí feliz de verlos así.

Lo regresamos a playas, y lo único que le dijimos fue que estábamos muy orgullosos de él, y que lo amábamos. Yo le dije que ya no me pesaba dejarlo en la casa, ya que lo veo todo el fin de semana. También porque se que con el trabajo que tiene ahora va a trabajar más en él.

Gracias Dios! Porque bendecida me siento por ti.

Viernes 15 de julio del 2016

El día de ayer hablé con Ricardo, para decirle que este fin de semana no pasaremos por él. Para que además de seguir trabajando en su paso 3, siga siendo ejemplo de casa. En este momento él que más tiempo tiene en la casa. Ya ha trabajado mucho en él y está para ser ejemplo de sus compañeros. Estoy segura que lo va a ayudar mucho en su recuperación. Ya sabe lo que se siente poder ayudar, lo está viviendo en la clínica. Ahora el tiene que darle oportunidad a sus compañeros de descubrir que la vida puede ser diferente si se dejan ayudar.

Hoy viernes, acabo de hablar por teléfono con una gran amiga en Monterrey. Su hija vivió una experiencia terrorífica en la ciudad de Niza, Francia, debido al ataque terrorista que sucedió el día de ayer en esa ciudad.

Le hablé porque yo por muchos años quise buscar respuestas de muchas preguntas que nunca encontré. Ricardo vivió a los 16 años un fuerte accidente en donde gracias a Dios, no le pasó nada. Veinticuatro horas después de su accidente, una de las hijas de una gran amiga, y compañera de secundaria y preparatoria de mi hijo, también tuvo un accidente automovilístico. Ella falleció.

Durante 3 años, me alejé de mi amiga. Me sentía culpable de saber que mi hijo vivía y su hija no. Hasta que un día tuve el valor de hablar con ella y expresarle mis sentimientos. Mi amiga, siempre teniendo a Dios con ella, me hizo entender que yo no tenía nada de culpa. Que las circunstancias de nuestros hijos eran diferentes. Que me agradecía infinitamente que me hubiera abierto de corazón con ella para recuperar nuestra amistad.

Ahora encuentro las respuestas a muchas de mis dudas. Ricardo, dentro de todo lo que vivió desde pequeño, mucho cambio de residencia, desapegos, y "bullying", encontró un escape en el consumo de marihuana y sin saberlo se enfermó de la adicción. Todo lo que ahora está trabajando. La gran ayuda que ha recibido por parte de su terapeuta, consultor y compañeros. Ricardo ha logrado sanar muchas heridas que tenía en el pasado. Esa ayuda que ha recibido ahora además la está aprovechando para ayudar a personas que han pasado por lo mismo que él vivió. Dios lo está bendiciendo para que él sea instrumento de amor hacia las personas con adicciones.

No cabe duda, cuando uno encuentra de verdad las bendiciones, ve la vida de otra manera. Agradecida siempre.

Viernes 22 de julio del 2016

El día de hoy recibí una llamada de Alan, el terapeuta de Ricardo. Ahora entiendo porque dicen que esta enfermedad afecta a la familia emocionalmente. Cuando vi que la llamada provenía de la casa de cuidados extensivos, el corazón automáticamente empezó a palpitar más rápido, las manos me temblaban, la mente empieza con una película y piensas que algo malo pasó. Escucho la voz de Alan y al oír que su voz era tranquila, me concentré en mi respiración, me senté y me fui calmando conforme fluía la conversación.

Fue una llamada para informarme de dos situaciones, la 1ª., es de que Ricardo ya está casi en un proceso final, antes de ir a su 4º. Y 5º., paso. Tiene un nuevo consultor, y están haciendo una revisión muy metódica de todo su trabajo para estar seguros de que todo está bien y en orden. La 2ª.situación, es que a Alan lo han promovido para manejar todo lo que se refiere a las terapias de familia, y organizar talleres, conferencias y terapias hacia las familias. Ahora la terapeuta de Ricardo, será Doris. Como el proceso de Ricardo ya está muy avanzado, es probable que no sea ya mucho el tiempo que esté en casa y creen que este cambio no le afecte mucho. Yo tampoco lo creo, por lo que Ricardo, me dice, aprecia mucho a los terapeutas de la casa. Si va a echar mucho de menos a Alan, ya que confía mucho en él, lo bueno es que sabe que puede contar con él en cualquier momento.

Felicité a Alan, le pedí si podía seguir mandándole a él mis escritos, y me dijo que por supuesto que si.

Me quedé más tranquila después de colgar. Debo confesar que si me dio tristeza y algo de preocupación de que Alan, ya no trabaje con Ricardo. Aunque conozco a Doris, y me gusta mucho su estilo y como terapeuta es muy buena también.

Sábado 23 y domingo 24 de julio del 2016

Ya son 7 meses que Ricardo, se encuentra internado en la casa de cuidados extensivos. Cada semana que lo vemos nos ha demostrado todo lo que ha trabajado para él. Lo veo más confiado, muy sereno. Ahora nos cuenta todo lo vive durante la semana, lo que siente, lo veo receptivo cuando le damos consejos. Poco a poco va reconociendo a sus hermanas ya no como niñas, sino como mujeres que son y las respeta como tal. Esto me demuestra que la decisión que tomamos el 24 de diciembre en la clínica de que siguiera con su tratamiento fue la mejor. Sinceramente nosotros en casa no hubiéramos podido haberlo ayudado. Además con la confianza que le tenemos al programa, logramos soltarlo. Al estar relajados en su recuperación, hemos tenido la fortaleza y la voluntad para trabajar en nosotros mismos, y poder estar bien con nuestras hijas en casa.

En esta ocasión, cuando llegó a casa me abrazó muy fuerte. Me dijo: "Que feliz soy aquí." ¡Que gran bendición! Ahora goza y disfruta mucho estar con nosotros. Ha sido todo un proceso de darse cuenta de lo que tiene y que por su enfermedad, lo estaba perdiendo.

El sábado Jessica invitó a unas amigas. Disfrutando de la tarde hasta trajeron a su perrita para que jugara con la nuestra. Estaban muy a gusto en el jardín y Ricardo llegó y estuvo conviviendo con ellas muy contento. En un principio un poco callado y muy observador, pero poco a poco se fue abriendo y comenzó a unirse a la conversación.

Siempre había demostrado ser una persona responsable, y gracias a eso ha logrado trabajar sus pasos como debe de ser. En ocasiones se frustra cuando ve que ciertas cosas no se hacen a su modo. Nosotros le decimos que eso lo tiene que seguir trabajando, ya que no siempre vamos a obtener lo que queremos y no por eso vamos a estar enojados. Esos momentos de la vida son nuestros maestros, aprendemos mucho más de las cosas negativas, de los obstáculos, que de lo que sale bien o se obtiene fácilmente. Todo está a prueba y error.

En la clínica está aprendiendo mucho. Nos compartió que le han estado dando varios consejos de cómo debe de manejar las cosas. Que él ahí no es un paciente, sino ya parte del staff. Que tiene que tener mucho cuidado en la manera de cómo se involucra con los pacientes, en especial las mujeres.

Nosotros le aconsejamos que cualquier cosa que él sintiera que no está bien, lo reportara inmediatamente. Le dijimos que es una manera de protegerse y de que estén pendientes de los pacientes. Que es muy importante que no haga alianzas. Una cosa es ayudar y aconsejar, y otra cosa muy diferente es entablar una amistad. Que recuerde bien los defectos de carácter que tienen los adictos y co-dependientes. Para que este atento, porque van a estar tratando de ver la manera de cómo engañar para salirse con la suya.

Al dejarlo en la casa lo abrazamos. Siempre le decimos que lo amamos, que estamos muy orgullosos de los cambios que ha hecho. Que continúe trabajando para él y que aprenda mucho en su trabajo.

Jueves 28 de julio del 2016

Son las 9:30 a.m. Me comunico a la casa de cuidados extensivos para hablar con Ricardo, y ponernos de acuerdo para ir a recogerlo el sábado. El consultor que me contestó el teléfono me informa que Ricardo no puede hablar porque lo bajaron a la fase 1 por cuestiones terapéuticas. Me pidió que apoyemos como familia esa decisión.

La verdad que siempre he tratado de apoyar al 100% las decisiones de los terapeutas y los consultores, ellos definitivamente son los expertos. Además no es un trabajo solo de ellos, aquí estamos todos involucrados. Es un programa totalmente holístico y cuando realmente estamos todos en sintonía es cuando se nota el trabajo.

Pedí hablar con Alan, su terapeuta pero me comentaron que está en la otra casa. Me comuniqué con él para saber que sucedió y de qué manera nosotros podemos ayudar.

Estoy algo desconcertada, la verdad que iba muy bien todo. Aunque estoy más consciente que esta enfermedad es muy emocional. Conociendo a mi hijo, sé que todavía está en el proceso del manejo de sus emociones. Parte del tratamiento es de vez en cuando bajarlos de fase para que puedan entrar en consciencia e ir trabajando sus pensamientos y lo que sienten.

Me comunico con Alan. Me comenta que parte del proceso del tratamiento de Ricardo era trabajar su autoestima, la cual la tenía muy baja. Pero que ahora al estar trabajando y sentirse bien, se fue hasta el otro extremo. Lo que necesita es aprender a saber medirse. Sus compañeros de casa, le siguen pidiendo que sea ejemplo. Ellos quieren aprender de él. Ricardo tiene que demostrarles que hay que trabajar duro en especial en uno mismo.

Cada vez estoy más convencida de que mi hijo está en un buen lugar, en donde realmente se preocupan por su recuperación y la de todos nosotros. El día que lo den de alta, es porque ya él va a estar listo para poderse enfrentar a la vida. Y aun así, seguirá yendo a terapia y a grupo. Esto no es una gripa que se quita con tés calientes y reposo. Esto va a ser así toda la vida. Tenemos que estar preparados física y psicológicamente, porque esto es de un día a la vez.

Sábado 30 de julio del 2016

El día de ayer tuvimos invitados a cenar en la casa. Un primo y su esposa y pasamos una velada maravillosa.

Hablamos de muchas cosas, teníamos mucho tiempo de no vernos, por lo que el tiempo pasó volando. Uno de los temas fueron los gobiernos tanto de México como de Estados Unidos. Una de las cosas que más me sorprendió que comentaron, fue que tienen una amiga que trabaja para el gobierno del Municipio de San Pedro Garza García, N.L. Su labor era fomentar las artes en el municipio así como hablarle a los jóvenes de los peligros del cigarro, el alcohol y las drogas. Pero cada vez que iban a hablar de las drogas, tenía que pedir permiso al Presidente Municipal. Él dictaba de cuál droga hablar, ya que si era de las de mucho consumo y buen negocio, de esa no podían hablar.

Tengo muchos sentimientos encontrados. Estoy muy enojada y triste a la vez. El negocio de las drogas tiene mucho apoyo de gobiernos, empresarios, y narcotraficantes. Vamos a estar en una lucha constante. Va a ser muy difícil de atacar, ya que vamos a tener a mucha gente con poder en nuestra contra y nosotros sin apoyo.

Ahora veo porque hay tanto engaño en el internet. Comentarios por ejemplo como el de que la Marihuana es muy buena, medicinal y no causa adicción.

Viernes 12 de agosto del 2016

Llevamos una semana de viaje. Nos fuimos mi marido, Marcela, y yo de vacaciones a conocer la parte norte de California. Sabiendo que Ricardo, está en un lugar donde está trabajando su enfermedad y está con especialistas, nos dimos el permiso de irnos y poder tener unas vacaciones relajadas para disfrutar de nuestra hija más chica.

En el camino hablé a la casa para que me comunicaran con Ricardo. Hablé con él para informarle que ya vamos de regreso y que el domingo lo íbamos a recoger. Lo noté muy bien, me dijo que había pasado una buena semana.

Tengo muchas ganas de verlo. Llevamos 2 fines de semana de no verlo y de no hablar con él, ya que lo bajaron de fase.

Domingo 14 de agosto del 2016

Recogimos a Ricardo, en la casa a la misma hora de siempre a las 10:00 a.m. Tardó en bajar, porque es decano y tiene que checar que todos los residentes hayan hecho el trabajo que les corresponde. En el trayecto hacia el cruce a San Diego, le contamos nuestro viaje, y lo bien que la pasamos.

Cuando terminamos de contarle nuestro viaje, el comenzó a hablar y nos compartió:

"El viernes me di cuenta que alguien me robó mi dinero. El dinero que yo gané trabajando en clínica. Lo reporté, y se hizo una junta general con todos. Lo más triste de todo fue de que a pesar de que en casa se trabaja la honestidad y tratarnos todos como familia ninguno confesó haberlo tomado. Estoy frustrado, decepcionado, enojado, triste. Me vuelven a venir pensamientos malos, me doy cuenta que muchos de mis compañeros hablan muy bonito, pero solo hablan porque su comportamiento es diferente. He estado con ellos en todo trabajando ayudándolos y que no sean sinceros me tiene muy enojado.

Cuando entré a la clínica no confiaba en nadie. Gracias al programa empecé a confiar en las personas de nuevo. Pero después de lo que pasó el viernes, empecé a tener ese mismo sentimiento de desconfianza que tenía desde que estaba en la adolescencia.

Dándome cuenta de los sentimientos que tengo y con el trabajo que he logrado hacer en casa, sé que tengo que encontrar una manera de nivelar lo que en este momento estoy sintiendo.

Esa sensación la he sentido toda mi vida y me duele demasiado. No confío en nadie y tiendo aislarme. Es mi mecanismo de defensa, es lo que se hacer.

Y cuando convivo con ellos me hacen comentarios como: "Te veo antisocial" "te tenemos miedo no sabemos cómo vas a reaccionar" Avanzo en mi trabajo, gano la fase 3, trabajo en la clínica, hago todo lo que me piden y luego me pasa esto."

Su papá le preguntó que aprendió de esta experiencia y él contesta: "moraleja" no confiar tanto en la gente. La gente es capaz de arruinarte.

Yo venía en la parte de atrás del coche. La conversación se hizo entre padre e hijo y eso me agradó muchísimo, ya que mi marido le dio muy buenos consejos. Le dijo: "No por uno vas a castigar a todos los demás. Cuando te desligas en las relaciones interpersonales te vas a castigar a ti mismo; eso es narcisismo."

-"Si me abro más me pueden atacar más fácil, por eso creo una barrera."

-"Si tú te aíslas, creando una barrera de defensa, por lo que solo un compañero te hizo, estás queriendo decirles a todos que ya no quieres tener una relación con ellos y ellos no tiene la culpa. No son responsables de lo sucedido. Tú sabes muy bien que si te aíslas automáticamente te estás haciendo daño a ti mismo. Toma riesgos, la vida no es de color rosa. Hay ciertas cosas de las que hay que tener cuidado y con esas experiencias aprendes en quién si puedes confiar y en quién no. Pero no cortes de lleno las relaciones que tienes con todas las personas. "

-"Quién gana y quién pierde? El ser selectivo no es malo. Lo que importa es que sepas que en donde estés, manejes niveles de confianza. Y en cuestiones de amor y dinero hay que tomar las cosas con mucha calma porque son tentaciones muy fuertes; sacan lo mejor y peor de las personas. "

-"Ahí sigue habiendo gente muy enferma, para que sigas con cuidado. Nunca puedes bajar la guardia, hay que estar midiendo."

-"El camino fácil es seguir alejándome. El camino difícil es el que me voy a esforzar para hacer algo diferente y no castigar a mis compañeros. "

-"Deja de triturarte, no te flageles, no flageles a los demás. Toma la decisión de sí hacer el cambio. Deja de hacerte daño. No te alejes de la gente. Sal de ese círculo vicioso que te atrapa. Toma ya una decisión el tiempo no para y tu mente esta atorada. Deja de estar en el pasado. Haz una pausa, reflexiona. Ya sentiste todo los malo ahora, ¿qué sigue? Ten una visión clara de lo que continúa. Vas a volver a caer, vas a tronar si estas acumulando las emociones. Define ya un camino de vida."

-"Te enseñan a dar una imagen de tu situación y a ponerle nombre a las cosas y lo que sigue, ese es el programa de la casa. ¿Cuál va a ser tu camino? "

Ricardo, hizo una reflexión a todo lo que su papá le venía diciendo en el coche y con mucho esfuerzo, tocándose la cabeza y quizás hasta con un nudo en la garganta le comentó:

"Voy a ser más cuidadoso en donde pongo las tentaciones. Estoy rodeado de gente débil. Los voy a perdonar les voy a demostrar que esto no me va a romper. El dinero se recupera. Me pegaron, me abrí, me dolió. Voy a ser más cuidadoso. Les voy a demostrar que esto a mí ya no me afecta como me afectaba antes. La gente es vulnerable a estar molestando por eso se les excusan las cosas, pero voy a tener más cuidado."

Yo estaba con los ojos llorosos solo de escucharlo, porque me vi totalmente reflejada en mí. Somos personas muy similares, confiamos mucho en la gente porque nos cuesta trabajo creer que nos puedan hacer daño.

Me acerqué a él, y con mi mano izquierda le acaricié su corazón, y le dije que su corazón está palpitando, que está lleno de vida "...acuérdate que nos dijeron que también tiene neuronas igual que el cerebro. Empieza a conectarlos. Usa los dos, para que no te sigas haciendo daño con los pensamientos. El corazón es un símbolo de amor y de paz. Abrázate, acarícialo siempre que te sientas mal."

Su papá le dijo que estaba agradecido de que siga contándonos las cosas, que ese ya es un gran trabajo que está haciendo. Que estamos viendo que a todo lo que le está pasando le está poniendo nombre. Que está dándose cuenta de lo que le sucede. Ese es un gran logro, pero lo que ahora tiene que hacer es no dejar que todos sus sentimientos y emociones negativas se queden estancadas. Que hay que darle vuelta a la página y continuar, esa es su tarea ahora.

-"Demuéstrate que puedes perdonar y perdonarte. Es la única manera que puedas sanar tus heridas y no castigar a los que te rodean."

Una vez en casa, le pedí que me ayudara a marinar la carne que íbamos a comer y a poner la sombrilla en el asador. También salimos todos al centro comercial a comprar unas cosas que necesitaba Marcela, y eso ayudo a que se relajara y distrajera.

De regreso para la casa de medio camino, le comenté que él hacía unos meses nos había comentado que estaba trabajando duro para sanar y darse la oportunidad de tener una calidad de vida. Que ya no quería vivir en el pasado. "...Recuerda tus propias palabras. El haberte aislado, tu sabes muy bien que te hizo mucho daño. Reflexiona y trabaja en todo lo que estás sintiendo ahora, para que lo puedas desechar más fácilmente."

-"Si el cuerpo es muy sabio desechando lo que no necesita, haz lo mismo con la mente. Deja de torturarte con pensamientos que solo te están haciendo daño a ti mismo."

-"Mamá en la casa siento que todos me absorben mi energía, me siento apagado."

-"Lo que pasa es de que tú mismo no estás trabajando para ser una persona con luz y energía. Al tener esos pensamientos negativos, estás dejando que la poca energía que tengas te la absorban. Lo más importante que tienes que hacer, es pensar que lo que te digan o hagan no te va afectar. 'Esto no lo necesito. Esto no lo quiero para mí. Esto no lo recibo.' repite estas frases constantemente. Y lo que si quieres, recíbelo y abrázalo.

Su papá le dijo que empiece a decirle a las personas cosas positivas, a sonreírles, y eso le va a ayudar a tener otra perspectiva, y las mismas personas van a reaccionar en forma positiva.

-"Es muy importante que creas en ti y en toda la capacidad que tienes para ser una persona con dignidad. La vida es una gran maestra, y de todas estas caídas aprendemos si nos levantamos. Si no te levantas, no aprenderás. Decide que es lo que quieres para ti, no para nosotros ni tus compañeros. Aquí tú eres el importante. Que si deseas hacer y ser.

Nos despedimos de él con un gran abrazo y quise darle toda mi energía para que vibrara en él.

Ya de regreso a casa, mi marido muy preocupado me dijo: "¿Cuánto tiempo más? ¿Cuándo podrá estar ya con nosotros? No me atrevo ni a sacarlo. Ya tiene 9 meses."

Yo le dije: "En 9 meses, ¿crees que pueda solucionar todo el dolor y la frustración que lleva atorado por años? No lo creo. Tú mismo le has dicho que tiene todo el tiempo por delante. Que trabaje en él. Bueno, pues vamos a tener paciencia, porque el tiempo y la paciencia lo van a sanar. Y si estando en la casa de medio camino lo están encaminando a su sanación, que mejor que siga ahí. Pronto nos dará la sorpresa de que está listo para enfrentarse a la vida. Más aún cuando ya nos tiene confianza.

Fue un día largo. De escucharlo, de empatizar con él, pero también de llorar en silencio, de quererle decir tantas cosas y de tenerlo en una burbuja, pero eso le haría mucho daño. Es un hombre, un gran muchacho. Se merece tener la oportunidad de sanar y de tener las herramientas necesarias para enfrentar lo que sea. Ni nosotros, ni la casa de medio camino vamos a estar con él siempre. Yo solo quiero que mi hijo sea feliz.

Por fin, escribiendo esto se me salieron las lágrimas, las tenía atoradas.

Gracias Dios por tanto y por nada

Taller

"Herramientas Familiares para la Recuperación"

Jueves 18 de agosto del 2016

Hoy asistiré a la inauguración del Instituto Familias Nuevo Ser, en donde fuimos invitadas varias familias a un taller.

Objetivo: Este taller tiene como propósito sensibilizar a los familiares de los enfermos adictos, en la importancia de la necesidad de ayuda, no solo para el enfermo adicto, sino también para toda la familia. Haciendo de la Recuperación una cuestión familiar integral, que permita a cada uno de sus integrantes encontrar el equilibrio emocional, mental y espiritual y aprenderá vivir con plenitud.

La familia debe de involucrarse en el proceso de la recuperación

PROBLEMA DE ADICCIÓN

- Al detectar la adicción como un problema, debemos de buscar una solución para todos.

- Verlo como una oportunidad para aprender a vivir con calidad.

- La recuperación es un camino de vida, haciéndola una recuperación permanente.

- Todos necesitamos de todos, buscar ayuda siempre.

La Recuperación personal es un proceso, no una meta. Un camino de vida saludable que permite a un ser humano aprender a vivir con calidad, haciéndose responsable de sí mismo, así como de su felicidad. Para lograrla se necesita:

APERTURA   DISPOSICIÓN   DISCIPLINA

De entrada, es importante conocer el problema en toda su magnitud, tanto del enfermo adicto, como el de su familia, así como la ayuda adecuada disponible. Es por lo tanto esencial que para iniciar este proceso de Recuperación, tendremos que pasar por las siguientes fases:

CONCIENCIA   ACEPTACIÓN   ACCIÓN

CONCIENCIA: Conocimiento de... Mi mismo, la adicción, la ayuda disponible

Solo de esta forma estaremos listos para iniciar este proceso. El primera paso para solucionar un problema, es conocerlo, por tanto, es esencial saber quién es un Adicto.

- Nosotros podemos recuperarnos de nuestra:

1. Adicción a sustancias: Alcohol, cigarro, drogas

2. Adicción a comportamientos: juego, comer, celular, siendo víctimas, sexo, sufrimiento etc.

3. Adicción a las personas: Codependencia.

Es muy común que cuando una persona adicta trata de solucionar su problema sin la ayuda adecuada o sin la honestidad plena, entonces con facilidad, cambie de adicción. De ahí la enorme importancia de seguir un programa de Recuperación personal.

Lo más importante que debemos de reconocer y hacer consciencia es:

-   YO NO LO CAUSE

-   YO NO LO PUEDO CONTROLAR

-   YO NO LO PUEDO CURAR

Es por eso que debemos de abrirnos a lo que nos estamos enfrentando.

Nuestra enfermedad no se nota, aquí yo caí en la cuenta de que "gracias a la adicción de mi hijo, reconocí que somos una familia disfuncional, y que necesitamos mi familia y yo ayuda, si no hubiese sido así, no hubiéramos hecho nada, a partir de ahora lo veré como mi maestro, para recuperarnos"

Al vivir unos al pendiente de otros, podemos reconocer fácilmente los defectos de carácter de los demás y nunca de los nuestros, "vernos al espejo, reconocerme con defectos de carácter, reconocerme con cualidades y anotarlos" de esa manera empezaré a darme cuenta y poder trabajar en mí.

Es muy importante no tener resistencia, para poder estar abierto a la recuperación.

Nuestros hijos en clínica y en la casa de cuidados extensivos, están trabajando diaria-mente en su recuperación, en pocas palabras LOS 12 PASOS, si nosotros no los trabaja-mos como familia, puede haber el riesgo de una caída inmediata. Es por eso que la familia debe de ser parte integral de la recuperación. "Cada vez más agradecida de estar traba-jando en conjunto con Medio Camino, no todos los centros de recuperación hacen un pro-grama integral" SI YO EMPIEZO A CAMBIAR, LOS DEMÁS LO NOTARÁN, Y LUEGO EL-LOS QUERRÁN SEGUIR LOS PASOS (SI ESTÁN CONSCIENTES DEL CAMBIO) Pero debo de comenzar YO.

Encontrar el camino para la recuperación, ir a grupo y trabajar los 12 pasos.

Consciencia en los defectos de carácter. (fue muy repetitivo en esto)

Hacernos constantemente la siguiente pregunta:

¿POR QUÉ HAGO LO QUE HAGO?

Esta frase me llegó mucho, ya que de ahí me voy a responsabilizar de mi recuperación: De la única persona de la que no me voy a separar nunca es conmigo mismo.

Aquí nos recomendó que nos dijéramos a nosotros mismos, ¿te gustaría vivir con alguien como tú?, una manera de ayudarte a empezar a buscar tus propios defectos.

Cuando empiezas a tener consciencia sucede algo importante, en lugar de tener REACCIÓN empiezas a tener RAZÓN (de raciocinio), pensar antes de actuar y de hablar, de aquí ya no estamos a la defensiva, sino ya en un plan de una comunicación más sana.

Los 12 pasos son permanentes a la recuperación, tenemos que adoptarlos en nuestra vida diaria y de por vida.

Empezar a tener consciencia de mi. Empiezo a descubrir hasta mis tonos de voz, la voz tiene cola.

Estar muy consciente de la enfermedad de mi hijo y de su adicción, ya que son hábiles manipuladores.

Si yo estoy consciente de que necesito ayuda y la busco encontraré verdaderos resultados.

Hay muchas cosas de las que no debemos tolerar y estas vienen con la enfermedad:

- Abuso

- Insultos

- Agresiones

- Engaños

- Traiciones etc.

Si no tengo consciencia de la medicina no me voy a curar, y dio un claro ejemplo, a un enfermo de cáncer lo llevamos con el oncólogo, pues es lo mismo con la adicción, buscar la ayuda profesional para podernos curar todos.

Una vez que hacemos consciencia de la enfermedad, "va a ser un shock terrible, ya que no nos va a gustar lo que vamos a descubrir, lo importante de esto es de que al tropezarnos nos levantamos, pues aquí va a ser lo mismo, aunque sea duro y doloroso con la ayuda de los 12 pasos nos vamos a recuperar de ese dolor y darnos la oportunidad de tener una mejor calidad de vida, de ser luz, de volver a sonreír, de empezar hacer cosas que me gustan y empezar a ser responsable de mi misma."

Nos explicó que el Egocentrismo es cuando uno sufre por lo que hacen los demás, debemos de dejar de responsabilizarnos de los comportamientos de otros.

La capacidad mental se caracteriza por 3 estadios:

1. **Recepción**

2. **Apertura**

3. **Colaboración**

CONSCIENTE	SUBCONSCIENTE	INCONSCIENTE
Sujeto a esta realidad	Entrega total de la realidad, partir para hacer algo conmigo	Camino a la recuperación
Sometimiento aparente	Aquí ya no hay lucha	
Sigue la lucha	Dejas de sufrir	
Conflicto		

Cuando te dispones la ayuda llega.

Tener el control, para que la droga no te controle.

¿Quién es un Adicto?

La Adicción es una enfermedad crónica, y recurrente del cerebro que se caracteriza por la búsqueda y el consumo compulsivo de drogas, a pesar de sus consecuencias nocivas. Se considera una enfermedad del cerebro porque las drogas modifican este órgano: su estructura y funcionamiento se ven afectados y como consecuencia el comportamiento del enfermo, que presenta, entre otras cosas: Negación, graves defectos de carácter, desarrollo de "mecanismos de defensa", manipulación, desafío a las normas , autoengaño, etc.

Los adictos son el producto de las circunstancias de su niñez: estructura interna y ser amados , utilizan la adicción como muleta al no saber enfrentar los problemas .

Estructura interna para el ser humano para evitar el uso de drogas y alcohol:

1. Autoestima sana

2. Límites y consecuencias

3. Guía y ejemplo, tolerancia a la frustración

4. Manejo de emociones

5. Hay que abrazarlos, besarlos y amarlos.

Cuando no puedes dar algo que no tienes, tienes la autoestima baja y desviada.

En el momento que los empezamos a comprender, no habría nada que perdonar.

La personalidad adictiva:

- Inmadurez emocional

- Vivir sufriendo, sufrir viviendo

- Los amigos no son profundos

- Estar en la negación

- No aprender de la experiencia

- Sentimientos exagerados de culpabilidad

- Mitómanos

- Al salir de una adicción entran a otra

- Grandes proyectos de corta duración

- Obsesión

Al reconocer todo esto, se necesita un tratamiento urgente, permanente y entender la inmensa realidad de ser ayudado. Todo se da cuando comprendes ¿qué pasa?

Los adictos no son gente mala, son producto de una circunstancia.

Mecanismos de defensa:

- La negación "NO PASA NADA" "Y PASA TODO" e impide la búsqueda de ayuda

- La angustia crece en ansiedad, porque empiezas a aceptar la realidad la cual es muy dolorosa.

- La falta de recursos internos, desactiva los mecanismos de defensa.

- La proyección, quiero que estudies lo que yo quería.

- La disociación y/o olvidos "lagunas mentales" (recomendación escribir todo lo que se me olvida)

Los graves defectos de carácter:

- Agresión activa

- Agresión pasiva

- Autoagresión

La manipulación.- para que haya un manipulador hay un manipulado:

- Lágrimas

- Chantaje

- Amenaza

- Victimización

Desafío de las normas , la obediencia es un proceso importante de la recuperación.

Autoengaño, "SI PERO NO".

¿Quién es Codependiente?

146

El común denominador de un codependiente es la pérdida de la libertad personal, por estar viviendo la vida de otro(s), renunciando a la propia autorrealización. Lo que, a la larga provoca frustración, resentimiento, culpa, rabia, amargura, ansiedad y depresión, dando lugar a una destrucción tan severa como la del propio adicto.

La codependencia es una conducta adictiva que se caracteriza por el control o focalización obsesiva de las necesidades y dificultades de otras personas, en detrimento de las necesidades y el cuidado dela propia persona. Una persona codependiente presenta los siguientes síntomas:

- Dificultad para experimentar niveles apropiados de Autoestima: baja, equivocada/ desviada

- Dificultad para establecer límites funcionales: Límites Incuestionables- leyes cívicas, Límites negociables- convivencia diaria, buena comunicación, ganar-ganar, Límites internos- controlar los pensamientos

- Dificultad para asumir adecuadamente la propia realidad (nula conciencia)

- Dificultad para enfrentar de modo independiente las necesidades y deseos propios (cuidar de sí mismo)

- Dificultad para experimentar la realidad con equilibrio. Ambivalencia somos extremos del amor al odio, de sometedor a sometido, hacemos-no hacemos

Por vivir la vida de otros descuida su vida personal, por lo que necesitamos componer nuestra propia historia.

Una conducta adictiva es controlar obsesivamente las dificultades de otras personas.

El hombre suele evadir los problemas .

Un codependiente desarrolla los siguientes comportamientos:

1.   Resolutor.- resolver los problemas de los demás. Hacer su tarea

2.   Rescatador.- Salva de las crisis inmediatas a otros.

3.   Atadura

4.   Dependencia emocional.- todo lo que hace o dice otra persona me afecta.

5.   Control.- Necesidad imperiosa de controlar todo y a todos, qué piensan, qué sueñan, qué anhelan, horario.

Admitir mis incapacidades, ponerle nombre al problema que voy a afrontar:

1.   Miedo

2.   Meterme en donde no me importa

3.   Relaciones sanas con otras personas

4. Levantarme de buen humor

5. Mostrar mis afectos

6. Decir lo que pienso

7. Mostrar lo que siento

8. Tomar decisiones sabias y positivas

9. Entender lo que leo

10. Enojarme por cualquier cosa

11. Llorar por todo

12. Resentirme por cualquier cosa

13. No soy capaz de hacerlo todo

14. Gritar a los que digo que amo

15. Criticar

16. Reconocer la derrota

17. Incapaz de decir la verdad

18. Mi vida se vuelve ingobernable

Soluciones:

- Si nos sentimos seguros pisamos suelo

- Nadie puede cambiar a nadie ﹨

- Tomar las riendas de nuestra propia vida

- No debemos de vivir en el pasado

- No vivir el futuro, ya que es totalmente desconocido

- Vivir el presente, aquí y ahora

- Controlar mis pensamientos.

- "Me rescato a mi", resolver mis conflictos personales e interpersonales.

- Vivir a través de principios en lugar de vivir a través de las personas.

- Hay ayuda disponible: Clínica de recuperación, terapia, y los 12 PASOS

- Aceptación plena de mi realidad

¿Cuál es la ayuda disponible?

Existen muchas fuentes de ayuda para el problema de la adicción, tanto para el adicto como para su familia. Una clínica de recuperación, terapia personal y/o familiar, y sobretodo el programa de recuperación de los 12 pasos.

¿Recuperar qué? Es posible que nos hagamos esta pregunta, pues no entendemos que tiene que ver que un integrante de la familia haya perdido el rumbo y yo tenga que iniciar un programa para recuperarme. He aquí algunas de las cosas importantes a recuperar:

- Sano juicio

- La alegría de vivir

- La cordura

- El control de mis pensamientos y mis sentimientos

- La paz mental, emocional y espiritual

- La autoestima sana

- El equilibrio

- La independencia.

Aprendes a vivir con calidad, se te quita la angustia, el miedo y lo devaluado.

Hablemos de los 12 pasos y sus infinitas posibilidades para hacer de cada uno de nosotros un SER DE LUZ.

LOS DOCE PASOS

1.   Admitimos que éramos incapaces de afrontar solos el alcohol, y que nuestra vida se había vuelto ingobernable.

2.   Llegamos a creer que un Poder Superior a nosotros podría devolvernos el sano juicio.

3.   Resolvimos confiar nuestra voluntad y nuestra vida al cuidado de Dios, según nuestro propio entendimiento de Él.

4.   Sin temor, hicimos un sincero y minucioso examen de consciencia.

5.   Admitimos ante Dios, ante nosotros mismos y ante otro ser humano, la naturaleza exacta de nuestras faltas.

6.   Estuvimos enteramente dispuestos a que Dios eliminase todos estos defectos de carácter.

7.   Humildemente pedimos a Dios que nos librase de nuestras culpas.

8.   Hicimos una lista de todas las personas a quienes habíamos perjudicado, y estuvimos dispuestos a reparar el mal que les ocasionamos.

9. Reparamos directamente el mal causado a esas personas cuando nos fue posible, excepto en los casos en que el hacerlo les hubiese infligido más daño, o perjudicado a un tercero.

10. Proseguimos con nuestro examen de consciencia, admitiendo espontáneamente nuestras faltas al momento de reconocerlas.

11. Mediante la oración y la meditación, tratamos de mejorar nuestro contacto consciente con Dios, según nuestro propio entendimiento de Él, y le pedimos tan solo la capacidad para reconocer Su voluntad y las fuerzas para cumplirlas.

12. Habiendo logrado un despertar espiritual como resultado de estos pasos, tratamos de llevar este mensaje a otras personas, y practicar estos principios en todas nuestras acciones.

Herramientas Familiares para la Recuperación, Agosto 2016, Instituto Nuevo Ser. "Salvador Valadez"

AL-ANON. (1995). LOS DOCE PASOS. En COMO AYUDA AL-ANON A LOS FAMILIARES Y AMIGOS DE LOS ALCOHOLICOS(44-45). EU: AL-ANO

Sábado 20 de agosto del 2016

El día de hoy mi marido y yo tenemos terapia familiar. En esta ocasión con la nueva terapeuta de Ricardo, Doris. Ya nos estaba esperando en la casa de cuidados extensivos. A ella la conozco porque he estado ya en varios talleres y conferencias. Me gusta mucho su estilo, por lo que el cambio de terapeuta lo vi como una buena oportunidad para la familia y en especial para Ricardo. Alan, con mucho profesionalismo eligió a la persona correcta para seguir con el tratamiento de Ricardo.

Cada terapeuta tiene su propio estilo de trabajar, y siento que es bueno que haya cambios. De esta manera el enfermo y la familia no nos ciclamos con lo mismo. Lo que sí puedo decir es que percibí que ella también tiene en sus manera de trabajar la recuperación total de sus pacientes.

Después de 8 meses que lleva Ricardo, internado, cada día nos vamos abriendo más a la enfermedad y a recibir toda la ayuda.

Cuando ingresamos a Ricardo, en la clínica en noviembre del 2015, mi mente estaba en su propia recuperación. Ignoraba todavía que la adicción era una enfermedad y que toda la familia estaba involucrada en la misma. Contando los 35 días de su desintoxicación y luego a ver que seguía. Poco a poco nos dimos cuenta que esto no es de un día para otro. Esto no es un problema de él solamente, esto no va a pasar. Los mismos terapeutas nos fueron involucrando más y más en esto. Ahora nosotros estamos también dentro de la misma recuperación. Yo estoy trabajando para mí, marido está trabajando para él, y juntos nos estamos preparando para poder acompañar a Ricardo en su proceso.

Mientras estábamos con Doris, mi marido le dijo "Doris, quiero por favor que me digas que puedo hacer para ayudar a Ricardo, en este proceso." Mi corazón dio salto de gozo al escuchar esto. Ya no lo culpa, ya no lo juzga, ya no dice "que manera de desperdiciar su vida." Ya se abrió totalmente. Ya se dio cuenta que esto es un día a día, que la recuperación requiere tiempo, paciencia y mucho amor.

La respuesta de Doris, fue muy clara y concisa. "Ámenlo y abrácenlo mucho. Ya que entienden la enfermedad y la conocen, vean a su hijo no con una etiqueta de está enfermo, véanlo como un hombre. Como un ser humano que merece respeto."

Yo con lágrimas en los ojos le dije Doris: "…que bueno que vine. Necesitaba mucho escuchar tus palabras…" y mi marido le dijo lo mismo. No cabe duda que aquí ya hay sanación. Ya se dio el perdón, los errores del pasado quedaron atrás, el miedo cada día va desapareciendo. Ahora estamos en el aquí y en el ahora, y con las preguntas siguientes ¿qué si puedo hacer? ¿Cómo lo acompaño?

Domingo 21 de agosto del 2016

Como todos los domingos, fuimos por Ricardo. Al subirse al coche nos preguntó: "Como les fue con Doris?" Le dijimos que muy bien, que nos había gustado mucho su estilo, diferente al de Alan. Que es más estructurada en la creación de criterios, lo que son las emociones, la consciencia, la disciplina y como mantener un balance.

Comienza entonces un diálogo entre mi marido y Ricardo. Ahora si dejé que ellos se comunicaran. Siempre he sentido que la imagen paterna es importante y si Ricardo ve el apoyo por parte de su papá, se va a sentir mucho mejor.

Papá: ¿Tú cómo te sientes con ella?

Ricardo: No puedo decir mucho. Solo llevo con ella dos semanas. En este momento prefiero a Alan porque he compartido más con él. Yo apenas hablo.

También mi consultor es nuevo. En todo mi proceso he tenido muchos cambios.

Papá: Eso te crea conflictos... Hay que saber cómo recibir los cambios. Con resignación, si lo haces con enojo, no lo ves como una oportunidad. Tú decide como los vas a recibir. Qué valor le vas a dar en tu vida diaria. ¿Te vas a estar enojando? o ¿vas a estar abriéndote a lo que vas a estar recibiendo? Hay verlo como una oportunidad. Los cambios te ayudan a madurar.

Ricardo: En esta semana me fue mejor. En la semana tenemos varias juntas pero la más importante es la de los lunes. Me retroalimentaron otra vez, me dicen que sigo siendo muy narcisista. La primera vez no lo tome tan enserio me lo dijo el psiquiatra, luego la terapeuta, luego tu papá, y otra vez la terapeuta.

Papá: ¿Como te ves tú? Yo percibo que tú te ves como una persona malvada en busca de perdonarse, dejar atrás algo, pero no te dejas no lo sueltas y te flagelas. Deja de amplificar tus problemas , para que puedas actuar, aléjate de la frustración, de los miedos, estas detenido en el pasado y no eres feliz.

Ricardo: La auto flagelación me afecta mucho, estoy leyendo un libro que se llama Neuróticos Anónimos. Primero viene la frustración y luego viene una explosión de temperamento. Luego llega a los defectos de carácter y si no son controlados, llegan al tormento.

Papá: ¿Como lo logras controlar?

Ricardo: Rompiendo el ciclo vicioso. Eso no lo quieres sentir. Haces acciones equivocadas y sigues el tormento y sigue el ciclo vicioso y me auto flagelo.

Papá: Entonces, ya te estas definiendo como neurótico.

Este proceso de dolor, yo lo estoy convirtiendo en aprendizaje y en acercarme a ti. Porque yo no voy a evitar lo que sucedió y lo que está sucediendo. Tengo que filtrar esa realidad y esas emociones mías. Les doy un camino ya que me dan energía. Esa energía me explota una serie de pensamientos, vivencias emociones. Es natural, lo que es diferente es el filtraje que le das a esas emociones.

Yo siento que no eres neurótico. Todas las personas envueltas con alcohol y drogas, tienen una falta de disciplina interior porque no han logrado establecer sus propios criterios. Deja de ver en negro y blanco. No te autodenomines siendo algo porque los demás te dicen. Un neurótico que dice que eres igual que él.

Todos tenemos historias, defectos, secretos, y sobrevivimos perdonándonos. Nos exigimos mucho y nos los cumplimos.

No tenemos la verdad. ¡Crea tu verdad! Si no procesas tus ideas y emociones te vas a se-guir haciendo daño. Todo lo que vivimos hay que verlo como un aprendizaje y cuando cier-tas vivencias nos hacen dàño necesitamos limpiar eso y buscar ayuda.

Las emociones que son naturales nos hacen ver, sentir, pero si no las sabemos manejar muchas veces amplificamos las cosas. Hay que saberlas experimentar para vivirlas, filtrar-las, y dejarlas atrás. La vida nos da el fogueo, las reglas urbanas ayudan, los limites en casa, para usarlas en el consciente y terminamos creando nuestras propias reglas. Cuando no tenemos ese filtro esas emociones detonan una serie de pensamientos que pueden no ser reales.

Nadie nace sabiendo. La vida te da vivencias positivas, negativas en ellas aprendes y desa-prendes. Hay que verlo como la foto de una película.

Yo me apapacho, cuando estoy de vacaciones, andar con la familia, ver una buena película, leer un buen libro, hacer lo que me gusta… Es una buena manera de darte la oportunidad de sanar."

Hay un gran silencio en el coche y le preguntamos que está procesando, y nos contesta.

Ricardo: "Lo del filtro y todo lo que me dicen lo tomo en serio. A veces reacciono muy melo-dramático."

Entonces yo le comenté que estuve en una conferencia el jueves y que ahí aprendí que ante las emociones no debemos de reaccionar sino de razonar. Eso te ayuda mucho a no entrar en conflicto ya que piensas más las cosas. Al razonarlas te ayuda a procesar mejor las emociones.

Ricardo: "Escucho mucho y absorbió mucha información y necesito distraerme. Durante mi proceso de la recuperación otra de las retroalimentaciones de que mis compañeros me dicen es que me tienen miedo.

Papá: "¿Cuantas veces le sonríes a la gente? ¿Que tan dispuesto estas en ayudar? Hay que ser más accesible, ser empático con lo que escuchas; estar más abierto a la crítica y antes de tomar un juicio, razónalo. Lo que te ayuda, recíbelo y lo que no te ayuda, desé-chalo. Una persona que no muestra sus emociones refleja ser una persona ruda, dura y aleja a la gente."

Tiene tantas emociones atoradas en su ser que le está costando mucho trabajo sanarse. Lo más importante es que se está abriendo, se está dando cuenta, está recibiendo retroali-mentación, y esto con paciencia se irá cicatrizando poco a poco.

Le pedí que cerrara los ojos, pusiera su mano en el corazón y que dijera la oración de la Serenidad en voz alta. Que hiciera pausas y dijera lo que la misma oración le va a ayudar.

Ricardo: "Dios concédeme Serenidad para aceptar las cosas que no puedo cambiar… No puedo cambiar mi pasado. Valor para cambiar las que puedo… recibir ayuda estar abierto a la retroalimentación y razonar más las cosas. Sabiduría para reconocer la diferencia…. Hacer más consciencia de mis actos."

Al llegar a casa, convivimos en plan familiar. Vimos parte de la clausura de los juegos olímpicos. Dentro de los gastos que tenemos con él, revisamos que podemos cancelar o reducir sus pagos mensuales. Se llegó el tiempo para regresar a playas.

Durante el camino estuvo hablando de sus demonios. ¡Dios! Pareciera que tiene todo un juego de PlayStation en la cabeza. Ahí su papá le preguntó: "¿A qué te refieres con eso?"

Ricardo: "Bueno así como tengo a mi ser superior, pues debo de tener a mis demonios."

Papá: "Esos son puros pensamientos negativos. Esos demonios te los estás creando en la cabeza. Debes de acercarte más a tu ser superior para ir eliminando esos pensamientos."

Cuando ya se trata de las emociones de las personas, no hay como tener el corazón y la mente, conectados y abiertos, para razonar y dar amor al mismo tiempo. Es la única manera para que uno pueda ponerse en el zapato del otro. Si reaccionamos, lo que se origina son discusiones de ver quién tiene la razón. Aquí lo más importante es sanar las heridas. Hay que ayudarlo poco a poco, a que empiece a razonarlas. Ayudarlo a ver que muchas están ya en el pasado. Que lo más importante es que se perdone para que empiece a perdonar a quienes le hicieron daño, aún y que ellos no le pidan perdón. Una vez que acepte eso, comenzará todo su proceso de sanación.

Hablamos mucho del perdón, de lo importante que es para la propia recuperación. Él nos comentaba que está tan lastimado que no siente pedir perdón, o perdonar. Le dijimos si alguien te dice "con lo que me dijiste o hiciste me hiciste daño", aunque tu intención no haya sido la de lastimar, hay que pedir perdón.

Yo: "Haz el siguiente ejercicio y verás lo bien que te vas a sentir cuando se lo digas a alguien.- Si lo que dije o hice te lastimó, esa no fue mi intención, y te pido una disculpa.

Dime una cosa Ricardo, cuando alguien te lastima, ¿verdad que quisieras que se disculpara? Tienes que darte cuenta que muchas veces hacemos cosas sin darnos cuenta. Si lastimamos a los que están cerca de nosotros y no sabes cómo van a reaccionar. Tenemos que estar muy pendientes de lo que hacemos y/o decimos. Porque si lastimamos a alguien y nos lo retroalimentan, hay que ser humildes de corazón y pedir perdón. Si tu pides que los que te lastiman te pidan perdón, empieza tú en reconocer tus errores y a pedir perdón.

Las personas de tu pasado que no te pidieron perdón, es muy probable que ni se hayan dado cuenta de que te lastimaron. Ellos ya están en otro lugar. Sin estar con ellos, empieza a perdonarlos de lo que te hicieron y así empezarás a sanar muchas heridas que tienes. No necesitan estar ellos presentes, solamente cierra los ojos, abre tu corazón y di, fulanito te perdono, y así sucesivamente. Va a ser la única manera de que tú vayas a empezar a sanar esas heridas, y continuar con tu vida recuperado."

¡Gracias Dios! Al saberme habitada por ti, sentirme amada por ti, estoy pudiendo acompañar, escuchar, amar, abrazar y perdonar a mi hijo. Porque con amor todo camina, todo se perdona, todo se incluye y todo se sana.

Domingo 28 de agosto del 2016

Vamos temprano por Ricardo, y en el coche ya vengo pensando cómo le fue en esta semana. Ha estado las últimas 3 semanas con mucha frustración. No estoy preocupada, he logrado soltar. Ya que sé que está en el lugar donde va a encontrar ayuda. Sé que tiene que hacer consciencia para dejarse guiar y poder trabajarlo.

Llegamos a la casa de cuidados extensivos y le avisan que ya habíamos llegado. Y al verlo, lo noté diferente, ya no se veía ansioso, lo percibí más tranquilo.

En el coche, venimos charlando mi marido y yo sobre un programa que vimos la noche anterior del canal de National Geographic. Cuando terminamos el tema y hubo silencio. Ricardo, empieza a hablar y nos dice una maravillosa noticia:

Ricardo: "Ya terminé mi 3er., paso el cual me costó mucho trabajo. Puse todo de mi parte y se lo entregué a mi consultor. En las siguientes semanas voy a trabajar en mi 4o paso. Se han hecho varios cambios en la casa. Antes para vivir el cuarto y quinto pasos se iban a la sierra de fin de semana y eso me hubiera gustado haber vivirlo. Ahora con los nuevos estatutos, los voy a trabajar con mi consultor.

En todo este mes de agosto, he estado mal. Mis compañeros se han preocupado por mi y en la junta general que hay los lunes, me han estado retroalimentando. Le doy mucha importancia a las retroalimentaciones y me sentía atacado. Por estar a la defensiva, no caía en cuenta de lo que me estaban diciendo. Estaba terco y necio hasta que reaccioné y me abrí a lo que me decían. "

Papá: "¿Qué hace uno cuando completa un resultado?, ¿Cuando logras algo?"

Ricardo: "Me siento bien. Debo apapacharme y celebrarlo. Antes lo celebraba y me iba al bar a echarme unas copas con mis amigos o solo."

Papá: "Y ahora, ¿qué puedes hacer? Porque las cosas buenas se celebran. Y no necesitamos del alcohol o de alguna otra sustancia. Estas completando una fase. Has crecido mucho como persona, y eso hay que celebrarlo. Estamos muy orgullosos de ti.

Vámonos a comer fuera. Tu mamá ya tenía planes para cocinar una lasaña pero, ¿qué tal si mejor nos vamos a un restaurante de comida china que a ti te gusta mucho y celebramos este gran paso?

Yo: "Ricardo, ¿cómo te sientes ahora con tu nuevo consultor? Porqué me da la impresión que has tenido un cambio positivo en lo que estás haciendo.

Ricardo: "Me frustre mucho con los cambios de mis consultores, pero Erick el que tengo ahora, me ha orientado mejor. Y estoy seguro que con él voy a trabajar muy bien mis cuarto y quinto pasos."

Papá: "Hay que disfrutar de los logros por más simples que sean. Una auto motivación nos viene bien a todos. ¡A celebrar todo lo que la vida nos da!"

Ricardo: "Estoy trabajando con Doris el autoestima y me puso hacer una tarea en la cual vienen muchas preguntas. En cada número hay una frase para completar la oración; por ejemplo: si yo me aceptara, yo..... Tengo que responderla 7 veces. Ahora que la estoy realizando me está haciendo ver quien soy.

Yo: "¿Quién eres? … ¿Como te has sentido trabajando eso?

Ricardo: "Esta fuerte porque estoy viendo mi lado bueno pero también veo mi lado malo. Lo rechazaba mucho y ahora ya lo estoy viendo. No quería verlo tampoco en las demás personas y entonces venía la decepción. Yo me acostumbre a ignorar y escapar de mis defectos. Ahí es cuando mi vida se desvió. Y ahora con este programa estoy recuperando todo: mi corazón, mis sentimientos y mis habilidades.

Llevo 3 sesiones de terapia con Doris, es muy diferente pero es muy buena en lo que hace y la respeto por eso."

Papá: "Estas encontrando ya el lado positivo y que te beneficia con tu nuevo consultor y terapeuta. Antes no dejabas entrar a las personas y ahora estas filtrando las cosas. Unas las tomas y otras las dejas ir. Todos tomamos unas cosas y otras no. A eso se le llama filtro y hay que nivelarlo y desarrollarlo."

Ricardo: "Es muy directa y eso me gusta. Me siento tranquilo, en paz. Porque ya la estoy agarrando, ahora en el cuarto paso voy a enfrentar miedos y temores."

Papá: "Estás en un lugar donde tienes quién te ayude. No estás solo, antes no confiabas en nadie, ahora ya tienes otra forma de pensar. Viene una prueba muy difícil, pero tienes la confianza para sacarla adelante."

Ricardo: "Si la tengo."

Les avisé a las chicas que nos íbamos a ir a comer fuera, ya que estábamos de celebración. Al llegar a casa, lo recibieron con abrazos, felicitándolo y diciéndole lo orgullosas que estaban.

Así que lo esperamos a que se bañara, arreglara y nos fuimos a celebrar. Estamos de fiesta por este gran paso que hemos dado todos y eso se lo debemos a él. A su cambio, a sus enseñanzas y a reconocerse que es una gran persona.

Ya de regreso a Tijuana, nos explicó más o menos de lo que eran los siguientes pasos; que quizás iba a estar en la casa de cuidados extensivos un par de meses más.

Papá: "Ricardo, no te preocupes por el tiempo que estés ahí, sabemos que ya son 9 meses."

Yo: "Escuchándolos hablar, esto venía pensando: Han sido quizás los mejores de su vida y los mejores de nuestras vidas. Estamos rescatándonos todos. No tenía idea de lo que era el programa. No sabía que esto era una enfermedad. No sabía que se requería tiempo, paciencia, confianza y sobre todo, amor a mi y a él. Ahora que lo se, vamos a caminar juntos en toda esta recuperación."

Ricardo: "Papá seguí tus consejos y empecé a sonreír, a sonreírle a la gente. Me di cuenta que se siente uno diferente. Las personas instantáneamente te responden con una sonrisa. Era yo que tenía miedo de la reacción. Tenías razón ahora lo voy a hacer más seguido."

Llegamos a casa y con los libros que tengo de Alanon, le expliqué a mi marido lo que sigue para Ricardo. Nos dimos cuenta que iba a ser duro para él y para todos. Damos gracias a Dios por la paciencia que nos ha dado para poder estar en este programa; porque hemos tenido la gran oportunidad de darnos cuenta que nosotros no podíamos ayudarlo y de que está en un lugar donde lo están poco a poco reconstruyendo. Tengo ya tal confianza del programa y de los terapeutas, que si tuviera los ojos vendados caminaría con la certeza de que no me iba a tropezar.

Audio Conferencia de Autoayuda

"El Perdón"
Salvador Valadez

Viernes 2 de septiembre del 2016

Acabo de ir a caminar. Mientras caminaba escuche en YouTube el audio de la conferencia que impartió Salvador Valadez acerca del PERDÓN. Me llegó tanto, que la voy a volver a escuchar ya en casa tranquila, para poder hacer anotaciones. La manera en que explica el proceso es tan maravilloso, que vale la pena escribirlo para poder hacer el ejercicio a consciencia y así lograr PERDONARME.

Algo de lo que aprendemos desde pequeños, sobre todo cuando nos vamos a preparar para hacer la primera comunión (los católicos), es que el perdón es absolución. "Te equivocas, te peleas con tus hermanos, le robas a tu mamá un peso de su monedero, agredes a la maestra, vas te confiesas el padre te absuelve te pone un castigo y listo." Sigues amolado, pero perdonado. Lo vuelves a repetir, al cabo vas lo confiesas y te absuelven. Y lo repites y lo repites… sigues amolado solo que absuelto. Este es un sistema absurdo. Siempre confesando lo mismo, que no sirve de nada. Lo que sucede con esto es que ya no sientes culpas. La culpa te la quita otro y te absuelve. No te da la oportunidad de enfrentar las consecuencias de tus actos y de cambiarlos para mejor. Eso no nos los enseñan.

Por otro lado nos han enseñado, y no nos lo han enseñado abiertamente, explícitamente sino implícitamente en nuestra educación; por ejemplo, "YO TE PERDONO". Yo, el bueno te perdono a ti, el malo. El perdón, se convierte entonces, en una postura de magnanimidad. El bueno contra el malo.

Se nos dijo también que el perdón es un acto que yo debo de hacer contigo y tú conmigo. Más aún, yo te pido perdón por lo que hice para que se me quiten los sentimientos de culpabilidad. No porque estoy arrepentido por lo que hice porque siento que te lo mereces, pero como te lastime PERDONAME. Tu perdón me va a servir para liberarme a mí.

Ninguna de estas cosas aprendidas son PERDON" son como espejismos de esta palabra.

Por lo que empezó a hablar de la enseñanza de Al Anon con respecto al PERDÓN. Leyó entonces, la lectura del 29 de abril de, Un día a la vez de Al Anon,:

"Un poco de meditación en la palabra perdonar puede ampliar y profundizar grandemente nuestra comprensión de este término.

Se nos pide que perdonemos a los que nos perjudican. A menos que primero hayamos juzgado y condenado a esas personas por lo que han hecho, no habrá razón para que las perdonemos. Más bien, tendremos que perdonarnos a nosotros mismos por haberlas juzgado.

La Biblia dice: "No juzguéis para que no seáis juzgados." Erramos, pues, si juzgamos, no importa cuán grave haya sido el perjuicio o con cuánta premeditación haya sido hecho. Si seguimos esta línea de pensamiento hasta su conclusión lógica vemos que podemos perdonarnos únicamente a nosotros mismos. Al hacerlo, también perdonamos a la persona cuya acción nos ha provocado resentimiento.

Recordatorio para hoy

La expresión "amarás a tu prójimo como a ti mismo" me dice que debo hacer las paces conmigo mismo antes de estar en condiciones de aprender a amar a otros. Debo tener presente siempre que no puedo conocer los motivos ni todas las circunstancias de otras personas; por eso debo aceptarlas, por mi propio bien, tales como son. Un ingrediente importante de esa aceptación es la tolerancia motivada por el afecto.

"Padre perdónalos, porque no saben lo que hacen"

"Y perdóname por juzgar y por vengarme. Ayúdame a perdonarme a mí mismo; sé que éste es el primer paso hacia la seguridad espiritual".

Escuchando esto por segunda ocasión, y poniendo más atención al audio, me doy cuenta del significado de esta gran palabra. Abierta al aprendizaje; aprendo y comprendo este nuevo conocimiento, ahora que tengo ya más consciencia del significado de la palabra PERDON, voy a empezar a perdonar con CALIDAD, y al mismo tiempo puedo perdonar todo lo que pasó en el pasado.

Yo soy la que estoy mal. Yo soy la que debo de perdonarme. Yo soy la que debo de concientizarme, para estar bien conmigo misma y con los demás. En lugar de querer cambiar a los demás, yo soy la que debo de cambiar.

Si yo juzgué y condené a la persona que me hizo daño, entonces soy yo la que me debo de perdonar. Si no lo hice no tengo nada que perdonarle.

Salvador, nos comparte esta frase del P. Larrañaga que dice: "Si comprendiéramos no tendríamos nada que perdonar" Pocas veces, somos ofendidos, muchas veces nos sentimos ofendidos.

Para poder entender lo que está diciendo, Salvador hace esta pregunta a los asistentes: ¿Quién se hace más daño el que odia o el que es odiado?

Continuando con su explicación, dando este ejemplo: Cuando una persona que te hace daño si tu no partes de la premisa que has juzgado y condenado y te enfocas en el bueno y en la víctima y el otro en el malo que te hace daño, automáticamente hacemos algo que se llama resentirte.

El resentimiento es una palabra griega que significa volver a sentir. Los seres humanos solemos revivir el pasado. Lo traemos al presente y lo volvemos a sufrir como si estuviera pasando. ¡Y YA NO ESTÁ PASANDO!

AL-ANON. (2000). 29 DE ABRIL. En UN DIA A LA VEZ EN AL-ANON(120). USA: AL-ANON

El resentido es la persona que se traga el veneno con la esperanza de que el otro se muera.

A veces, adivinamos o suponemos la perversidad en el acto ajeno y la mayor cantidad de veces, lo que el otro nos hizo fue en defensa propia. No te estaba atacando se estaba defendiendo de ti. En muchas ocasiones provocamos situaciones difíciles y luego escondemos la mano, cuando nos están hablando ponemos malas caras, o no cuidamos los tonos de voz, no hacemos lo que se nos pide, tenemos rivalidades, etc. Arrojamos la piedra y luego escondemos la mano. Después nos asombra la respuesta de los otros y cuando nos hacen daño por defensa propia, entonces nos resentimos.

Esto que nos comparte Salvador, es muy importante. Cada ser humano tiene razones de sobra para ser como es, nada es gratis. La forma en que me tratan los demás tiene mucho más que ver con ellos que conmigo. Ningún ser humano actúa en mi contra.

El egocentrismo hace que cada uno se sienta víctima de los demás.

Lo que hace cada ser humano a mi alrededor lo hace por lo que tiene en su cabeza y en su corazón, no por mí. Todo eso se debe a todos sus antecedentes de vida: su historia personal, su educación o falta de ella, su experiencia de vida, y no tiene nada que ver conmigo.

Aquí podemos cambiar la forma de ver la vida. Podemos ya experimentar el dejar de culpar a los demás de lo que nos pasa.

Al comprenderlos, y saber que tiene su propia historia de vida, entonces yo ya no me siento agredido por ellos. No tendría nada que perdonarles.

Aquí lo que tenemos que trabajar y considerarlo importante es la razón y no la reacción. Si yo razono ante cualquier insulto: yo no acepto su insulto. Me dijo una mentira, no es verdad lo que dice, se equivocó… ¿por qué me ofendo? No tiene caso.

Todo lo que hago yo como individuo está justificado, ¿pero lo que hacen los demás está mal? ¿Hay que juzgar y condenar? Esto es muy importante. Definitivamente hay que hacer actos de consciencia.

Escuchando bien lo que está diciendo Salvador y hacerlo consciente, si yo no razono sino reacciono, me hundo yo misma. Mi problema no está afuera, esta dentro de mi.

Debo de dejar de juzgar a la humanidad y condenarla.

Si yo tengo razones de sobra de ser como soy, todos tienen el derecho de ser como son. Nadie actúa en función de mi.

Una persona resentida se convierte en una persona muy dañina, no soluciona nada. El resentimiento no hace que el que te hizo daño cambie, en cambio el daño se eterniza.

¿Que hago cuando ya juzgué y condené? Tenemos que llegar al proceso interno del perdón personal. No tiene nada que ver con los otros. Tiene un proceso de 6 etapas y hay que aprenderlas para que cuando perdonemos nos sintamos liberados. Nos conviene perdonar a aquellos que nos hicieron daño. Al hacerlo, vamos a descansar, vamos a sacar a esas personas. Los otros no tienen que saber que los hemos perdonado. El perdón se otorga con actos de AMOR.

Ya no me hago cargo de ti, me hago cargo de mi, de mi calidad humana. Por lo que nos conviene perdonar.

Ahora nos comparte las tres razones principales por las que el ser humano no quiere perdonar.

• No perdonamos, porque creemos que al hacerlo indultamos al perdonado, es decir lo absolvemos de toda culpa; y nos hizo un daño grave. ¿Cómo que no pasó nada? Si, sí pasó. El daño fue del tamaño que fue y el dañador hizo ese daño. Si yo te perdono me libero a mi y no a ti. Porque tu que hiciste el daño tendrás que contender con la consecuencia de tus propios actos. La vida es muy savia y siempre se cobra la factura. Nunca habrá un día en esta humanidad, en que la vida no nos cobre. Como en un boomerang, lo que nosotros vivimos: actúa bien te va bien, actúa mal te va mal. Esa es una consecuencia, una ley de vida, es algo lógico. En la naturaleza no hay premios ni castigos, solo consecuencias. Esta vida se encargará de cobrarle al dañador, el daño. No se lo tengo que cobrar yo. Él lo tiene que pagar. Yo te voy a perdonar, pero perdonarte no quiere decir que te eximo, que te indulto, que te absuelvo. El perdonarte quiere decir que no te cargo más en mi corazón. Que no tengo rencor hacia ti, que estoy libre de ti y del daño que tú me hiciste. Te puedo mirar en paz y a los ojos. Pero tú tendrás que pagar las consecuencias de tus actos.

• Otra razón por la que no perdonamos, es porque creemos que si perdonamos, minimizamos el daño. Esto no es verdad, el daño está de su tamaño. Si te perdono el daño seguirá de su tamaño pero con una gran diferencia: si yo no te perdono me seguirá haciendo daño, y si te perdono ya no me hace daño aunque sea grande. Esa es la gran ventaja del perdón. El dañador, tendrá que enfrentar la consecuencia de su acto.

• La razón más fuerte por la que los seres humanos no perdonamos es, que cuando te enojas con alguien y te resientes, puedes fácilmente guardar distancia, incluso no volverle a hablar. Mucha gente piensa, que si perdona a esa persona, le tiene que volver hablar como si nunca hubiera pasado nada. ¡No! Yo puedo perdonar y ejercer un derecho que Dios me dio extraordinario. Un poder, el poder de elección. Yo te perdono pero elijo no relacionarme contigo. Tú no lo vas a saber lo voy a hacer yo, es una cuestión mía, es una disyuntiva propia. Yo te perdono y al perdonarte te sales de mi corazón. El daño que me hiciste no me daña más, pero yo elijo no relacionarme contigo. Porque no tienes ayuda, porque sigues mal, porque aún eres agresor y porque no me voy a exponer, por amor propio.

"EL PERDON ES UNA TAREA MIA, EN UN PROCESO INTERNO MIO" no tiene que ver con nadie más. Se va a notar porque te vas a sentir ligero, liberado.

La gente que perdona está feliz, está en paz consigo mismo y con la gente que le rodea, porque comprende. Si comprendiéramos no habría que perdonar.

Proceso del perdón:

Dolor

Cuando alguien te hace un daño, entras en la primera etapa de este proceso. Se llama dolor y te duele que te hayan hecho daño. El dolor es una emoción natural humana, permisible. Hay que dejarla fluir para que se vaya. Si nosotros lo sacamos y entramos en contacto con esta emoción, la dejamos fluir y lloramos y la dolemos, eso quiere decir que la estamos ayudando a salir. Entremos en contacto con el dolor, es válido. Duele, duélete, si tú te dueles el dolor se va solo.

En este proceso del dolor, podemos caer en el error y convertirlo en sufrimiento. El sufrimiento no existe, lo inventan las mentes enfermas, es optativo, yo decido si sufro o no sufro. El sufrimiento y hacerte víctima es una calentura mental.

Rabia

Si tu dejas fluir tu dolor, puedes pasar a la siguiente etapa que es la rabia. Hay que enojarse, se vale enojar por lo que nos hicieron. Gritar: "…no se vale, por qué a mí, son fregaderas, no quiero…" Es una etapa necesaria, es lógica, es una respuesta natural del género humano. Enójate, golpea una almohada, no a la persona, ni los nudillos en la pared, no se trata de hacer más daño, se trata de sacar la rabia. Se vale estar enojado, hay que trascenderla y desahogarla. El que se enoja pierde solo si no la dejas ir. Y si no lo la dejas ir, se convierte en venganza. No podemos quedarnos enojados para siempre. Una persona resentida, se daña a sí misma y a todos los que la rodean.

Negación

La siguiente etapa es la negación. Niegas lo que dices y lo que haces o dices una cosa y haces otra. El perdón trasciende esta etapa. Al quedarnos en esta etapa solemos minimizar el daño. "No fue para tanto. Ya ni me acuerdo de eso." Pero nos sigue dañando la existencia. No hay libertad interior cuando nos quedamos en la negación. Tendemos a negar que se nos ha dañado. La verdad sale a flote siempre y nos seguirá dañando. Hay que trascenderla y dejar de negar el daño hecho.

Comprensión

La siguiente etapa del proceso es la comprensión. Empezamos a comprender nuestra propia enfermedad y la de nuestro familiar. La comprensión te da ideas claras de porque las otras personas actuaron así contigo. Al comprender, empiezas a trabajar esa maraña de resentimientos y los vas soltando. En la literatura de Alanon, se habla de un proverbio de los Indios Sioux, "Si quieres comprender al otro camina un kilómetro en sus mocasines". Cada ser humano tiene razones de sobra para ser como es. La comprensión abre puertas extraordinarias. La comprensión nace de la investigación y del conocimiento. Hay que estudiar. Para que yo pueda comprender a alguien tengo que entender su propia situación.

Comprender que nuestro familiar alcohólico/adicto no es malo, que es una persona enferma. Eso cambia mi manera de verlo y mi propia perspectiva. Ya no me siento agredido por él. Ahora lo entiendo, lo comprendo y no tengo nada que perdonarle.

Yo Maria del Carmen Blanco Fernández, debo de darle gracias a Dios de que no soy una alcohólica/adicta. De que la adicción es una enfermedad y así cambio el concepto sobre mi hijo Ricardo. Eso a mí me da una liberación.

Salvador nos sugiere que hagamos el siguiente ejercicio. Si yo estudio la enfermedad, entiendo que pasó con mi alcohólico/adicto. Así podré deslindar responsabilidades. Me doy cuenta que no me hizo nada a mi. Esta etapa me lleva a la aceptación de los hechos. Si yo comprendo que: Él está enfermo, yo también estoy enfermo. Él actuó, yo reaccioné. Comprendo por qué me lastimó tanto el daño. No fue él, fui yo con mi reacción enferma. Acepto que yo tuve parte de responsabilidad en mi propio daño.

No es fácil llegar a esto, pero hay que hacerlo por amor a nosotros mismos, por liberación interna.

Perdón

La última etapa es el perdón. Cuando tú haces todo esto la gente se te sale del corazón. La misma con la que estaba resentida. Este mismo proceso sirve para perdonarte a mí mismo.

Si tengo culpas tengo que perdonarme a mí. Si tengo resentimiento, tengo que perdonar a los que me hicieron daño. En ambos casos me estoy haciendo daño a mí mismo. Más que el daño que te hicieron los otros.

Después de escuchar, meditar y hacer mía el audio de Salvador Valadez, A yo, María del Carmen, me comprometo a no volver a juzgar ni a condenar. Aceptar a las personas como son. Sus razones tienen de su comportamiento así como yo tengo la mía. De esa manera podré liberarme de los daños, de las personas, de los resentimientos y perdonarme. Podré gozar de LIBERTAD y FELICIDAD.

Hacer consciencia y reconocer que yo también dañé a muchas personas, que no solo me lastimaron. De esa manera podré hacer todo un proceso de perdón. Podré perdonar los daños que me hicieron y ser perdonada de los daños que yo hice.

Domingo 4 de septiembre del 2016

Cada vez veo a Ricardo, más sereno. Ya está ahora sí, en el proceso de la consciencia. Me siento tranquila. Ya lo disfruto, ya no siento miedo. Ahora siento una fuerza interna que me está empujando a mí, a seguir adelante. Estoy confiando cada día más a mi poder superior y veo que mi hijo ya lo encontró también.

Esto es un trabajo constante y para toda la vida. Defectos de carácter vamos a tener siempre. Lo importante es hacerlos conscientes para trabajarlos.

La comunicación que tiene ahora con su papá es plena, sincera, abierta. Ya no le teme, ya no lo juzga. Entre los dos han encontrado un acercamiento de respeto y de amor. Cuando escuchas de verdad a las personas, es más fácil que ellas se abran y te confíen

Salvador Valadez. (2016). El Perdón. 2016, de Conferencias de Autoayuda Sitio web: https://www.youtube.com/watch?v=PKOGrRZJtEw

sus sentimientos. Todos tenemos temor que las personas nos utilicen y nos lastimen. Ahora veo a Ricardo totalmente abierto a su padre, porque ha descubierto el verdadero amor incondicional. Al tener fe en él, esta encontrando la confianza perdida. Al sentirse escuchado y respetado está empezando a desahogar muchas cosas que tenía atoradas y no las podía soltar. Ahora él escucha también, y está descubriendo a un papá con miedos, con frustraciones. Ahora se están entendiendo, se están comprendiendo, están siendo empáticos, la comunicación fluye y se siente amado.

Como dijo mi gran maestro Juan Lafarga "El núcleo profundo de la comunicación está en darnos mutuamente, el derecho humano de ser diferentes y de pensar, sentir y actuar en consecuencia"

Jueves 8 de septiembre del 2016

Estoy en el súper, y checo que tengo una llamada perdida y un mensaje de voz de la terapeuta de Ricardo. Era Doris, y dejó grabado: "Bonita me urge hablar contigo. Por favor llámame," ¡Bueno, que puedo decir! Mi corazón empezó acelerarse y la mente a sacar conclusiones. Entonces me dije: "¡Basta!" Hice la oración de la serenidad y me calmé. Marque a la casa de cuidados extensivos y me comentan que Doris está en una llamada. Le dije al que me contestó: "…por favor dile que me estoy reportando a su llamada." Ya en la caja para pagar mi despensa, suena el teléfono y era Doris. No sé qué cara hice cuando empecé a escucharla que la cajera estaba intrigadísima, pero yo casi grito de la emoción. Recibí dos noticias una mala y una buena, la mala era de que Ricardo, estaba en su fase "cero". En ese momento le dije "¡Ya sé la buena!." Ya está por trabajar de fondo en su 4º paso. Se va a encontrar con él mismo. Va a estar en retiro espiritual, a entregarse totalmente a su ser superior. ¡Dios! Escribiendo esto se me salen las lágrimas de emoción. Yo si he experimentado a Dios en mí. El saber que Ricardo ya está en ese proceso me causa una alegría tan grande. Se va a perdonar, va a perdonar, se va a empezar a amar, a comprenderse, a saberse un ser único, a saberse lo valioso que es.

Le dije a Doris: "… por favor, dile que lo amamos con todo nuestro ser. Que estamos muy orgullosos de él y que estamos acompañándolo en todo este proceso." Y ella me dijo: "Ahora mismo se lo digo, para que sepa que tiene la bendición de ustedes."

Este fin de semana no lo veremos. Yo feliz porque sé que es lo que está pasando en él. Desde aquí le mando mi bendición y todo mi amor para que tenga un encuentro con él mismo maravilloso.

Ya en casa guardando todo el súper, le conté a Marcela la buena noticia. Puso una cara de felicidad porque sabe muy bien todo lo que ha pasado su hermano y desea de todo corazón que él esté mejor. A mi marido no le hablé preferí mejor esperar y aguantarme para decírselo en persona.

Son ya las 7:30 p.m. y llega Ricardo mi marido a la casa. Me saluda y siempre me pregunta qué cómo estoy y cómo pasé el día, y le comparto la buena noticia. Nos abrazamos como por 5 minutos, haciendo respiraciones profundas e interconectándonos por el inmenso amor que nos tenemos y que le tenemos a nuestro hijo. Porque este proceso nos ha unido más. Hemos entregado nuestro corazón a nuestro ser superior y él nos ha dado la mano para acompañarnos y bendecirnos todo este tiempo.

Ahora dispuestos a seguir en este camino de amor, de perdón y de comprensión sabiendo que pronto Ricardo estará en casa. Lleva casi 10 meses en la casa de cuidados extensivos y han sido de mucho aprendizaje. De crecimiento, de conocernos, de entender, aceptar y enfrentar a una enfermedad como lo es la adicción.

Lunes 26 de septiembre del 2016

El viernes 23 de septiembre, asistí a un Foro "Manejo Integral de las Adicciones" en el Instituto Nuevo Ser. Saber que me hayan incluido dentro de los invitados ha sido todo un honor y una responsabilidad muy grande. Ahora que tengo el conocimiento de muchas cosas que les suceden a los jóvenes al salir a divertirse y en los peligros a los que se pueden enfrentar, esta es una manera de poderlos ayudar más fácilmente. Que aprendan a cuidarse y tengan la fuerza necesaria para decir "No".

Fue una mañana intensa. Me doy cuenta que he vivido en una burbuja toda mi vida. Logré escapar de muchos peligros, y puedo sentirme agradecida por ello.

Con toda la información que recibí, me siento fuerte. Me siento segura de ahora si tener las herramientas necesarias para ayudar a mis hijos. Que ellos sepan cómo dar la cara a este tipo de dificultades, y al mismo tiempo poder ayudar a otros.

Al día de hoy, tenemos ya 3 semanas de no hablar y de no ver a Ricardo, sabemos que está en un proceso de encontrarse a sí mismo. Por medio de Doris, su terapeuta sé que está bien.

Ahora en este momento estoy en casa, tranquila, totalmente acompañada y amada por Dios.

Haciendo consciencia de estos 10 meses que han pasado desde que internamos a Ricardo. Al sentirme confiada de que está en un lugar donde lo están ayudando, yo he tenido la oportunidad de trabajar en mí.

En estos días, reconozco que he hecho cambios. Ya el mundo y las personas a mi alrededor no giran sobre mí. Soy yo la que gira sobre mi misma. Yo soy la responsable de mis propios actos y he soltado a los demás para ya no sentirme ofendida. Cada uno se comporta conforme lo que tiene en su ser y no por eso lo hacen en contra mía o por mí. Ya no quiero juzgar ni condenar a nadie. Estoy perdonándome por lo que anteriormente y con inconsciencia, acepte como agresión. Estoy haciendo consciencia y dándome cuenta de muchos de mis defectos de carácter. ¡Vaya, qué responsabilidad tan grande! Aunque no ha sido fácil, lo estoy haciendo de una manera como si fuera un hábito. Como poner en una balanza: por un lado mis cualidades y por el otro mis defectos. Si las cualidades me hacen mejor persona, a seguir trabajándolas, para que mis propios defectos vayan desapareciendo. Y algo muy importante también que he trabajado es: antes de hablar o de actuar, razonar para que siempre salga lo mejor de mí.

Esto me está ayudando de tal manera, que ahora si podría decir que me siento preparada para recibir a Ricardo en casa, y seguirlo acompañando en este proceso de recuperación.

Entender en verdad lo que es la adicción, lo que implica tener un adicto en casa, abre muchas puertas para la recuperación de todos. Han sido varias cualidades importantes que he aplicado en este proceso. Mi amor incondicional hacia mi familia, la paciencia, la fuerza de voluntad y la persistencia, esas 4 me han ayudado a mi, y por consiguiente a todos en casa. Esto no ha sido fácil, ha sido doloroso y va a ser para toda la vida. Poniendo en práctica todo esto, nos va a ayudar a vivir el día a día.

Jueves 29 de septiembre del 2016

Durante la semana, recibí una invitación por parte de la terapeuta de Ricardo, para asistir a un taller de Arte-Terapia "El lenguaje del Corazón y el Alma". Se llevaría a cabo el miércoles 28 de septiembre por la tarde. Confieso que no leí bien ni la invitación ni el correo electrónico, simplemente dije no voy. "Acabo de asistir a un Foro y el siguiente fin de semana iré a un encuentro familiar...", por lo que simplemente lo dejé pasar.

El lunes Doris, me avisó del taller comentándome que iba a estar muy bueno. Pero le dije "...no puedo Doris..." Me dice, "Es para los residentes de la casa de cuidados extensivos y pacientes de clínica..." Lo que es no leer bien. Esto es para Ricardo, entonces hablé al Instituto Nuevo Ser para que anotaran la asistencia de Ricardo. Además me atreví a preguntar si podría yo asistir, y me dijeron que sí. "Esto es para los residentes, pero usted está cordialmente invitada."

En este momento me siento una persona verdaderamente bendecida. He recibido infinidad de oportunidades para sanarme, perdonarme y a darme cuenta que puedo ser luz.

Comparto mi maravillosa experiencia:

Taller
"Arte-Terapia"

Miércoles 28 de septiembre.

Voy en el coche rumbo al Instituto pensando: "El día de hoy voy a convivir con todos los residentes y mi hijo en un taller maravilloso donde por medio del arte, tus sentimientos y emociones los puedes expresar con dibujos."

Ya en el instituto, mientras llegaban los chavos, me presente con el expositor. Es un psicólogo especialista en Arte-Terapia y Artista-Plástico. Charlamos un poco sobre su especialidad. Me comentó que trabajaba en el hospital psiquiátrico de Tijuana, y que ha tenido mucho éxito con su programa. Me compartió también que había sido alumno de Doris, la terapeuta de Ricardo, lo cual me dio mucha emoción, ver a un alumno de ella trabajando en esto. Me dijo que se preparó, para tener una presentación y una dinámica especial para los residentes.

Comenzaron a llegar todos los residentes, se sentaron en el salón y comenzó el taller. La mayoría participó durante la presentación, y de verdad que sus comentarios eran increíbles. De una u otra manera se veían identificados con los dibujos que estuvieron analizando durante la presentación.

Al terminar la presentación, hubo un tiempo de descanso, en donde todos aprovecharon en comer una rebanada de pie de manzana, y aguas frescas. Una vez que pasaron unos 15 minutos de receso, nos sentamos en el jardín en unas mesas que ya estaban listas, para ahora seguir con la dinámica.

La dinámica se trataba de hacer un dibujo. Nos dieron, cartulina, lápiz, pinturas de varios colores y una hoja con indicaciones. En la hoja teníamos que poner nuestro nombre, y elegir 5 colores. Al seleccionarlos cada color iba dirigido hacia algo que iba yo a expresar en mi dibujo, por ejemplo: YO, Mi familia, Amor, Enfermedad o Problema y Solución. Al terminar el dibujo, había que titularlo y escribir como me sentí mientras estuve dibujando.

Nos dieron 45 minutos para hacer nuestro dibujo. Una vez que terminamos nuestro dibujo, pasamos cada uno a presentarlo compartiendo el título y como nos sentimos.

Estoy maravillada de ver a todos estos chicos. Su proceso de recuperación es conforme cada uno: su historia de vida, su disposición, etc. Todos se sienten amados por sus familias. Todos saben y están conscientes de su enfermedad, que están teniendo la oportunidad de aprender y conocer que pueden vivir con calidad, reconocen el daño que se hicieron. Inclusive un chico que llegó al retiro de la clínica en un estado casi catatónico, porque siempre estuvo en la misma posición todo el tiempo. No habló nada, no convivió con nadie, pero hizo su dibujo. Ahí expresó lo que estaba sintiendo y aunque no la presentó, permitió que un compañero la mostrara. Todos le aplaudieron y le dieron muchos ánimos. Se vive y se percibe un ambiente de hermandad.

Yo voy a hablar de mi dibujo, los colores que elegí y como los presenté: Yo=Azul, Amor=Rojo, Mi Familia=Verde, problema y/o enfermedad=Café y Solución=Amarillo. Dibujé un árbol, con muchas hojas, manzanas, flores, con raíces y un sol brillante. Esta es mi explicación: El Árbol. ¿por qué un árbol? Los arboles están bien parados en la tierra y mientras nosotros no lo destruyamos vivirán por miles de años. El tronco y las raíces las pinté con café, ese es mi problema. Los problemas si se atacan desde la raíz tienen mejor solución. Mi familia son las hojas verdes. Las hojas nos dan oxígeno. Mi familia ha sido mi gran motor y al estar en las ramas del árbol significa que todos estamos involucrados con la enfermedad. Las manzanas rojas las identifique con el amor. La manzana es un fruto dulce, rico en vitaminas y minerales. El amor en la familia es el mejor alimento para estar sanos. Yo me dibujé con flores azules. Las flores son una parte importante en las plantas. Yo me he sentido en muchas ocasiones como la columna vertebral de mi familia. Terminé explicando que el sol con el color amarillo, nos da luz, energía, vitaminas… todo un complemento para que seamos luz para nosotros y para los que nos rodean. Concluí que el programa de los 12 pasos, nos encamina para ser Luz.

Agradecidísima con Alan, director del instituto y con Doris, terapeuta de Ricardo, por haberme dado esta hermosa oportunidad y por todo lo que hacen para rescatar a todos estos chicos y sus familias.

"La Alegría de Vivir de cada Día"

Lunes 3 de octubre del 2016

Una experiencia de trabajo emocional, aprendizaje, creatividad y convivencia. Donde a través de conferencias, talleres, terapias grupales y actividades recreativas adquirirán herramientas para el desarrollo y crecimiento individual y familiar, en un ambiente especialmente desarrollado para generar conocimiento y bienestar integral.

"La felicidad es cuando lo que piensas, lo que dices y lo que haces están en armonía".- Mahatma Gandhi.

Con solo leer el título, inmediatamente reservé mi lugar. Los temas, las conferencias, los talleres que ahora nos están ofreciendo me están transformando, por lo que no quiero perder la oportunidad de asistir ya que el cupo es limitado. Quiero confesar que en ocasiones, ni veo cuando es o inclusive el costo, solo reservo para asegurar mi lugar.

El viernes 30 de septiembre a medido día, estaba alistándome para irme a Playas de Tijuana, para volver a vivir otra maravillosa experiencia, en el ahora "Instituto Nuevo Ser". De repente escucho ruidos en casa, y me asusté, era mi marido que estaba llegando. Lo salude y le pregunté "¿Estas bien? Y me contesta "Estoy bien." Y, ¿por qué llegaste temprano? "Porque me acaban de liquidar de la empresa." Lo abrazo y le digo: "¿Quieres que me quede y no voy al Encuentro familiar?" Y me contesta "el que tu no vayas, no me va a devolver el trabajo; no voy a conseguir otro, así es que esto que vas a vivir y experimentar nos va a ayudar a todos. Por favor continúa con tus planes."

Me acompañó a recoger a Marcela al colegio. Comimos los tres juntos, después revisé no dejar ningún pendiente y fui por mis cosas para encaminarme a playas.

Mientras iba manejando, venía pensando en que ahora más que nunca al que necesitamos que esté también en casa es mi marido. Ricardo está por salir en unas semanas con su alta terapéutica y que mejor que en todo su proceso de readaptación en casa, esté su padre presente. Por lo que convertí el que mi marido se quedara sin trabajo en este momento, en una bendición. Además tengo la certeza de que conseguirá trabajo, por su gran experiencia y porque se va a mover para que esto suceda.

Por lo que ya en el camino, iba ya más tranquila y con toda la apertura y voluntad de vivir un fin de semana intenso.

Al llegar, siempre está Alan, el director del Instituto con una sonrisa. Me dio la bienvenida. La casa (el instituto) está abierta con las puertas de par en par, para que inmediatamente te sientas en casa. En la cocina tienen preparados café, aguas frescas y pastelitos. ¿Como no voy a ir cuando me reciben con tanto cariño? ¿…cuando todo lo que voy a experimentar está hecho para mi propio crecimiento?

Las familias empiezan a llegar. A las que ya conozco las saludo con mucha alegría de volverlas a ver. A las nuevas las saludo con la alegría de conocerlas.

Es impresionante pero con estos 10 meses de trabajo personal, y de estar asistiendo, a talleres, conferencias y encuentros, me siento en mi casa. Ahora podría decir que tengo mi casa para mi crecimiento personal. Además todo lo que logro trabajar ahí, lo llevo conmigo en todo mi ser, para transmitirlo en mi casa con toda mi familia.

Ya estando todos los participantes del encuentro en la casa, nos reúnen en el salón principal y nos dan una bienvenida tan cálida, que me siento abrazada y amada. Nos dan indicaciones de horarios, reglamentos y de lo que se espera por parte de nosotros al participar en los talleres y en la convivencia entre todos. Nos vuelven asignar tareas y responsabilidades de la casa, para que todo fluya y se pueda llevar un buen compañerismo.

Nos presentamos todos. Me di cuenta que nuestros queridos anfitriones volvieron a invitar a familias nuevas, familias que tienen ya algo de tiempo y familias con un familiar ya próximo a salir con su alta. No cabe duda que el familiar nuevo me recuerda cómo llegué yo la primera vez. El familiar con algo de tiempo, me recuerda también como ya estaba yo haciendo cambios en mi proceso del conocimiento de la enfermedad. Ahora yo, con la gran fortuna de que mi hijo Ricardo está por salir con su alta les puedo dar la esperanza de que con paciencia, fuerza de voluntad y perseverancia, si se puede llegar a una recuperación sana. Sobre todo en soltar y confiar.

Nos presentaron a Felipe que es el consultor de la Clínica. Él ha trabajado y conoce muy bien nuestros familiares. Pasará la noche con nosotros para estar pendiente de lo que se nos pueda ofrecer y por la mañana, con él manejaremos la meditación.

Nos invitaron a pasar al comedor para cenar, hicimos la oración de los alimentos, nos sentamos, y comenzamos todos a charlar como una gran familia, muchos con dudas del por qué están ahí, otros compartiendo el proceso de cambio que están logrando experimentar y otros haciendo recomendaciones de lo que ya trabajaron y cómo lo hicieron, hasta que nos tuvieron que decir que ya era hora de ir a descansar.

En la mañana del sábado comenzamos con nuestra clase de yoga, la cual por primera vez disfrute mucho, el estiramiento y la respiración me ayudaron enormemente, en especial para estar preparada para todo lo que iba a vivir durante el día.

Terminado el yoga, hicimos la meditación con Felipe, leímos la lectura del libro de Al Anón de "Un día a la vez" del 1° de octubre y la analizamos y compartimos.

En mi proceso de crecimiento y de sanación de lo que más me he dado cuenta es de que cuando comparto mis vivencias, mis experiencias, mis miedos, mis temores, mi dolor, mis alegrías y logros, con personas que están pasando por lo mismo que yo, sé que me van a escuchar. Me van a entender, me van a abrazar y no me sentiré juzgada.

Ya una vez que nos bañamos, hicimos nuestra tarea y desayunamos, empezaron a llegar nuestros anfitriones para comenzar con los talleres y dinámicas.

Comenzamos con un taller increíble del arte del dibujo que me gusta mucho. Se trató de la "Teoría del Color" y la "Teoría de las Emociones", lo impartió Thania, la directora terapéutica de la Clínica N.S.

Nos explicó como nuestras emociones las podemos expresar por medio de colores. No tanto con imágenes, sino de la manera como utilizamos un color para expresar una emoción.

Nos fue detallando como los colores se pueden dividir:

• Colores fríos: azul, verde y amarillo claro

• Colores cálidos: naranja, rojo y violeta

• Mezcla de todos los colores: blanco

• Ausencia de color: negro

Las emociones se dividen en tres grupos:

BASICAS	SECUNDARIAS	TERCIARIAS
enojo	+ ansiedad-ira	resentimientos y odios patológicos
alegría	+ ansiedad	euforia
miedo	+pánico	fobias y paranoia
tristeza	+ miedo	depresión y desamparo
amor	+ dependencia	celotipia y codependencia

Diferencia entre emoción y sentimiento:

Emoción:

• Reacción fisiológica

• Involuntaria

• Respuesta a un estímulo

Sentimiento:

- Emoción que se asocia con una vivencia o característica tanto positiva como negativa.

- Se instaura.

Aprendizaje, no somos responsables de nuestras emociones, pero si de lo que hacemos con ellas:

"Inteligencia emocional"

- Percibirlas

- Comprenderlas

- Utilizarlas

- Manejarlas

Después de esta clara explicación de las emociones, hicimos una dinámica. Nos repartieron, a cada uno de los presentes, cuatro cartulinas, nos dieron pinturas de varios colores y pinceles. En cada cartulina anotamos cuatro de las emociones: enojo, alegría, tristeza y miedo, y teníamos que expresar con colores cada emoción.

Voy a describir mis cuatro dibujos.

1.- En la cartulina de la alegría represente un bello amanecer utilizando los siguientes colores: amarillo, naranja, rojo, azul y blanco.

2.- En la cartulina de la tristeza hice gotas de lluvia utilizando azul y blanco.

3.- En la cartulina del miedo dibujé un armario y para que fuera de color café, mezclé los colores amarillo, verde y rojo.

4.- Al final para representar en la cartulina del enojo, dibujé una bicicleta negra como si fuera en alta velocidad por lo que dibujé líneas negras con blanco.

Cada quién hizo sus propios dibujos y utilizó los colores que necesitó. Cuando se terminó el tiempo y todos entregamos las cartulinas fuimos pasando uno por uno al frente. Thania, nos ayudó en ir interpretando nuestra emoción conforme a los colores que utilizamos.

Voy a hablar de mis dibujos y mis emociones. Una de las normas de compartir, es la confidencialidad de mis compañeros.

Al entregarle mis dibujos a Thania, los vio, analizó y tomó tres de los cuatro dibujos: la alegría, la tristeza y el miedo. Me dijo que al haber utilizado en cada uno varios colores mezclados con el blanco, significa que estas emociones las tengo bien trabajadas. Me sorprendí muchísimo. Me sentí muy contenta de que me diera esa retroalimentación ya que me di cuenta lo que he logrado trabajar durante este tiempo. Esto teniendo ya un buen equilibrio con respecto a ciertas emociones. El dibujo del enojo que dejó aparte me comentó que al haber utilizado el negro, con algo de blanco, significa que no me sé enojar. Y si, tiene razón. Cuando estoy enojada me pongo con tanta ansiedad que no sé cómo responder al enojo. Ahora tengo la gran oportunidad de darme el permiso al enojarme de darme cuenta, trabajarlo y soltar.

Una de mis compañeras me preguntó que por qué dibujé una bicicleta en la cartulina del enojo. Le contesté que por la misma ansiedad que siento, me voy a andar en bicicleta para que con el ejercicio la pueda soltar, y al mismo tiempo trato de huir del problema.

La dinámica estuvo tan interesante, que por decisión unánime de los presentes, prescindimos del descanso y de los 10 minutos para hacer llamadas.

Al terminar la sesión, hice varias respiraciones profundas. Dentro de toda la retroalimentación que dio Thania durante la sesión muchas de las cosas que dijo me llegaron. Ahora a empezar a trabajar para poder estar manifestando mis emociones sin que lleguen a convertirse en sentimientos patológicos.

Se llegó la hora de la comida, la cual fue un momento muy rico de compartir. Ver como todos se sentían después de lo que cada quién experimentó con el ejercicio lo utilizo para mi propio beneficio y crecimiento. Los escucho, los disfruto y me doy cuenta que empiezan a ver los cambios. Ya se sienten más incluidos y más abiertos a la enfermedad de su familiar.

Terminando la comida, de recoger todo y de tener un pequeño descanso, comenzamos con el siguiente taller. Ahora nos lo va a dar Christian, terapeuta de la Casa de cuidados extensivos.

En esta ocasión, nos dieron papel y pluma. Comenzó preguntándonos si conocíamos el juego del ajedrez. Varios levantamos la mano y dimos las explicaciones de lo que se trataba el juego. "Muy bien. Se nota que si lo han jugado o lo conocen." Luego nos habló de las piezas claves y de los movimientos que hacemos para poder ganar a nuestro contrincante. "En la dinámica vamos a hacer lo siguiente: Su hoja de papel va a ser como si fuera un tablero de ajedrez. La van a dividir en dos. Uno de los lados va a ser las piezas blancas y el otro el de las piezas negras. En el lado de las piezas blancas van a anotar cinco pensamientos y cinco acciones positivas y en el lado de las piezas negras van a anotar cinco pensamientos y cinco acciones negativas. En cada lado de su tablero irán tomando como el principal pensamiento al rey. El segundo en la lista la reina; el tercero, la torre; el cuarto, el alfil y el quinto, el caballo. Las acciones son los peones."

Aquí les comparto mi tablero:

Mis pensamientos positivos en el tablero blanco son los siguientes:	Mis pensamientos negativos en el tablero negro son los siguientes:
Rey = Amarme a mi Reina = Amar a mi familia Torre = Quiero ser libre de mis pensamientos Alfil = Disfrutar el día con mis actividades Caballo = Todo tiene una solución	Rey = trabajar mis miedos; ej.: recaída de Ricardo. Reina = Soltar responsabilidades Torre = Querer hacer el trabajo de los demás Alfil = Dejar de ser solucionadora de problemas que no son míos. Caballo = Enojarme por lo que no se hizo
Peón = Abrazar Peón = Saludar siempre Peón = Sonreír Peón = Hacer ejercicio Peón = Escribir	Ansiedad Arrebatos Huir No escuchar No observar
Mi explicación fue la siguiente: Si yo me amo, soy capaz de amar a mi familia. Mis acciones para lograr esto son abrazarme, abrazarlos, saludar a todo el que me rodea. Al estar bien conmigo misma puedo controlar mejor mis pensamientos. Mi acción es hacer ejercicio ya que me mantiene activa, sana y genero endorfinas que dan felicidad. Así puedo disfrutar de mis actividades diarias. Al yo estar bien y liberarme de mis pensamientos, puedo analizar todo lo que pasa y darme cuenta que tiene solución. Una de las acciones que me ayudan a esto es escribir. Ahí es donde puedo pensar y analizo con profundidad mis problemas .	Mi explicación fue la siguiente: Una de las cosas que ahora voy a tener que enfrentar y trabajar mucho es mi miedo a una posible recaída de Ricardo. Todavía no sale y ya estoy pensando en eso. Antes de sentir miedo lo que debo de hacer es estar preparada para poder estar con él. Ayudar a trabajarlo para que la recaída no suceda. Esto me causa ansiedad, y huyo del problema. Debo de soltar responsabilidades que no me corresponden, para así no enojarme ni tener arrebatos. Si dejo de hacer el trabajo de los demás, de solucionarles sus problemas y de enojarme por lo que no hicieron, podré cambiar mis acciones de no observar y de no escuchar a saber escuchar y observar.

Viendo mi tablero me doy cuenta que tengo ya muy buenas estrategias de juego. Si yo deseo que mis piezas blancas ganen la batalla a las piezas negras, voy a controlar más mis acciones. Hay que luchar contra lo negativo y utilizar mis estrategias positivas.

Será necesario en el día a día, hacerme la siguiente pregunta: ¿Cómo voy a moverme el día de hoy?

¡Qué maravilla! Con el ejemplo de un juego y sus reglas me están dando herramientas para poder analizar, trabajar y controlar mis pensamientos y mis acciones.

Después de un descanso de 15 minutos, continuamos con el siguiente taller y ese lo dio mi querida Doris. Ella es la terapeuta de Ricardo y el tema fue "Rescatando a tu niña/o interior". Es una dinámica que ya la he manejado con ella y con mis grandes maestras del Desarrollo Humano. A pesar de todo, lo sigo trabajando. Solo que en esta ocasión, a mi niña interior la vi con mucha ternura. La abrace mucho, la puse en una burbuja para protegerla, nos dijimos mutuamente que ahora ya todo estaba bien; que he logrado perdonar y dejar ir a mi pasado. Ahora veo a esa pequeñita rubia y de pelo chino, feliz, sonriente, columpiándose en el jardín de casa de sus abuelos. Al darme cuenta, que he logrado trabajar el perdón, lloré mucho y durante mucho tiempo. Pero el llanto no fue de tristeza, sino de una gran alegría de poder ahora si darle vuelta a la página. Mi niña cada vez se sabe más amada, más aceptada y menos lastimada.

Doris: Al estar escribiendo todo lo que sentí en ese momento, como quisiera darte un abrazo grande. Que no solo nos toque el corazón, sino hasta el alma, para hacerte saber lo agradecida que estoy por todo lo que has hecho conmigo y con Ricardo.

Llevamos toda la mañana con talleres y dinámicas. Ya está obscureciendo, y a pesar de mi cansancio físico y mental quiero seguir trabajando. Hay veces que a pesar de lo doloroso que puede ser el hacer un trabajo interior profundo, porque vuelves a vivir muchas situaciones difíciles de tu vida, empiezas a hacer consciencia de que a pesar de todo, estas capacitado para salir adelante ante cualquier adversidad. Ahora aquí estoy, amándome, amando a mi familia, y realmente disfrutando cada paso del día.

Después de un descanso merecido ya que lo que viví con Doris fue muy emotivo, volvemos al salón para continuar ahora con Alan. Él fue terapeuta de Ricardo por mucho tiempo, y ahora es el director del Instituto Familias Nuevo Ser. Es otra de las personas que aprecio enormemente por la dedicación tan grande que tiene hacia los residentes y las familias.

El taller que nos dio fue precisamente el título del encuentro "La alegría de vivir cada día".

De lo que me llegó a mí personalmente, es de que debo vivir cada día sintiéndome bendecida. Empezando por disfrutar un bello amanecer y de ahí recibir la energía del sol. Aprovechar y vivir cada momento como si fuera único. Dejar atrás el pasado, el cual fue mi maestro, y no pensar en el futuro porque ese, todavía no existe y además es imposible de adivinar. Debo vivir simplemente el aquí y el ahora.

Tener la fuerza y el valor de enfrentar lo que se me presenta. Al ser verdadera hija de Dios, estoy hecha para ser resiliente. Lo que se me presente en el momento, verlo como una oportunidad de aprendizaje, de crecer. Amarme y amar mucho a todos los seres que me rodean. Familia, amigos, el o la que se me cruzó por el camino. Abrazarlos, acompañarlos y ser luz para todos ellos. Sonreír y mucho, eso ayuda a ver las situaciones en forma más positiva.

La vida es mi gran maestra, y por todo lo que he recorrido en todos estos años, he aprendido que estoy hecha para amar y disfrutar. ¡Qué maravilla saber que puedo ser feliz a pesar de las circunstancias!

Ya es de noche y no hemos terminado el día. Creo que vamos a volver a vivir algo muy intenso porque llegó Jorge, terapeuta de la Clínica de Rosarito y en otras ocasiones me ha removido mucho mi interior.

Nos dijo que vamos a experimentar una dinámica en donde nos pidió confiar plenamente en él. Nos pidió que nos pusiéramos de pié, hiciéramos una fila, y nos volteáramos viendo hacia el frente. Que cerráramos los ojos y no los abriéramos, que nos iban a colocar un paliacate para asegurarse que no viéramos. Que una vez comenzada la dinámica, mantuviéramos los ojos cerrados, con el paliacate puesto y en silencio absoluto. Lo más importante era que lo escucháramos y confiáramos. Nos tomamos de la mano de los que estaban de nuestro lado, y comenzamos a caminar. Mientras caminábamos escuchábamos otras voces que nos distraían para no confiar en él. Traté de concentrarme en su voz y seguirlo. Después de unos 10 minutos de estar caminando y pasando por escalones, entre árboles, masetas, etc., sentí que estábamos en el jardín. Pidió que nos detuviéramos, que nos quedarnos quietos y tranquilos. Seguimos con los ojos cerrados y vendados mientras comenzó a decirnos lo siguiente:

"Hoy, Yo Dios, estaré manejando todos tus problemas . Por favor recuerda que no necesito tu ayuda. Si te enfrentas a una situación que no puedes manejar, no intentes resolverla. Te pido amablemente que la coloques en la bandeja Algo que solo Dios Puede Hacer. Me encargaré del asunto en Mi tiempo, no en el tuyo.

Una vez que hayas depositado tu problema en dicha bandeja, no te aferres más a él o pretendas retirarlo de allí. El aferrarte o retirar tu problema de la bandeja, sólo hará que se retrase la solución del mismo. Si fuese una situación que tú consideres puedes manejar por ti mismo, te pido no obstante, que por favor lo consultes conmigo en oración, para que puedas asegurarte de que tomarás la decisión adecuada.

Debido a que yo no duermo nunca ni me adormezco jamás, no hay razón por la cual tengas que perder tu sueño en la madrugada a causa de las preocupaciones… Descansa en mí. Si deseas contactarme, estoy a la distancia de una oración.

Además considera lo siguiente: Se feliz con lo que tienes.

Si encuentras difícil el dormir por las noches, recuerda a las familias desamparadas que no tienen un lecho dónde dormir.

Si te encuentras atorado en el tráfico, no desesperes. Hay gente en este mundo para quienes tan solo manejar es un privilegio.

¿Has tenido un mal día en el trabajo? Piensa en aquellos que están por años sin poder conseguir uno.

¿Estás descorazonado(a) por una relación sentimental deteriorada? Piensa en aquellos que no saben lo que es amar y que jamás han sido amados.

¿Te entristeces porque se termina el fin de semana? Piensa en la mujer con vestidos raídos, que trabaja 18 horas al día lavando ropa ajena, a fin de alimentar a sus hijos.

¿Se dañó tu vehículo en medio de la carretera y lejos de toda ayuda posible? Piensa en los parapléjicos que con el mayor gusto tomarían tu lugar por caminar la distancia.

Has notado que te aparecen nuevas canas, piensa en los enfermos de cáncer bajo quimioterapia que desearían tener tu cabello.

Has llegado a los cuarenta y te has enfrentado a una terrible pérdida y te preguntas: ¿Cuál es el propósito de esta prueba? Sé agradecido. Existieron muchos que no vivieron hasta esa edad para averiguarlo.

¿Te encuentras en un momento de la vida con que eres objeto de la amargura, ignorancia, pequeñez o envidia de la gente? Recuerda, las cosas podrían ser peores. Tú podrías ser uno de ellos.

¿Sientes que no ayudas a los demás como quisieses? Parte de la solución está en tus manos; envíales esta carta, podrías sin quererlo iluminar el día de alguien más.

¿Sientes que no tienes un amigo? Recuerda que uno te está enviando este mensaje. La oración es uno de los dones que Dios nos ha dado. No cuesta nada y nos concede cantidad de premiso.

Sigamos orando uno por el otro."

Cuando terminó de compartirnos todo lo anterior, nos pidió así con los ojos vendados que diéramos un paso hacia delante y que le diéramos un abrazo a Dios. Di mi paso y me topé con una de mis compañeras y la abracé. Con el abrazo, con todo lo que ya habíamos experimentado todo el día y con la carta de Dios, lloramos mucho y con sollozos. Ella lloró muchísimo. En voz baja y al oído le dije: "Soy Dios y con este abrazo te digo que te amo muchísimo." Comenzamos a tranquilizarnos.

Luego nos pidieron que nos quitáramos los paliacates, y nos sentáramos en el pasto formando un círculo y compartir lo que habíamos sentido. Experimentar a Dios dentro de mí, ha sido una de las vivencias más grandes que he vivido.

Con esta hermosa dinámica cerramos el día, preparamos todo para cenar e irnos a descansar.

Domingo 2 de octubre del 2016

Ya son las 6 de la mañana y estamos alistándonos para bajar al salón y comenzar con la clase de Yoga. Le comenté a la instructora, que gracias a la clase de ayer, me sentí muy bien durante todo el día, a pesar de haber vivido muchas emociones.

Comenzó la clase y comenzamos estirándonos y haciendo ejercicios que nunca había hecho, pero me sentía muy bien. La instructora está muy pendiente de que lo hagas bien, para que no te lastimes. En eso yo me di cuenta que una de mis compañeras estaba haciéndolo con la pierna equivocada. Le comenté que cambiara la pierna. La instructora me dijo muy amablemente, que para eso está ella. Que yo solo debo de preocuparme por mi y no por lo que están haciendo los demás. Que reconocía no haberse dado cuenta y que agradecía mi observación, pero que me recomendaba soltar. Que solo me preocupara por mi. ¡Chispas! Tiene toda la razón. No debo meterme en la vida de los demás y solo debo preocuparme por la mía. Agradezco mucho su observación fue un gran aprendizaje para mi ya que es un gran defecto de carácter que yo tengo.

Continuamos nuestra mañana con la meditación. Hicimos cada quién nuestra tarea de casa, desayunamos delicioso y estamos listos para el último taller como cierre de este encuentro.

En esta ocasión va a ser Jazmín, terapeuta de la Casa de Cuidados Extensivos, la instructora. Ahora con la ayuda de los terapeutas Alan, Doris, y Christian y cuatro de los residentes, los cuales estaban con las familias de tres de ellos.

Nos pidieron estar vestidos cómodamente y con tenis, ya que la dinámica se realizó en un parque cerca del Instituto. Cuando íbamos caminando, veníamos todos con todos, charlando, como si nos conociéramos de toda la vida. Es increíble como la convivencia de solo dos días, tener en común la enfermedad de la adicción/alcoholismo y vivir momentos intensos emocionalmente hablando, unen a las personas cuando apenas las estás conociendo. Es por eso que todo este programa que tiene la Clínica, la Casa de Cuidados Extensivos y el Instituto, es totalmente integral e incluyente.

Al llegar al parque, nos dijeron que la dinámica iba a ser un rally de siete estaciones. Había que hacer cinco equipos de tres personas. Le pusimos nombre a nuestro equipo, presentamos una porra, y a comenzamos el rally. Fue muy divertido y relajante. Corriendo de estación a estación, haciendo figuras con el cuerpo en el pasto, cambiándonos la blusa/ camiseta al revés, adivinando palabras con dibujos en un pizarrón, haciendo con periódico 3 piezas de ropa, arrastrarnos por el pasto, para cruzar una serie de listones que no debíamos de deshacer y llevar un palo que no debía de tocar el suelo, con vasos desechables y con agujeros en la parte de abajo había que tomar agua de una cubeta, pasarlo a dos vasos más rotos y rellenar uno sin hoyos, nos daban papelitos con un color y buscar dentro de lo que trajéramos ese color, una vez recorridas las estaciones, llegar a la estación principal y entregar los pases de cada una para confirmar que si estuvimos en ellas. Nos reímos muchísimo, nos ensuciamos, competimos contra los otros, no nos importó que las demás personas no vieran, que nuestras ropas se ensuciaran, andar con la camisa al revés… Fue una experiencia muy bella que logró que el compañerismo, la amistad y la inclusión, se vivieran en todo momento.

Regresamos al instituto, todos contentos, riendo y disfrutando el momento. Al llegar nos despedimos de una de las familias, ya que su vuelo salía en un par de horas. Tuvimos un pequeño cierre con Alan, de expresar lo vivido en el encuentro, hicimos la oración de la Serenidad, y por última vez compartíamos los alimentos.

Después todos nos preparamos para irnos, dejando las habitaciones recogidas, bajando nuestras pertenencias y dejando todo limpio y listo. Comenzamos a abrazarnos todos, a decirnos bendiciones, y desearnos lo mejor.

Las despedidas son tristes, ya que vivimos momentos hermosos todos juntos. Ahora queda la esperanza de volvernos a reunir y volver a compartir un fin de semana como el que vivimos en este fin de semana.

Me dieron la oportunidad de ver a Ricardo, por 5 minutos, ya que sigue en su fase 0. Fui a verlo a la casa de Cuidados Extensivos. Lo abracé mucho y le di muchos ánimos. Le dije que ya andaba por la recta final y como siempre le dije: "Estoy muy orgullosa de ti, te amo con todo mi ser." Le volví a dar un abrazo y me despedí de él.

Llegando a casa, mi marido me recibió con un abrazo y muy contento de que ya estuviera en casa.

Instituto Familias Nuevo Ser. (2016). La Alegría de Vivir Cada Día. 30 de septiembre 1 y 2 de octubre, de Equipo de psicólogos de la Clínica Nuevo Ser Sitio web: www.clinicanuevoser.com

Lunes 3 de octubre del 2016

Mi marido y yo nos fuimos juntos a caminar. Le conté durante la hora y media todo lo que viví en mi fin de semana. Mientras le iba compartiendo toda mi vivencia, el venía de verdad fascinado escuchándome. Pareciera que lo estuviera viviendo otra vez conforme le iba contando. Hasta lloré y mucho. Me abrazó y continuamos con la charla. Al llegar a casa le enseñé mis dibujos, mi tablero de ajedrez y le fui explicando poco a poco todo lo que fui experimentando. Le dio mucha alegría que me haya dado esta oportunidad y que en verdad mi cambio se nota y mucho.

No sé qué le movió a él todo lo que yo viví, porque después de desayunar y bañarse se sentó en la sala familiar, tomo mis libros de Al Anón y comenzó a leerlos. Ahora si puedo hablar del milagro del cambio. No cabe duda que con el ejemplo uno puede mover hasta montañas.

Bendecida, amada, creciendo, aprendiendo, cambiando y agradecida, así me siento en este momento.

Sábado 8 de octubre del 2016

Estoy en la sala familiar, terminando de leer el siguiente libro "Chantaje Emocional", de Susan Forward. Maravilloso libro. Me ayudó mucho a entender más a las personas. Además me enseñó herramientas para poder defenderme de la manipulación.

Estaba haciendo un resumen del libro, cuando recibí un mensaje de Doris, para comunicarme que Ricardo, el día de mañana iba a ir a la playa con Erick, su consultor a entregar su quinto paso. Este paso consiste en lo siguiente: Ante Dios, ante otro ser humano y ante si mismo admitirá la naturaleza exacta de su vida.

La misma Doris se sentía muy emocionada de este proceso. Trabajan tanto con ellos que puedo imaginarme lo que han de sentir cuando ya los residentes de la casa llegan a entregar su quinto paso. Toda una cirugía plástica de su espíritu. Durante 10 meses ha estado trabajando para este momento.

Con sollozos y una gran sonrisa en mi cara, le fui a contar la gran noticia a mi marido. Me abrazó y juntos con ese abrazo de amor, le mandamos toda nuestra bendición a Ricardo.

Ahora más que nunca, es cuando me digo a mi misma: "Gracias Dios por darme la paciencia y fortaleza necesaria para que Ricardo esté el tiempo necesario en la casa de cuidados extensivos y que no me dé la desesperación de sacarlo antes de tiempo." Todo lo que ha logrado trabajar con los 12 pasos de Alcohólicos Anónimos, estando en casa no lo hubiéramos logrado fuera de ella.

Esto de verdad ha sido lo mejor que nos ha pasado en la vida.

Miércoles 12 de octubre del 2016

Tanto mi marido como yo estamos listos para ir a Tijuana a reunirnos con Doris. Tenemos nuestra terapia familiar. Ahora voy tranquila, antes iba muy nerviosa por lo que me iban a decir. Ya no. El tiempo pasa y yo estoy cambiando. Estoy trabajando para preocuparme solo de mí y dejar que los demás vean por ellos. Este programa me ha ayudado a crecer mucho como persona. A entender a los demás, ya que cada quién tiene su propia historia de vida. Sus problemas los enfrentan con la herramientas que tienen. Por lo que yo ahora en este preciso momento, me preocupo por mí.

Con Doris, fue todo muy bien. Nos compartió a grandes rasgos lo que Ricardo vivió al entregar su quinto paso. Nos dijo que es una vivencia intensa ya que reconoces y vuelves a vivir muchos momentos de tu vida que por las circunstancias borraste, ya que hubo mucho dolor.

Nos dijo que ahora él iba a estar trabajando en el F.O.D.A: Fortalezas, Oportunidades, Debilidades y Amenazas.

"Es como si se tomara una "radiografía" de una situación puntual de lo particular que se esté estudiando. Las variables analizadas y lo que ellas representan en la matriz son particulares de ese momento. Luego de analizarlas, se deberán tomar decisiones estratégicas para mejorar la situación actual en el futuro.

El análisis FODA es una herramienta que permite conformar un cuadro de la situación actual del objeto de estudio (persona, empresa u organización, etc.) permitiendo de esta manera obtener un diagnóstico preciso que permite, en función de ello, tomar decisiones acordes con los objetivos y políticas formulados."

Esto en el adicto-alcohólico es una manera en que ellos puedan hacer un trabajo profundo de su enfermedad. Un análisis de su situación actual en cuestión de la recuperación y poder tener las herramientas necesarias para enfrentar la vida como es. Además de saber manejar sus emociones para poder evitar una recaída.

Tanto mi marido como yo compartimos como nos sentimos en este momento. Si puedo decir que hemos crecido mucho en este proceso. Que aunque haya sido doloroso logramos verlo como una bendición en nuestras vidas, para hacer cambios en nosotros mismos.

Una vez terminada la sesión, nos dio la grata noticia de que nos iba dar la oportunidad de verlo cinco minutos y charlar con él.

Ricardo, no sabía que nosotros estábamos ahí. Cuando Doris abrió la puerta de la salita donde nos encontrábamos, se emocionó mucho al vernos.

Doris nos dijo: "Aquí tienen a su hijo. Aprovechen este tiempo. Yo los dejo."

Ricardo, se sentó en un sillón enfrente de nosotros, se puso en posición de compartirnos lo que ha vivido desde que entregó sus pasos cuarto y quinto ya que no habíamos tenido oportunidad de verlo.

No cabe duda que mi hijo ha crecido en este proceso. Ahora hasta su lenguaje corporal nos dice: "les quiero compartir lo que he logrado". Nosotros en silencio y con nuestra vista en él, lo escuchamos maravillados y sorprendidos de todo lo que nos dijo. Ahora se abrió mucho más. Nos compartió todo el sufrimiento que vivió en todos los cambios de residencia, la intimidación que vivió con sus compañeros en Monterrey, lo desesperado que estaba por irse a vivir lejos de México, y muchas cosas más.

Conforme iba hablando y nosotros lo escuchábamos, su tensión fue disminuyendo hasta que se relajó por completo. Ahora veo, cuán importante es saber escuchar. No interrumpir, ponerle atención no solo con la mirada, sino hasta con tu posición corporal, no juzgarlo y hacerle ver que lo amamos profundamente.

Lo abrazamos mucho, le hicimos ver lo orgullosos que estábamos de él, y le agradecimos muchísimo todo lo que nos compartió. Estoy viendo un milagro enorme. Mi hijo nos comparte sus sentimientos, sus limitaciones, sus frustraciones, sus miedos, sus enojos, cuando antes no nos decía nada.

Sin darnos cuenta el tiempo pasó, llegó Doris a la salita y nos dijo: "Ya pasó una hora de cuando los dejé solos." No podíamos cree que nos hayan dado esta gran oportunidad. En cinco minutos no hubiéramos tenido tiempo de nada, y logramos tener una comunicación profunda con Ricardo. Junto con Doris, nos compartió lo que él va a estar haciendo y trabajando para poder estar listo y tener por fin, su alta terapéutica.

Nos despedimos de todos en la casa de cuidados extensivos. Ya en el coche, empecé a llorar. Tenía un nudo en la garganta que no podía aguantar más. Le dije a mi marido lo que estaba sintiendo en ese momento y es felicidad. Felicidad de ver a mi hijo trabajando duro para su recuperación, queriéndose y dándose la oportunidad de tener una vida con calidad y es cuando me salió la siguiente oración:

"Gracias Dios, por la Diosidencia de que conociéramos de la existencia de la Clínica Nuevo Ser, la Casa de Medio Camino, con todo su Staff para no solo ver a mi hijo renacer, sino también ver mi renacer y el de mi familia.

Albert Humphrey. (1960-1970). Foda. 2016, de Matriz Foda Sitio web: http://www.matrizfoda.com/dafo/

"Celebración XIX aniversario de la Clínica"

Viernes 21 de octubre del 2016

El día de hoy, se va a celebrar en la clínica un años más de su fundación. Durante la semana me hablaron para invitarme. Estoy muy emocionada y me siento muy honrada de haber sido invitada.

Llego a la clínica como a las 4:30 p.m. y veo que los chicos de la casa de cuidados extensivos están llegando también. ¡No puedo creer voy a poder ver a Ricardo! Al entrar, la chica de recepción, me ofreció un café mientras llegaban los demás invitados y nos pidió pasar a la terraza. Cuando nos dieron la indicación de que ya podíamos pasar, saludé a varios de los chicos tanto de clínica como de la casa.

Es una hermosa tarde de octubre, por lo que aproveche para ir a ver el mar y la playa. Cuando se acercó a saludarme Ricardo, nos dimos un fuerte abrazo y me preguntó que por qué estaba yo ahí. Le dije que me habían invitado a participar en la celebración.

"Mamá, ¿qué estás haciendo? ¿Te están invitando a muchos eventos? ¡Me tienes sorprendido!" Por lo que le contesté: "Ricardo, no lo sé… Creo que han notado de un gran cambio familiar y quieren que, de una u otra manera ayudemos a las nuevas familias."

Había como invitados, familiares de los pacientes de clínica, terapeutas tanto de clínica como de la casa de cuidados extensivos, los consultores, y varios pacientes ya con su alta terapéutica.

Nos da la bienvenida Isaac, el fundador de la clínica. Nos da una reseña de cómo inició él con el proyecto de comenzar una clínica para ayudar a los adictos, alcohólicos, con problemas alimenticios, y otras enfermedades neurológicas. Nos compartió que fue un proceso largo y con muchas dificultades hasta que logró obtener los permisos y certificaciones para comenzar con la Clínica.

Después invitaron a pasar a un conferencista que también es adicto/alcohólico. Leyó la lectura del día, la cual el tema fue el agradecimiento, y nos compartió su experiencia de su recuperación.

Una vez que terminó de compartirnos, invitaron a Ricardo, mi hijo a hablar en tribuna. Se levantó, tomó el micrófono y empezó a compartir toda su experiencia vivida y el problema de su adicción. Es la primera vez que me toca verlo hablar en público. En ese momento me abrí totalmente, para escucharlo, para comprenderlo, para amarlo más y sentirme verdaderamente orgullosa de él. Le indicaron que ya había terminado su tiempo y cuando se sentó a mi lado, me agarró del brazo muy fuerte y le dije: ¡Bravo! Gracias por compartir tu experiencia."

Hubieron varios pacientes tanto de clínica como de medio camino, consultores y pacientes que ya habían sido dados de alta que también compartieron en tribuna.

Algo que me llamó mucho la atención, fue que la mayoría compartió que perdieron a sus familias, esposas e hijos. Eso les dolió tanto que fue cuando tomaron la decisión de empezar el camino de la recuperación. Hasta donde tenemos que llegar en ocasiones los seres humanos para darnos cuenta del daño que nos hacemos y del daño que hacemos a los demás… en especial a nuestros seres más queridos.

Conforme iba cayendo la tarde, y disfrutábamos de escuchar los compartimentos, Dios nos regaló de un atardecer hermosísimo.

Terminando de hablar uno de los invitados, escucho que el maestro de ceremonias, el cual es Francisco, director de la casa de cuidados extensivos, menciona mi nombre y me invita a pasar a tribuna.

Hice una respiración profunda y me levanté. Ricardo, a mi lado dijo: "¡Wow, te invitaron a pasar!"

Tomo el micrófono, me paro en el pódium y comienzo a hablarles a todos los asistentes. En ese momento hice una conexión de mi corazón con mi mente, para hablarles desde el amor y el agradecimiento.

Les compartí, toda mi experiencia como madre, en el proceso de recuperación de Ricardo. Empezando desde el día que tuvo su brote psicótico y como con amor, paciencia, fuerza de voluntad, persistencia, pude salir adelante de todo mi dolor. Cómo la clínica tenía un maravilloso programa integral en donde terapeutas, pacientes y familias están todos incluidos en la recuperación. Cómo para mí, ese 22 de noviembre fue una bendición y no un infierno. Les confesé que si Ricardo, no hubiese tenido el brote es muy posible que no buscáramos ayuda. Desde que lo internamos confié tanto en que Ricardo, iba a estar bien, que me di a la tarea de trabajar para mí y mi propia recuperación. Esto es una enfermedad familiar, ya que afecta a las emociones y a los sentimientos. Que me di cuenta de que soy codependiente ya que tengo varios defectos de carácter, los cuales ya estoy trabajando. A Ricardo, le di las gracias, porque si no hubiera sido por todo lo que nos compartió todos los domingos que lo recogíamos para pasar un día familiar, no hubiéramos entendido de la enfermedad. Todo el programa de los 12 pasos, de cómo él fue trabajándolos, de lo duro y doloroso que todo esto fue para él. Entonces lo miré directamente a los ojos y le dije: "Eres mi maestro." Terminé diciéndoles la oración que hice una semana antes, después de haber estado en terapia familiar. "Gracias Dios, por la Diosidencia de que conociéramos de la existencia de la Clínica Nuevo Ser, la Casa de Medio Camino, con todo su Staff para no solo ver a mi hijo renacer, sino también mi renacer y el de mi familia."

Terminando de hablar, invitaron a Mago, esposa de Isaac, a decir unas palabras y a dar cierre a los compartimentos. Hicimos la oración de la Serenidad todos juntos tomados de la mano y la de los alimentos, porque la cena ya estaba lista.

Una vez que terminamos de hacer las oraciones, se me acercó Isaac, me abrazó y me dijo: "Me hiciste llorar. Muchas gracias por tus palabras." Después se me acerco un padre de familia, me abrazó también, y me dijo: "Marycarmen, eres una poeta."

Y así se me acercaron varios padres para darme las gracias, porque mis palabras les ayudaron a comprender más a su familiar y entender de la enfermedad.

Fue una noche en donde la presencia de Dios se sintió en todo momento. Yo me sentía llena de satisfacción de saber que mi propio proceso pudiera ayudar a otros padres. Y si unas palabras de aliento, una sonrisa, una mirada de comprensión, unos oídos que sepan escuchar, son capaces de ayudar al dolor y sufrimiento de alguien, yo estoy dispuesta a hacerlo.

Mientras cenábamos Ricardo, no se separó de mi lado en ningún momento.   Hablamos mucho. Me compartió muchas cosas que todavía sigue sintiendo pero ahora lo escucho, lo abrazo, y le digo: "Mi amor, estas hecho para amar y ser amado. Poco a poco vas a ir sanando todas esas heridas que te has hecho. Pronto iras a casa. Todos estamos esperando tu regreso. Todos hemos trabajado en nuestro propio proceso."

Se llegó la hora de partir. Los residentes de la casa de cuidados extensivos regresaran a la casa y los de clínica a descansar.

Mientras iba manejando para regresar a casa, venía con un nudo en la garganta de todo lo vivido esa tarde. Escuchar a personas que por alguna razón en sus vidas no se sintieron amadas. Que tomaron un camino duro y doloroso. Que sin saberlo se enfermaron de esta terrible enfermedad, la cual todavía sigue siendo muy criticada, y juzgada.

Llegué a casa y mi marido como siempre esperándome para irnos a descansar juntos.

Sábado 22 de octubre del 2016

Salimos a caminar y le compartí a mi marido toda mi experiencia vivida el día de ayer. En momentos lloré de emoción, de saber que todo mi proceso de sanación pueda ayudar a otros. Para mí eso es difícil de entender. Nunca me he sentido como una persona que pueda ayudar a otros, por lo general siempre he tratado de pedir ayuda.

Durante la tarde recibí una llamada de la casa. Era Jazmín, una de las terapeutas, para comentarme que ella iba a estar viendo a Ricardo esta semana ya que Doris, estaba incapacitada. Le dije que me daba mucha alegría saber que ella también iba a dar su granito de arena en el proceso de Ricardo. La conozco, sé cómo es, y su estilo me gusta mucho. Ella me agradeció la confianza y me dio su teléfono personal para cualquier duda o comentario que tuviéramos. Que estaba a nuestras órdenes.

Agradecí a Dios otra vez, el habernos puesto esta clínica en nuestro camino. Es un lugar en donde realmente se preocupan por sus pacientes y las familias.

Domingo 23 de octubre del 2016

Después de más de un mes de no ir por Ricardo a la Casa de cuidados extensivos porque estaba en fase 0 para que pudiera él trabajar en sus pasos cuarto y quinto, ahora podremos disfrutar de un domingo familiar. Como ya los entregó, ya hizo su F.O.D.A., y va a empezar a trabajar su plan de vida, lo subieron a fase 2.

Nos comentó que Doris, su terapeuta está en reposo porque tiene muy mal una rodilla. Que ahora la que está viéndolo es Jazmín,. "Le he contado todo mi proceso, lo que he logrado trabajar, me está ayudando mucho porque me ha dicho cosas en las que he podido reflexionar para poder trabajar mi plan de vida. Tengo entendido que ya tienen mi fecha de salida pero no me han dicho nada."

Yo le comenté que ya sabíamos que Jazmín iba a estar con él, ya que ella nos habló el día anterior. Le dije: "Ricardo, es muy buena. Aprovecha sus conocimientos y su forma de trabajar. Es diferente a Alan y a Doris, pero también te puede ayudar y mucho." Y me dijo que sí, que se sentía muy confiado en ella.

Luego se voltea conmigo y me dice: "Mamá, ¿que estás haciendo? Te invitan a muchos eventos y talleres. Cuando te escuche hablar el viernes, me dije a mi mismo: mi mamá está haciendo cambios. ¿Por qué te están incluyendo en todo? "Y su papá le contesta: "Todo este programa incluye a las familias. Cuando ven que un padre de familia ha hecho cambios positivos en su vida y saben que su participación puede ayudar a otras familias, que bueno que la incluyan en sus talleres y encuentros. A tu mamá le está ayudando y al mismo tiempo, ella por su proceso, está ayudando. Toda una sintonía."

Nos organizamos para pasar un día muy familiar. Fuimos a comer a un restaurante chino que a todos nos encanta. Luego nos fuimos a la playa de Coronado a caminar y disfrutar de la naturaleza.

Ya su alta está cerca. No tenemos fecha, pero ya no me urge saber cuándo va a salir. Mientras él esté bien, yo estoy bien.

Martes 25 de octubre del 2016

Son como las 10 a.m. y me llama Jazmin por teléfono para comentarme que Ricardo, está bien, que está en fase 2. Que este domingo podremos verlo. Me dijo que ella estaba ahí para que lo que necesitáramos.

Me volvió a invitar al encuentro terapéutico familiar que habrá en el instituto el siguiente fin de semana: "Mente, cuerpo y espíritu"... Un trabajo con la integridad del ser y en donde va a estar como invitada Margarita Jasso que es maravillosa, pero le comenté que desgraciadamente en esta ocasión no iba a poder asistir ya que mi marido está sin trabajo y andamos cuidando la economía. Que muchísimas gracias ya en otra ocasión será. Nos despedimos y le volví a dar las gracias.

A las dos horas, me volvió a llamar y me dijo: "Le tengo una noticia. Hablé con Francisco el director de la casa, para comentarle que Ricardo ya estaba listo. Para que me diera la fecha de salida y acordamos en que fuera el siguiente domingo 30 de octubre. En lugar de que paguen la estancia de Ricardo por un mes más, mejor paguen su asistencia al encuentro y el domingo tengan la celebración de la alta de su hijo." Me quedé sin habla. Tuve que hacer una respiración profunda y decirle que si. Que ahora mismo iba a hablar al instituto para que nos anotaran y nos reservaran los lugares. Le volví a dar las gracias, que en ese momento había sido ella un ángel para mi, ya que me dio una buena nueva.

Antes de hablar al instituto, hablé con Jessica, mi hija, para preguntarle si le gustaría vivir el encuentro familiar y estar en el momento del alta de Ricardo, y me dijo: "...si, cuenta conmigo."

Entonces le hablé a Ana para decirle de nuestra asistencia. Que íbamos a ser tres personas y me solté llorando. Ella ha estado en todo este proceso pendiente también y le dije: "No sabes lo feliz que estoy..." y lo agradecida que me sentía en este momento. Ella me dijo que a pesar de todo habíamos sido una familia muy entregada y que nos merecíamos vivir estos momentos. Nos despedimos y quedé en depositarle el dinero del encuentro el día de mañana miércoles.

Me levanté del sofá, y empecé a bailar, a brincar, a llorar, a caminar por toda la casa, no podía creer de semejante noticia. ¡Once meses! Finalmente ya podremos tener a nuestro hijo en casa.

Mi marido esta mañana se fue a unas entrevistas por lo que no estaba en casa cuando recibí esta llamada. Me fui a bañar y a preparar la comida para recibir a mi marido y a mi hija Marcela, con la buena nueva.

Mientras tanto necesitaba gritarlo al mundo entero, por lo que le hablé a mis padres, Mercedes, Laura, Cecilia, le mandé un mensaje de texto a Isabel, Alan, Tessie, Javier, y Liz que son mis amistades más cercanas y que tienen conocimiento de lo que hemos vivido en estos meses. Todos se han alegrado mucho. Nos mandaron sus bendiciones y a seguir siendo fuertes.

Llegan mi marido y Marcela, a casa, les sirvo de comer y les pido que me escuchen con atención. Mi marido con sorpresa me pregunta: "¿Que sucede?" Le comento que había recibido una llamada a medio día de la casa de medio camino, que era Jazmin y que me había dado la gran noticia de la fecha del alta de Ricardo. Los dos se quedaron sorprendidos. Se taparon la cara con sus manos de no poder creer lo que escuchaban. Luego seguí diciendo que íbamos a ir al encuentro familiar, y que el domingo iba a ser la celebración del alta de Ricardo. Les pregunté que cómo se sentían con la noticia y me contestaron que estaban felices. Marcela, me dijo que estaba muy orgullosa de Ricardo. Que se notaba su cambio para bien y eso la hacía muy feliz. Mi marido me dijo "...todo esto lo hemos hecho juntos como familia. Ricardo, nos ha ayudado a todo este proceso de amor, de entendimiento y comprensión. Ahora ya lo tendremos en casa y a seguir aprendiendo y trabajando, que esto va a ser para toda la vida."

Encuentro Terapéutico Familiar
"Alta Terapéutica de Ricardo"

Fin de semana del 28, 29 y 30 de octubre del 2016

El viernes 28 de octubre ya estamos listos Ricardo, Jessica, y yo para irnos a un maravilloso encuentro familiar al Instituto de Familias Nuevo Ser.

Llegamos unos 20 minutos tarde… había mucho tráfico.   Las familias invitadas ya estaban haciendo su presentación, por lo que entramos en silencio y tomamos nuestros lugares. En esta ocasión éramos 18 los asistentes.

De nuestros anfitriones estaban Alan, director del Instituto, Isaac, fundador de la clínica, y Margarita Jasso, una de las exponentes.

Una vez terminada la presentación, Isaac, nos comentó que iba a estar presente en casi todo el Encuentro.   Sentí una emoción enorme ya que no me había tocado estar en un evento con él de exponente.

Leímos los estatutos. Isaac asignó los decanos en esta ocasión y a mí me tocó ser la decana de las mujeres. Seleccionamos las tareas de casa y en esta ocasión pudimos elegir nuestros alimentos. Subimos a nuestras habitaciones para dejar nuestros artículos personales, descansar un poco y después bajar a cenar.

Sábado por la mañana.   Listos a las 6:00 a.m. para comenzar la clase de Yoga.   En esta ocasión fue una clase de mucha relajación lo cual a todos nos gustó muchísimo.

Hicimos la meditación con Felipe quién es consultor de la clínica. Luego hicimos nuestra tarea de casa y tuvimos tiempo para arreglarnos y bajar a desayunar. Como siempre todo con mucha armonía.

Este encuentro fue muy especial para mí ya que vinieron mi marido y mi hija Jessica.

A las 10:00 a.m., ya estaba Jessica, terapeuta de casa, para comenzar su taller. Siempre muy dinámica, y activa. Es muy interesante como con ejercicios simples nos podemos dar cuenta de las actitudes que podemos tomar ante cualquier situación que se nos presente.

Tuvimos nuestros 15 minutos de descanso, para continuar con el siguiente taller.

Margarita Jasso, quien está certificada como facilitadora e instructora Certificada de Heart-Math, nos impartió el siguiente taller: "La Inteligencia Intuitiva del Corazón". El corazón lejos de ser una poderosa bomba de sangre, percibe la energía interna y externa de una manera impresionante. Está sintonizado y tiene acceso a un campo de información (campo electromagnético) que no está ligado con el tiempo y el espacio. El corazón tiene inteligencia emocional. Su labor, científicamente comprobada es determinante. El corazón rige todas las emociones y las funciones del cuerpo con la ayuda del cerebro.

Al terminar de comer, entre todos recogimos para volver acomodar mesas y sillas en el salón de conferencias, para continuar con el siguiente taller.

En esta ocasión estuvo Isaac El fundador de la clínica y Thania, la directora de psicología de la clínica.

Con el taller de Margarita y el ejercicio que hicimos ya estábamos todos con una interconexión maravillosa. En este taller que estamos comenzando con Isaac y Thania, ya nos encontramos todos muy sensibles y percibo que vamos a trabajar muy profundamente.

Viví unos momentos muy intensos, ya que le comenté a Isaac, que yo me sentía como una persona fácil de intimidar, pero que ahora con lo que he logrado trabajar, con los libros que he leído, estoy aprendiendo a poner límites. Entonces me pregunta "¿Quién ha sido la persona que sientes que te ha dañado más?" y le contesté: "Mi madre." Me dijo "Muy bien. Vamos a hacer un ejercicio. Ponte de pie y elije a una de tus compañeras y elegí a T., la psicóloga. Es a la que más conozco, y le tengo mucha confianza. Nos sentamos las dos en medio del salón, una enfrente de la otra. Me pidió que cerrara los ojos. Me hizo una serie de preguntas, para que él supiera el por qué me he sentido lastimada. Le dije que sentía mucha diferencia de trato con una de mis hermanas, que hacía juicios unilaterales, que a mí no me escuchaba, me juzgaba mucho y que siempre me había considerado como una persona con mucha suerte. Ella no veía realmente mi trabajo y crecimiento como ser humano.

Entonces me dijo: "Muy bien. ¿Que le quieres decir a tu mamá?" Ya con un nudo en la garganta dije: "Te necesito." Me dijo: "No te escucho. Repítemelo y te pido que lo grites." la voz casi no me salía, entonces me pidió que hiciera una respiración profunda mientras él me sostenía mi pecho y me dijo: "Vuelve a gritar." Hasta que me salió el grito desgarrador "¡TE NECESITO!" Comencé a llorar. "¿Que más quieres decirle? Necesito que respires profundo y que lo grites." "¡YA NO ME COMPARES!" "¿Qué más le quieres decir?" "¡TE AMO! … ¡ABRAZAME!

Hubo un momento que me tuve que sostener de la silla. Me mareé y no podía controlar la respiración. Poco a poco me fui calmando hasta que logré soltar. Fue muy sanador lo que viví en ese momento. Tania me dio un abrazo muy fuerte y me sentí muy amada en ese momento.

Se me movieron hasta las entrañas. Sin saber manejar mi enojo, él me fue guiando para vivirlo, sentirlo, y con un gran suspiro soltarlo. Puedo decir que el dolor de espalda que tenía se me quitó. Después pase con cada uno de los familiares que estaban presentes. Les fui pidiendo un abrazo junto con un deseo. Más que bendecida estuve ese día.

El taller continuó y muchos de mis compañeros se animaron a tener un ejercicio parecido al que yo experimenté. Duró toda la tarde así que fue muy agotador. Lo que vivimos todos esa tarde fue todo un proceso de sanación, de poder trabajar nuestras emociones y luego dejarlas ir. Cada vez más abierta a todo lo que pueda aprender. A escuchar todo lo que se comparte, aprender de todos los presentes y dejarme guiar por los especialistas.

Una de mis grandes bendiciones es haber experimentado estas vivencias junto con mi esposo y mi hija. Al terminar, nos dieron un merecido descanso para luego arreglar todo para la cena e irnos a descansar.

Ya es domingo. El fin de semana pasó volando. Al ser decana y estar supervisando que las actividades personales sucedan. Que todos estén levantados a la hora, revisar que hicieran sus tareas de casa, y estar listos a tiempo para las actividades. Sinceramente viví momentos de frustración. A pesar de soltar y de decirles solo una vez lo que había que hacer junto con los tiempos, en varias ocasiones observé la ingobernabilidad de muchos. Por esto, muchas actividades comenzaban más tarde de lo previsto. Tuve que trabajar mi paciencia y soltar. No puedo cambiar a las personas y su actitud, pero si puedo cambiar yo.

Comenzamos con nuestro primer taller de la mañana con Margarita. Fue una continuación de lo que se quedó pendiente del día anterior. Vimos videos en donde hay una comprobación científica de cómo todos estamos conectados con el universo.

En esta ocasión, el tiempo estaba muy limitado así que no tuvimos descanso y comenzamos el siguiente taller con Isaac y Samantha. Samantha nos pidió que saliéramos todos al jardín, formáramos un círculo y nos sentáramos en el césped.

Lo que viví en este taller fue algo muy difícil de expresar, porque experimenté la presencia de Dios todo el tiempo. Ya estábamos muy conectados todos emocionalmente hablando, entonces lo que cada uno experimentaba lo sentíamos todos. Ya con solo cerrar los ojos se sentía una energía verdaderamente maravillosa. Me sentía amada, segura, abrazada, sanada, perdonada, bendecida, tranquila y feliz. Esta fue la última actividad del encuentro. Entonces preparamos todo para la comida.

Al terminar de comer, nos pidieron que fuéramos al salón de conferencias ya que nos tenían una sorpresa. Como cierre del encuentro, nos agradecieron nuestra asistencia, el haber convivido todos como una gran familia y esperaban volvernos a ver en el próximo encuentro. Nos proyectaron un video con fotos que nos fueron tomando haciendo nuestras actividades.

Nos dieron unos minutos de descanso. Se acomodó el salón para presenciar el alta de nuestro amado hijo Ricardo y de otro de sus compañeros que se llama igual Ricardo. Se acomodaron las sillas en forma de auditorio. Pusieron dos sillas enfrente mirando hacia el público y comenzamos a sentarnos. Pidieron que las familias de los dos residentes nos sentáramos hasta adelante.

Estuvieron presentes también cuatro de los residentes de la casa de cuidados extensivos. Ellos les dijeron unas palabras de despedida a los dos Ricardos. No cabe duda que, estos chicos son verdaderos amigos. Lo digo por la manera de cómo se expresaron.

Luego cada uno de los Ricardos habló compartiendo parte de sus momentos de cuando fueron adictos activos y todo su proceso de recuperación tanto el clínica como en la casa. Fue muy impactante, ya que escuché muchas cosas que mi hijo no nos había compartido. Sin embargo tranquila ya que sabes que todo eso está en el pasado. Que ahora está dispuesto a comenzar una nueva vida como un adicto en recuperación. Con muchas herramientas que adquirió siendo residente y que sabe que debe de seguir yendo a grupo, visitar a su terapeuta al menos una vez al mes, tener un padrino/madrina, y estar muy pendiente de sus defectos de carácter para trabajarlos con el programa de los 12 pasos, para así evitar una posible recaída.

Una vez que terminaron de hablar ellos, nos invitaron a nosotros y a la otra familia a decir unas palabras.

Escuchar a Jessica y a mi marido hablarle a Ricardo, fue lo mejor de todo este encuentro. Aquí es cuando se percibe todo el amor que una hermana le puede expresar a su hermano y el amor incondicional de un padre a su hijo amado. Con nudo en la garganta y lágrimas en los ojos pase a decir unas palabras cuando me lo pidieron.

Al sentirme habitada y amada por mi poder superior al que yo llamo Dios y que para mí es padre/madre amoroso. Cuando he logrado convertir el miedo en valor, el dolor en gozo, la incertidumbre en tranquilidad, el enojo en satisfacción, el daño en un beneficio, la ansiedad en paciencia, la intolerancia en comprensión, la debilidad en fortaleza, etc., Puedo decir que lo logré porque lo que viví en estos 11 meses mientras mi hijo estaba en una clínica de rehabilitación debido a su adicción a la marihuana. Todo este proceso fue para cambiar y crecer.

Comencé diciéndole que ahora si es un Adicto en Recuperación. "Me siento muy orgullosa de ti. Te Amo con todo mi corazón Ricardo. Eres mi maestro de vida. A pesar de que leí los libros recomendados por la clínica, yo esperaba cada domingo que te recogíamos para verte. Te subías al coche y rompías más el muro que te habías construido. Nos compartías todo lo que estabas trabajando semana a semana, gracias a un maravilloso programa espiritual que es el de los 12 pasos de alcohólicos anónimos. La palabra adicción ya la tengo dentro de mi vocabulario y que viviré con ella el resto de mis días. Aprendí que es una enfermedad y que no se cura. Al tener este conocimiento dejé de juzgar y condenar a los adictos. Ahora los entiendo y los comprendo. Gracias a tu brote psicótico y el darnos cuenta que esto estaba fuera del alcance de nuestras manos, fuiste un adicto que si llegó a la clínica que ahora es un adicto saliendo con alta terapéutica. "

"Al sentirme con la confianza de que él estaba en un lugar seguro, tuve la oportunidad de ver por mí. De no abandonar a mi marido que me ha acompañado en todo este proceso y a mis amadas hijas, quienes también se merecen todo nuestro amor y comprensión. Al no preocuparme del tiempo en que él iba a estar internado, pude ocuparme de actividades para mí las cuales me mantuvieron viviendo el momento y disfrutándolo. Tuviste la oportunidad de trabajar con tres terapeutas, y tres consultores, por lo que debes de estar muy fortalecido, ya que recibiste lo mejor de seis maravillosas personas." Terminé agradeciendo a Isaac, por su maravillosa labor.

Thania, la directora de psicología de clínica fue invitada a decir unas palabras. Gracias a su experiencia y el haber trabajado profundamente con ellos. Les dijo de sus áreas débiles y como las pueden estar fortaleciendo. Los animó a estar muy conscientes de sus actitudes y comportamientos.

Samantha, terapeuta de la casa de cuidados extensivos, les habló muy claro también. Ella es una adicta en recuperación y pues quien más que ella en decirles lo importante que es el estar alerta ante cualquier comportamiento que los pueda llevar a una recaída.

Antes de terminar con la ceremonia, Isaac, les dijo unas palabras. Comenzó diciéndoles que él no los iba ni a aplaudir ni a felicitar porque el trabajo importante va a comenzar ahora que salgan. "...Ahora viene aplicar lo aprendido y ser muy fuertes para evitar una recaída. Ustedes saben muy bien, de lo que les estoy hablando. Olvídense de probar alcohol o consumir droga. Cero. Nada. Con una probadita vuelven a caer y cada vez va a ser más peligroso. Van a estar con tentaciones constantemente por lo que tienen que seguir yendo a grupo. Tener su padrino/madrina. Seguir reuniéndose con su terapeuta y trabajar los doce pasos para toda su vida. Estar en recuperación, toda su vida." Los abrazó y les dio su bendición.

Se dio terminada la sesión. Terminamos despidiéndonos de todas las familias, de los residentes que fueron a despedir a los que dieron de alta, y de nuestros maravillosos anfitriones.

Instituto Familias Nuevo Ser. (2016). Alta Terapéutica de Ricardo. 28, 29 y 30 de octubre, de Equipo de psicólogos de Clínica Nuevo Ser Sitio web: www.clinicanuevoser.com

Ya en el coche, fuimos por las maletas de Ricardo, que estaban en la casa de medio camino y nos dirigimos hacia la línea para cruzar a San Diego e ir a casa a descansar. Veníamos muy agotados emocionalmente con todo lo que experimentamos en el encuentro familiar y con la ceremonia del alta de Ricardo.

Al llegar a casa, tanto mi marido como yo, abrazamos a nuestro hijo Ricardo y le hicimos ver que "...esta es tu casa. Donde será tu santuario de amor y queremos que estés en paz." Saludó a Marcela, se dieron un fuerte abrazo y mientras estaban mis tres hijos conviviendo preparé la cena.

Nos fuimos a descansar, con una sensación de haber logrado un obstáculo fuerte en nuestras vidas. Uno que nos sacudió como familia y que salimos con mucha bendición, aprendizaje y cambios positivos.

Mañana del lunes 31 de octubre 2016

Mi hijo un adicto en Recuperación...

BIBLIOGRAFÍA

Puerto Rico Addiction Research Foundation. (2013). Acerca de la adicción. 2015, de Facebook Sitio web: https://www.facebook.com/lamentiraestamuerta/posts/456841374403246

Sai Baba. (2011). Las 4 Leyes de la Espiritualidad en la India. 2015, de Desfaziendo Entuertos Sitio web: https://adolcros.com/2011/07/01/las-4-leyes-de-la-espiritualidad/

P. Jesús Ma.. (2011). Espiritualidad. 2015, de Monasterio de Zenarruza Sitio web: http://www.monasteriozenarruza.net/category/oraciones/

MARTHA ALICIA CHAVEZ. (2004). TE VOY A CONTAR UNA HISTORIA. MEXICO: GRIJALVO.

AL-ANON. (2000). UN DIA A LA VEZ EN AL-ANON. USA: AL-ANON.

Albert Humphrey. (1960-1970). Foda. 2016, de Matriz Foda Sitio web: http://www.matrizfoda.com/dafo/

Bibliografía

Puerto Rico Addiction Research Foundation. (2013). Acerca de la adicción. 2015, de Facebook Sitio web: https://www.facebook.com/lamentiraestamuerta/posts/456841374403246

Sai Baba. (2011). Las 4 Leyes de la Espiritualidad en la India. 2015, de Desfaziendo Entuertos Sitio web: https://adolcros.com/2011/07/01/las-4-leyes-de-la-espiritualidad/

P. Jesús Ma.. (2011). Espiritualidad. 2015, de Monasterio de Zenarruza Sitio web: http://www.monasteriozenarruza.net/category/oraciones/

MARTHA ALICIA CHAVEZ. (2004). TE VOY A CONTAR UNA HISTORIA. MEXICO: GRIJALVO.

AL-ANON. (2000). UN DIA A LA VEZ EN AL-ANON. USA: AL-ANON.

Albert Humphrey. (1960-1970). Foda. 2016, de Matriz Foda Sitio web: http://www.matrizfoda.com/dafo/

www.ingramcontent.com/pod-product-compliance
Lightning Source LLC
Chambersburg PA
CBHW052341100426

42736CB00047B/3402